# TRAITÉ DE LA LIBERTÉ

**DANS LA MÊME COLLECTION**

JACQUES DE VITERBE, *L'âme, l'intellect et la volonté*, édition bilingue, introduction, traduction et notes par A. Côté, 240 pages.

JEAN DUNS SCOT, *Signification et vérité. Questions sur le traité* Peri hermeneias *d'Aristote*, édition bilingue, introduction, traduction et notes par G. Sondag, 300 pages.

HENRI DE GAND, *Sur la possibilité de la connaissance humaine*, édition bilingue, introduction, traduction et notes par D. Demange, 256 pages.

HENRI DE GAND, MATTHIEU D'AQUASPARTA, RICHARD DE MEDIAVILLA, PIERRE DE JEAN OLIVI, *Les anges et le lieu. Quatre questions sur la localisation des substances séparées*, édition bilingue, introduction, traduction et notes par T. Suarez-Nani, O. Ribordy, G. Evangelista, G. Lardelli, Ph. Schultheiss, 288 pages.

JEAN GERSON, *Sur la théologie mystique*, édition bilingue, introduction, traduction et notes par M. Vial, 240 pages.

GUILLAUME D'OCKHAM, *Intuition et abstraction*, édition bilingue, introduction, traduction et notes par D. Piché, 272 pages.

GUILLAUME D'OCKHAM, *Traité sur la prédestination et la prescience divine des futurs contingents*, édition bilingue, introduction, traduction et notes par C. Michon, 258 pages.

PIERRE DE JEAN OLIVI, *La matière*, édition bilingue, introduction, traduction et notes par T. Suarez-Nani, C. König-Pralong, O.Ribordy et A. Robiglio, 360 pages.

PIERRE DE JEAN OLIVI, *Question sur la foi*, édition bilingue, introduction, traduction et notes par N. Faucher, 190 pages.

THOMAS D'AQUIN et BOÈCE DE DACIE, *Sur le bonheur*, édition bilingue, introduction, traduction et notes par R. Imbach et I. Fouche, 176 pages.

THOMAS D'AQUIN, *Le maître. Questions disputées sur la vérité. Question XI*, édition bilingue, introduction par R. Imbach, traduction et notes B. Jollès, 280 pages.

THOMAS D'AQUIN, *La royauté, au roi de Chypre,* édition bilingue, introduction, traduction et notes par D. Carron avec la collaboration de V. Decaix, 294 pages.

*Translatio*
**Philosophies Médiévales**
Directeurs : Jean-Baptiste BRENET et Christophe GRELLARD

**SALOMON LE-BEIT HA-LÉVI**

# TRAITÉ DE LA LIBERTÉ

*Texte hébreu établi, traduit, introduit et annoté*
*par*
Jean-Pierre ROTHSCHILD

PARIS
LIBRAIRIE PHILOSOPHIQUE J. VRIN
6 place de la Sorbonne, V$^{e}$
2025

*Imprimé en France*
ISSN 1779-7373
ISBN 978-2-7116-3205-3
*www.vrin.fr*

*À la mémoire du grand rabbin René-Samuel Sirat (1930-2023),promoteur de l'enseignement de l'hébreu et ouvrier de paix, qui avait guidé nos débuts d'hébraïsant.*
תנצב"ה

INTRODUCTION

# LES DERNIERS FEUX DE L'HOMILÉTIQUE PHILOSOPHIQUE ET DE L'HUMANISME JUIFS ESPAGNOLS À SALONIQUE AU MILIEU DU XVI[e] SIÈCLE

*Préambule*

Salomon le-beit ha-Lévi l'Ancien (1531/2-1600) a fait précéder sa contribution au genre classique du commentaire des « Chapitres des Pères » (*Pir[e]qēy Āḇōt*), lue dans l'édition de Salonique, 5325 (1565), d'un petit traité de la liberté (ff. 2v-10v), non repéré comme tel jusqu'ici, auquel pourtant il indique à la fin avoir donné un titre spécifique, *Petaḥ tiq[e]wāh* (« Seuil de l'espérance ») ; il nous paraît plus explicite de l'intituler *Traité de la liberté*. Il explique avoir voulu, à l'instar des *Huit Chapitres* de Maïmonide, faire précéder son commentaire du traité de morale des maîtres de la Michna d'une petite somme de morale ; pour ce faire, avoir recouru à des extraits d'un auteur profane, en raison de sa proximité par rapport au sujet. Il est possible de reconnaître en cet auteur Sénèque, plus particulièrement le *De vita beata*, qui définit le souverain bien par la liberté de l'âme ; ou, puisque Sénèque est lui-même nommé dans le traité et que l'anonymat de la source alléguée se comprend mieux par rapport à un contemporain, le *Libro de vita beata* de Juan de Lucena. Salomon ha-Lévi poursuit la réflexion entamée avec Maïmonide par les philosophes juifs espagnols sur la base, alors, de la psychologie et de l'éthique aristotéliciennes ; il a reçu lui-même pour programme, des traducteurs et commentateurs juifs du XV^e^ siècle de l'*Éthique à Nicomaque*, la recherche du souverain bien ; il tient compte, d'autre part, de la critique élevée par une partie de ceux-ci contre la tradition juive rationaliste issue de Maïmonide qui acceptait d'identifier ce souverain bien avec la science et la philosophie[1]. Il a donc fait appel à une source nouvelle qui exprimait le souverain bien, presque pour la première fois dans ce contexte juif, en termes de liberté intérieure, ce qui pouvait mieux convenir à des générations récemment ballottées par l'exil ou contraintes dans leur appartenance religieuse. Le thème s'en était formé un siècle avant l'expulsion de 1492 avec l'intériorisation de la foi volontaire et méritoire par Profiat Duran, victime des conversions forcées de 1391, et chez Ḥasdaï Crescas, réagissant lui aussi aux situations nouvelles nées de 1391, qui limita le libre arbitre à la seule adhésion intérieure à des conduites, voire à des modes de pensée, à part cela déterminés ou contraints[2].

Salomon ha-Lévi inscrira son commentaire du traité *Āḇōt* dans un cadre fortement inspiré de l'*Éthique à Nicomaque* puisqu'il comprend trois niveaux : ceux de la

1. Sur la question du bonheur déterminée dans le judaïsme par les positions noétiques et éthiques d'Aristote, voir le récapitulatif très détaillé de H. Tirosh-Samuelson, *Happinesss in Premodern Judaism. Virtue, Knowledge, and Well-Being*, Cincinnati, Hebrew Union College Press, 2003.

2. V. M. Kozodoy, *The Secret Faith of Maestre Honoratus. Profayt Duran and Jewish Identity in Late Medieval Iberia*, Philadelphia, University of Pennsylvania Press, 2015 ; R. Krygier, *À la limite de Dieu*, Paris, Publisud, 1998, p. 198-214.

vie théorétique, de la vie pratique et, entre les deux, de la vie politique (qui inclut par moments, plus largement, une sphère large des rapports en société). Il les met en place dès le commentaire du chapitre 1, michna 1, à l'occasion des trois premiers enseignements individuels du traité, et les ressaisit à la fin, en 6,6, à propos des quarante-huit vertus de l'étudiant, qu'il répartit entre ces trois niveaux.

Sa position personnelle sur la question du rationalisme juif (autrement dit : si la Torah enseigne, ou non, autre chose – quelque chose de plus que, voire de partiellement contradictoire avec – la science et la philosophie d'Aristote), est malaisée à saisir. Quelquefois, il s'exprime sans fard en rationaliste, ainsi en commentant le grand appareil des vertus du sage, qui se résout chez lui en une éthique du travail intellectuel (*Āḇōt* 5,7, les sept qualités du sage) formulée en un petit manuel destiné aux maîtres, compagnons d'études et disciples. Ailleurs, il procède de manière plus allusive : lorsqu'avec une brillante virtuosité il distingue dix sens de la sagesse véritable (*Āḇōt* 4,1 « Qui est le sage ? Celui qui apprend de tout homme »), c'est, dans la récapitulation indirecte des diverses positions sur cette question décisive, de l'ordre seul des réponses proposées que l'on pourrait déduire sa préférence pour la lecture rationaliste. Ces deux exemples n'épuisent pas une pensée complexe[1]. On note aussi dans le texte étudié des points de divergence avec la vulgate rationaliste ; et, dans le corps du commentaire (*Āḇōt* 6,2, éd. de Salonique, ff. 108v-109v), il lui arrive de citer le *Zohar* et de paraître placer l'homme pieux sans formation intellectuelle au-dessus de

1. J.-P. Rothschild, « Langue et littérature hébraïques médiévales et modernes en Occident », *Annuaire de l'École pratique des hautes études (EPHE), Section des sciences historiques et philologiques* 146, 2015, p. 21-24.

l'investigateur rationnel et le considérer comme plus libre que lui ; cependant, sa référence éventuelle à la kabbale, bientôt triomphante parmi les juifs de l'Empire ottoman et qu'il a lui-même étudiée, est à peu près insaisissable. Toutefois son but, comme celui de ses devanciers, dans un écrit de ce type, n'est pas fondamentalement de militer pour telle thèse particulière entre les courants qui divisent les philosophes-théologiens juifs. Il est plutôt d'alimenter un discours homilétique destiné à un public large mais familier tant des sources traditionnelles que de la terminologie et des questions de la philosophie, aussi bien que capable de goûter l'esthétique de formulations et références ingénieuses et inédites, susceptibles de renouveler des questions agitées tout de même depuis quelque trois siècles.

Les tribulations physiques et la crise morale causées par l'expulsion des juifs de la péninsule Ibérique, en 1492 (pour l'Aragon et la Castille, par le fait des Rois Catholiques Ferdinand et Isabelle) et 1496-1497 (pour le Portugal, où avaient trouvé refuge entre-temps nombre d'Espagnols) n'ont marqué parmi les exilés ni la fin de l'activité des savants ni même un changement subit de leurs orientations intellectuelles. Pour ce qui concerne ceux qui trouvèrent refuge dans l'Empire ottoman, dont l'un des descendants nous occupe ici, nous sommes renseignés en particulier par les travaux que le spécialiste israélien Yosef Hacker poursuit depuis sa thèse inédite de 1979. Une émigration juive de l'ouest vers l'est méditerranéen s'était dessinée dès la Peste noire de 1348, intensifiée avec les massacres et conversions forcées d'Aragon en 1391 et une autre vague de conversions en 1414-1415. Mais l'essentiel eut lieu entre les années 1490 et le début du XVI^e^ siècle, en provenance de la Castille, de Valence, de la Catalogne et de l'Aragon en 1492, du royaume de Naples en 1495, du Portugal 1497, de la Navarre en 1498, suivi d'une nouvelle vague venue du Portugal après le massacre de Lisbonne en 1506. On peut évaluer le mouvement à quelque soixante mille personnes à ce seul moment. La plupart de ces exilés gagnèrent l'Empire ottoman avec l'appui ou du moins l'autorisation, probables quoique non documentés, des sultans Bajazet II, Sélim et Soliman le Magnifique. En 1477, 1647 familles, soit quelque 8000 personnes, sont enregistrées à Istanbul ; en 1535, c'est 8070 familles ou 40.000 âmes. À Salonique, il n'y a pas un juif en 1478 ; en 1519, ils sont 16.500, formant 3143 familles, soit plus de la moitié de la population de la ville. En 1567/8, ils sont 17.000 sur 27.000 habitants ; encore beaucoup, estime l'historien, durent-ils se soustraire à ces recensements. Il en va de même pour des villes telles qu'Andrinople (Édirne), Brousse (Pruse), Safed, etc. Les autorités ottomanes protègent les juifs des accusations de « meurtre rituel » lancées par les Grecs et Arméniens chrétiens. Gilles Veinstein a dressé un tableau des conditions sociales et économiques pendant le XVI^e^ siècle, avant le déclin aux causes diverses des deux siècles suivants ; il peut être important pour notre propos qu'il insiste sur ce que la présence juive d'origine ibérique comprenait deux composantes, juive de naissance et marrane revenant au judaïsme à la faveur de son installation en terre non chrétienne, le courant d'arrivée marrane se poursuivant jusque dans les années 1580 (précisément celles d'un basculement culturel)[1].

1. Cadre historique : J. R. Hacker, « The Rise of Ottoman Jewry », *in* J. Karp et A. Sutcliffe (ed.), *The Cambridge History of Judaism*, t. VII, *The Early Modern World, 1500-1815*, Cambridge, Cambridge University Press, 2017, p. 77-112. – En outre : S. J. Shaw, *The Jews of the Ottoman*

Il est vrai que les conditions tant morales que pratiques de la *convivencia* étaient rompues ; une grande partie des livres, perdus ; le calme et l'aisance nécessaires aux études, disparus. On s'attendrait donc à ce que ces populations eussent renoncé à la culture des lettres et à l'intérêt pour les doctrines des pays hôtes qui les avaient rejetées, afin de se recentrer sur leur propre fonds littéraire historique ou de s'ouvrir à de nouvelles influences, toutefois sans le luxe des subtilités et des doutes de la pensée spéculative :

> Cette crise provoqua un bouleversement des structures mentales, une sévère autocritique, le rejet d'une part considérable de l'héritage culturel et des valeurs sociales et religieuses des couches dirigeantes, et, plus grave encore, une interrogation sur la finalité même d'une existence juive séparée[1].

*Empire and the Turkish Republic*, New York, New York University Press, 1991 ; A. Shmuelevitz, *The Jews of the Ottoman Empire in the Late Fifteenth and the Sixteenth Centuries : Administrative, Economic, Legal, and Social Relations as Reflected in the Responsa*, Leyde, Brill, 1984 ; M. Rozen, *A History of the Jewish Community in Istanbul : the Formative Years, 1453-1566*, Leyde-Boston, Brill, 2002 ; commençant à la crise économique des années 1580, Y. Ben-Naeh, *Jews in the Realm of the Sultans. Ottoman Jewish Society in the Seventeenth Century*, Tübingen, Mohr Siebeck, 2008 (tableau de l'histoire des études et typologie critique des sources, *ibid.*, p. 11-18). – G. Veinstein, « Juifs. Du XV^e^ au XVIII^e^ siècle », dans Fr. Georgeon, N. Vatin et G. Veinstein (dir.), *Dictionnaire de l'Empire ottoman*, Paris, Fayard, 2015, p. 656-661.

1. J. R. Hacker, « Superbe et désespoir : l'existence sociale et spirituelle des juifs ibériques dans l'Empire ottoman », *Revue historique* 285/2 (n° 578), 1991, p. 261-293 (p. 262). Il insiste sur le sentiment de risque d'extinction, du fait de la mortalité infantile aggravée par les voyages et l'installation précaire en pays nouveaux, dans les générations sorties d'Espagne et dans les deux suivantes (p. 272-280 ; mais il s'agit de Safed, en Terre sainte, où régnaient peut-être des conditions sanitaires particulièrement défavorables).

Inversement, il n'est pas moins plausible d'affirmer que d'autres raisons non moins enracinées dans la psychologie élémentaire laissent attendre aussi une continuation naturelle des habitudes de pensée et des réflexes culturels acquis et même un attachement désespéré aux signes de l'ancienne participation à une culture prestigieuse, d'autant plus facilement maintenus que les émigrants n'arrivèrent pas isolément dans leurs nouveaux séjours mais, du moins dans le cas qui nous retient ici, par communautés entières. Les circonstances complexes de l'expulsion (certains se réfugiant d'abord dans les royaumes proches d'où ils furent chassés quelques années plus tard), l'autorisation de rentrer accordée ultérieurement à ceux qui accepteraient la conversion, rendent difficiles les évaluations numériques du phénomène ; Veinstein juge digne d'être rapporté, parmi les chiffres divers avancés des départs d'Espagne à la suite des édits de 1492, celui de cent sept mille ; mais il s'en faut de beaucoup que tous se soient dirigés vers l'Empire ottoman : certains choisirent notamment l'Italie et le Maghreb[1]. En tout cas la vitalité et l'énergie de ces exilés, la fierté rétrospective d'avoir surmonté les épreuves récentes et le sentiment d'appartenir à une communauté d'exception, ont été notés[2]. Quelles qu'en soient les causes, on n'a pas encore assez souligné que l'esprit de persévérance des exilés de Sefarad installés dans l'Empire ottoman, dont la force s'est fait sentir, comme on sait, au moins jusqu'au début du XX^e^ siècle par le maintien des langues (judéo-espagnol calque ou *ladino* à syntaxe hébraïque, et vernaculaire ou *judesmo* à titre de

1. G. Veinstein, « Juifs », art. cit.
2. J. R. Hacker, « Superbe et désespoir », art. cit., p. 281-282.

langue d'usage courant[1]), s'est aussi traduit par la continuation, pendant deux générations après l'installation à l'est de la Méditerranée, au moins jusqu'au troisième quart du XVIe siècle, d'une activité philosophique fondée sur les mêmes références et les mêmes orientations que dans les dernières décennies du XVe siècle dans la péninsule Ibérique :

> The immigrants themselves preserved and perpetuated their creativity, though not merely in the domain of high culture, such as in speculative and talmudic thought, but also in the realm of popular culture, folklore, and Ladino literature. They continued to read belles-lettres in Castilian, including material produced in Spain after the expulsion, such as drama, chivalric tales, poetry, and the like. Ballads were composed and missives written in Ladino, Castilian, and Portuguese… The broad orientation to science and study of the Talmud, the speculative and philosophical tendencies, as well as the attraction of belletristic literature all essentially mark a perpetuation of the forms, values, and substance of Jewish cultural productivity from fifteenth-century Spain[2].

1. Selon la distinction inlassablement rappelée par H.-V. Sephiha, depuis sa thèse, *Le ladino (judéo-espagnol calque). Structure et évolution d'une langue liturgique*, 2 vol., Paris, Vidas Largas, 1982.

2. J. R. Hacker, « The Rise », art. cit., p. 107-108 ; J. R. Hacker, « The Intellectual Activity of the Jews of the Ottoman Empire During the Sixteenth and Seventeenth Centuries », *in* I. Twersky, B. Septimus (eds.), *Jewish Thought in the Seveteenth Century*, Cambridge (Mass.), 1987, p. 95-135, en part. p. 119 : « An examination of the writings of personages living in the second half of the sixteenth century, such as R. Moses Almosnino or R. Salomon Le Bet Ha-Levi, reveals that they commented on many works composed by non-Jewish writers, though most of these writings have been lost ». Y. Ben-Naeh, *Jews in the Realm of the Sultans*, *op. cit.*, p. 6, note pourtant un déclin de la raison spéculative dès le XVIe siècle, quoiqu'à date imprécise.

Un basculement culturel ne s'est produit qu'à partir des années 1580[1]. Il convient de définir brièvement ce climat d'avant 1492, puis de cerner le milieu ottoman de sa conservation, avant de présenter l'exemple qui fait l'objet propre de cet article.

## LE JUDAÏSME ESPAGNOL EN TANT QUE MINORITÉ RELIGIEUSE AU XV^e SIÈCLE

Le XV^e siècle de l'Espagne juive se présente, quant aux relations avec la communauté environnante, pour ainsi dire en chiasme : sur le plan social, les violences de 1391 en Aragon et en Castille ont inauguré une ère d'insécurité[2] ; surtout, est née la redoutable question des convertis de force. Pour ne rien dire des aspects sociaux (concurrences économiques, indistinction des origines), sur un plan théologique, les juifs, de témoins qu'ils étaient de l'ancienne Alliance et, en leur sujétion même, de son dépassement et, comme tels, à conserver, selon la doctrine que l'Église avait reçue de saint Augustin (les « juifs herméneutiques », selon la formule rendue célèbre par l'historien Jeremy Cohen), deviennent désormais suspects de fournir des chrétiens insincères et, si demeurés juifs, d'inciter les convertis à trahir leur baptême. Dans ce même temps, les relations intellectuelles atteignent une étroitesse et une intensité sans précédent : des intellectuels chrétiens se montrent curieux de culture hébraïque, non seulement biblique mais même rabbinique : on connaît le travail de

1. Cf. *infra*, p. 36-37.

2. Relue récemment par C. Soussen, *La pureté en question. Exaltation et dévoiement d'un idéal entre juifs et chrétiens*, Madrid, Casa de Velázquez, 2020.

confrontation d'exégèses chrétiennes et rabbiniques commandité par le grand maître de l'ordre de Calatrava don Luis de Guzmán auprès d'un rabbin et contrôlé par un dominicain et un franciscain entre 1422 et 1433 ; le catalogue récent des manuscrits de la bibliothèque de l'Universidad Complutense témoigne d'un intérêt pour les textes hébreux de la part d'érudits chrétiens bien au-delà des stricts besoins de l'impression du texte hébreu de la Bible polyglotte d'Alcalá exécutée entre 1502 et 1517[1]. Inversement des textes très divers sont traduits par des juifs du latin en hébreu : la traduction de l'*Éthique à Nicomaque*, vers 1400, par Me'ir Alguadez, à partir de la *translatio nova* latine de Robert Grosseteste est un événement majeur de l'histoire de la philosophie juive en Espagne. Mais on se tourne aussi vers la Bible latine pour en extraire des textes manquants en hébreu, comme à Fóia (Portugal ?) en 1422, un des livres des Maccabées ou, toujours dans la Péninsule au XVᵉ siècle, à date inconnue, vers un classique de la pédagogie profane, les *Disticha Catonis*[2]. Des philosophes juifs font, ouvertement ou non,

1. A. Paz y Mélia, *Biblia. Antiguo Testamento. Traducida del hebreo al castellano por Rabbí Mosé Arragel de Guadalfajara (1422-1433)...*, 2 vol., Madrid, Imprenta Artística, 1920-1922 ; S. Fellous, *Toledo 1422-1433. La Biblia de Alba. De cómo rabí Mosé Arragel interpreta la Biblia para el gran maestre de Calatrava*, Paris, Somogy, 2001 ; A. López Fonseca, M. Torres San Domingo et E. Ruiz (ed.), *Catálogo de manuscritos medievales de la Biblioteca Histórica « Marqués de Valdecilla » (Universidad Complutense Madrid)*, Madrid, Ediciones Complutense, 2019.

2. J.-P. Rothschild, « Une pièce tardive à verser au dossier médiéval des Livres des Maccabées », dans A. Vivian (Hrsg.), *Biblische und Judaistische Studien. Festschrift für Paolo Sacchi*, Francfort, P. Lang, 1990, p. 545-574 ; J.-P. Rothschild, « Une traduction inconnue des *Disticha Catonis* en hébreu », *Aliento* 8, *Varia. Transmettre, traduire, formaliser*, éd. M.-S. Ortola, Nancy, Presses Universitaites de Nancy-Éditions universitaires de Lorraine, 2016 [2017], p. 71-121.

usage de références latines[1]. Ce n'est pas un phénomène individuel, mais collectif : on peut nommer Abraham Bibago, Baruch Ibn Ya'iš, Abraham Shalom et 'Eli Ḥabilio, lecteurs, traducteurs et utilisateurs revendiqués de la philosophie scolastique latine[2]. Cela n'allait pas sans tensions et il a été montré naguère comment des auteurs entendaient traiter par le seul recours aux sources traditionnelles de la philosophie de langue hébraïque – la tradition aristotélicienne gréco-arabe relayée par Maïmonide, Gersonide ou Moïse de Narbonne – certaines questions dont, pour d'autres, les solutions se trouvaient chez les auteurs latins contemporains[3].

## LE RAPPORT DES PENSEURS JUIFS À LA PHILOSOPHIE EN ESPAGNE AU XVe SIÈCLE

Entre la commotion de 1391 et la dernière catastrophe de 1492, « dans l'œil du cyclone », selon la formule de Yoel Marciano qui a exposé de manière lucide et détaillée les conditions et les courants de la vie intellectuelle juive au XVe siècle en Espagne[4], la pensée du judaïsme espagnol est en proie, sinon à la prescience de sa fin, du moins à la hantise de ce qui s'est déjà produit. Au caractère brutal et

1. E. Gutwirth, « Jewish Attitudes to Latin in Medieval Spain », *Medioevo Romanzo* 46/1, 2022, p. 126-143.

2. M. Zonta, *Hebrew Scholasticism in the Fifteenth Century*, Dordrecht, Springer, 2006.

3. Affrontement sur ce point entre les auteurs nommés dans le titre étudié par J.-P. Rothschild, « Questions de philosophie soumises par 'Eli Habilio à Shêm Tob b. Shêm Tob, vers 1472 », *Archives d'histoire doctrinale et littéraire du Moyen Âge* 61, 1994, p. 105-132.

4. Y. Marciano, *Sages of Spain in the Eye of the Storm – Jewish Scholars of Late Medieval Spain* (en hébreu), Jérusalem, The Bialik Institute, 2019 (cf. notre compte rendu dans *Revue des études juives* 179/1-2, 2020, p. 225-230).

sanglant de l'attentat populaire contre les juifs d'Aragon et de Castille en 1391 qui fit des milliers de morts, peut-être le tiers de la population juive, s'est ajouté le scandale de l'acceptation en masse de la conversion forcée, ayant impliqué peut-être un autre tiers de cette population[1] ; des centaines de conversions, au total « l'image d'une éradication quasi-totale » dans une communauté comme celle de Barcelone selon Claire Soussen, qui rapporte le chiffre de quatre cent mille convertis avancé par Benzion Netanyahu pour toute la péninsule entre 1391 et 1418[2].

L'activité intellectuelle ne peut pas ne pas s'en ressentir. Quelques-uns ont, précisément, fait à la hâte le procès de la philosophie, coupable d'avoir instillé dans les élites le mépris de l'attachement à la pratique des commandements et plus généralement à la doctrine révélée, et d'avoir fait désespérer les gens du peuple d'atteindre en tant que juifs une vie éternelle qui paraissait réservée à ceux qui avaient pu se consacrer ici-bas aux sciences et à la spéculation[3]. Tel est l'argumentaire bien connu de Shem Tob Ibn Shem Tob au début de son *Sēfer ha-emūnōt* (« Livre des croyances »). D'une autre manière, Hasdaï Crescas, dirigeant communautaire dont le fils unique a péri en 1391 et qui œuvre concrètement au rétablissement des communautés ruinées ou meurtries, développe aussi dans *Ōr ha-Šēm* (« La lumière du Seigneur »), première partie

1. E. Benbassa, « Monde séfarade hispanique », dans G. Wigoder (éd.) et S. A. Goldberg (adapt. franç.), *Dictionnaire encyclopédique du judaïsme*, Paris, Le Cerf-Robert Laffont, 1996, p. 1254-1268 (p. 1260).

2. *Ibid.* ; C. Soussen, *La pureté en question*, *op. cit.*, p. 240.

3. Y. Marciano, « The Socioreligious Teachings of Perfeyt Duran in the Introduction to *Ma'ase Efod* », *Revue des études juives* 181/3-4, 2022, p. 321-351, voit en particulier dans cet ouvrage une réponse aux interrogations des « juifs simples » à la suite des événements de 1391.

d'un plus vaste ensemble inachevé à sa mort entre 1410 et 1412, une philosophie profonde en nette opposition avec de nombreux aspects de l'aristotélisme et de la doctrine de Maïmonide et tendant à substituer au primat de l'intelligence celui de la volonté aimante. Un possible disciple de celui-ci (il traduisit du vernaculaire en hébreu son écrit de polémique anti-chrétienne), l'un des fils de Shem Tob Ibn Shem Tob, Joseph ben Shem Tob, continue le combat de son père non plus en s'opposant de front aux philosophes dont il manie, tout comme son père, les références, les concepts et le vocabulaire, mais en opérant une sorte de profond retournement dans le cours même d'un discours qui s'annonce comme philosophique. D'autres auteurs du siècle, Joseph Albo (env. 1380-1444), Joseph Ya'abeṣ (env. 1440-1508), tiennent des positions comparables. Il s'agit pour eux non de rejeter la philosophie et ses procédures mais de limiter strictement ses ambitions. Un très fort courant rationaliste issu de Maïmonide (quel qu'ait été le fond même de la pensée que celui-ci avait exprimée de façon délibérément ambiguë) tend à considérer, avec Avicenne et Averroès, que la doctrine de la philosophie (celle du Philosophe par excellence, Aristote) et celle de la Loi révélée sont identiques, la seconde présentant les mêmes vérités mais de manière non plus démonstrative mais rhétorique, à l'usage du grand nombre incapable de s'appliquer aux sciences. En opposition à ce courant, les auteurs qu'on qualifie volontiers mais de manière assez peu adéquate de « philosophes conservateurs » ou « modérés » tiennent que les deux corps de doctrine ne sont pas superposables et qu'il y a davantage dans la doctrine révélée que dans la philosophie. Toutefois, ils ne définissent pas ce surplus, dont l'identité avec les enseignements de la kabbale qu'ils auraient répugné à divulguer n'est qu'une hypothèse[1]. Mais il s'en faut de beaucoup que cette philosophie ménageant la place vide d'une théologie innommée triomphe absolument en Espagne au XVe siècle : un autre fils de Shem Tob Ibn Shem Tob, Isaac, se consacre à des commentaires des plus classiques dans le fil de la tradition aristotélicienne, averroïste et maïmonidienne et le propre fils de Joseph, Shem Tob ben Joseph Ibn Shem Tob, est un commentateur rationaliste du *Guide des égarés* philosophiquement assez orthodoxe pour que son commentaire en soit devenu inséparable dans les éditions imprimées courantes. Joseph lui-même, d'ailleurs, malgré ses distances par rapport au rationalisme « intégral », a aussi fait œuvre de commentateur loyal et consciencieux de la doctrine de la conjonction de l'intellect humain avec l'intellect agent telle qu'elle s'exprime chez les commentateurs anciens d'Aristote, chez Averroès et chez un rationaliste juif tel que Moïse de Narbonne[2].

1. J.-P. Rothschild, « La philosophie dans la prédication du judaïsme espagnol du XIIIe au XVIe siècle », *Revue des sciences philosophiques et théologiques* 98/3, 2014, p. 497-541 (sur ce point, p. 527-535).

2. M. Steinschneider, « Josef b. Schemtob's Commentar zu Averroes'Größer Abhandlung über die Möglichkeit der Conjunction », *Monatsschrift für Geschichte und Wissenschaft des Judent(h)ums* 32, 1883, p. 459-479, p. 514-521 (p. 460) ; J. Guttmann, « Die Familie Shem Tob in ihren Beziehungen zur Philosophie », *Monatsschrift für Geschichte und Wissenschaft des Judent(h)ums* 57, 1913, p. 177-195, 326-340, 419-451 ; J.-P. Rothschild, « Le dessein philosophique de Joseph Ibn Shem Tob (Espagne, *flor.* 1442-1455) », *Revue des études juives* 162/1-2, 2003, p. 97-122 ; J.-P. Rothschild, « Langue et littérature hébraïques dans l'Occident médiéval et moderne », *Annuaire de l'École pratique des hautes études (EPHE), Section des sciences historiques et philologiques* 151, 2020, p. 37-43 et 152, 2021, p. 50-54.

## L'IRRUPTION ET LE POIDS DE L'*ÉTHIQUE À NICOMAQUE* D'ARISTOTE

L'*Éthique à Nicomaque* a influencé Maïmonide puis d'autres auteurs juifs à travers Al-Fārābī, Ibn Bâjjah, Averroès et Maïmonide lui-même ; un résumé de l'*Éthique*, la *Summa Alexandrinorum*, s'est trouvé largement intégré à un ouvrage peu répandu, le *Sēfer ha-ma'alōt* de Shem Tob ibn Falaquera[1] ; le Commentaire moyen d'Averroès à l'*Éthique* fut traduit en hébreu, en Provence, à partir de 1321, avec plusieurs révisions, par Samuel b. Juda de Marseille[2]. Cette dernière traduction fut combinée ensuite, à date inconnue, avec un commentaire qui est en partie une traduction de la *Sententia in libros Ethicorum* de Thomas d'Aquin ; le texte d'Aristote-Averroès n'est pas celui de la version éditée par Lawrence Berman. Le commentaire doit en partie à saint Thomas et son association avec le Commentaire Moyen et avec un prologue qu'on suppose emprunté à Al-Fârâbî exprimerait le désir de faire converger, ou du moins concourir, les deux traditions,

1. B. Chiesa, « Una fonte sconosciuta dell'Etica di Shem Tob ibn Falaquera : la *Summa Alexandrinorum* », *in* A. Vivian (Hrsg.), *Biblische und judaistische Studien, op. cit.*, p. 583-612 ; S. Harvey, « The Greek Library of the Medieval Jewish Philosophers », *in* C. D'Ancona (ed.), *The Libraries of the Neoplatonists. Proceedings of the Meeting of the European Science Foundation Network, held in Strasbourg, March 12-14 2004*, Leyde, Brill, 2007, p. 493-506 (501) : cet écrit, qui ne déclarait pas sa dépendance d'Aristote, dut passer largement inaperçu.

2. L. V. [E. Z.] Berman, *Averroes' Middle Commentary on Aristotle's Nicomachean Ethics in the Hebrew Version of Samuel ben Judah*, éd. posthume mise au point par C. Rigo, Jérusalem, The Israel Academy of Sciences and Humanities, 1999.

arabe et latine, d'interprétation du texte[1]. En Espagne cette fois, vers 1400[2], Me'ir Alguadez traduisit l'*Éthique* à partir de la version latine de Robert Grosseteste.

Le travail d'Alguadez paraît s'être inscrit dans deux logiques : celle de l'achèvement de la mise à disposition en hébreu du corpus complet d'Aristote et celle d'un intérêt particulièrement développé en Espagne pour la littérature morale. Aussi bien l'*Éthique à Nicomaque* pouvait-elle intéresser des publics divers : universitaires, bien entendu, mais aussi curiaux, laïques, ce que facilitait aussi la mise

1. Mss Oxford, Bodleian Lib., Oppenheim 591 ; Cité du Vatican, Bibl. Apost. Vaticana, Vaticano ebreo 556 et (copies incomplètes) Oxford, Bodl. Lib., Mich. 227 et Leyde, UB, Or. 4786. B. Richler, *Hebrew Manuscripts in the Vatican Library*, Cité du Vatican, Biblioteca Apostolica Vaticana, 2008, p. 473-474 ; L. V. Berman, « Ibn Rushd's Middle Commentary on the *Nicomachean Ethics* in Medieval Hebrew Literature », dans J. Jolivet (éd.), *Multiple Averroès*, Paris, Les Belles Lettres, 1978, p. 287-321.

2. Datation : M. Steinschneider, *Die Hebräischen Übersetzungen des Mittelalters und die Juden als Dolmetscher*, Graz, Akademische Druck- u. Verlagsanstalt, 1956 (1893[1]), p. 210 : « Don Meïr… lebte sicher um 1400 », avec référence à des sources ; E. Z. [L.] Berman, « The Latin-to-Hebrew Translation of the *Nichomachean Ethics* » (en hébreu), dans *Sēfer ha-yōbēl li-Šᵉlomoh Pines bi-melē'ūt lō šᵉmōnīm šānāh* [Mélanges en l'honneur de Salomon Pinès à l'occasion de ses quatre-vingts ans], t. I, Jérusalem, Ha-Ūnībersīṭāh ha-'ibrīt bi-Yrūšālayīm, [5]748 [1987/8], p. 147-168 (149) ; M. Zonta, *La filosofia antica nel Medioevo ebraico*, Brescia, Paideia, 1996, p. 83 ; M. Zonta, « Medieval Hebrew Translations of Philosophical and Scientific Texts. A Chronological Table », *in* G. Freudenthal (ed.), *Science in Medieval Jewish Cultures*, Cambridge, Cambridge University Press, 2011, p. 17-73 (p. 63). Préface analysée par M. Steinschneider, *Übersetzungen*, *op. cit.*, p. 210 ; éd. par L. V. Berman, « The Latin-to-Hebrew Translation », *op. cit.* ; transc. et trad. fr. par J.-P. Rothschild, « L'appropriation de l'*Éthique à Nicomaque* par le judaïsme espagnol : le travail des préfaces (Me'ir Alguadez, Joseph ben Shem Tob Ibn Shem Tob) », *Iberia judaica* 8, 2016, p. 61-122.

en vernaculaire[1]. Salomon ha-Lévi a probablement disposé, sur manuscrit puisqu'elle ne fut imprimée qu'à la fin du XVIII^e^ siècle, de la traduction hébraïque de Me'ir Alguadez. Celle-ci fut utilisée un demi-siècle plus tard, en 1455, par Joseph b. Shem Tob Ibn Shem Tob, qui en écrivit un vaste commentaire, contemporain d'un large mouvement d'intérêt pour cet ouvrage dans la société chrétienne espagnole[2], et conservé lui-même dans un nombre étonnant de manuscrits : approximativement une quinzaine de la traduction d'Alguadez et une dizaine du commentaire de Joseph b. Shem Tob, incluant le texte d'Alguadez, auxquels s'ajoutent au moins deux copies de tables de l'ouvrage[3]. Joseph b. Shem Tob critiqua Alguadez, en particulier (mais sans le nommer), sur l'explication des rapports entre les trois traités de philosophie morale d'Aristote ; davantage, sur ce que « les philosophes de notre peuple se sont trompés quand ils ont pensé que c'est cette fin que vise notre Loi divine » : là où Alguadez ne paraissait distinguer la Torah de la philosophie morale que par l'ordre des matières et une formulation plus ou moins explicite, ce qui fait de lui un tenant de l'école rationaliste, Joseph b. Shem Tob se soucie de marquer qu'il n'y a pas coïncidence, quoique

1. À propos des éditions, traductions et commentaires de l'ouvrage en Europe aux XV^e^ et XVI^e^ siècles voir R. A. Gauthier, J. Y. Jolif, *L'Éthique à Nicomaque. Introduction, traduction et commentaire*, 2^e^ éd. avec une introduction nouvelle, t. I/1, Louvain, Publications Universitaires-Paris, Béatrice-Nauwelaerts, 1970, p. 138-202.

2. A. R. D. Pagden, « The Diffusion of Aristotle's Moral Philosophy in Spain, ca. 1400-ca. 1600 », *Traditio* 31, 1975, p. 287-313 (p. 289).

3. J.-P. Rothschild, « Les philosophes juifs d'Espagne au XV^e^ siècle, l'*Éthique à Nicomaque* et le projet philosophique de Joseph Ibn Shem Tob (étude préparatoire) », *in* J. Ma Soto Rábanos (ed.), *Pensamiento medieval hispano. Homenaje a Horacio Santiago Otero*, t. II, Madrid, C.S.I.C., 1998, p. 1289-1316 (p. 1299-1300).

large recoupement, entre les deux doctrines ; s'il n'y insiste guère ici, il renvoie à son *Keḇōd Elohīm* antérieur, plus clair à cet égard[1]. Un lecteur de son commentaire a été identifié en la personne d'Isaac Arama (v. 1420-1494), grand utilisateur de l'*Éthique à Nicomaque*, qui marque cependant le dépassement du niveau purement humain de la philosophie d'Aristote par l'accès au divin et à l'immortalité que confère la Torah[2]. Nous n'avons pas vérifié si Salomon ha-Lévi avait pu recourir lui aussi au commentaire de Joseph ; quant au point de l'équivalence ou non des deux doctrines, il ne prend pas position selon les termes du dilemme. Le parcours de l'*Éthique* dans l'Espagne juive ne s'arrêta pas là, puisqu'à la fin du XVe siècle, Barukh Ibn Ya'iš retraduisit l'*Éthique*, peut-être en recourant aux traductions latines nouvelles de Leonardo Bruni et de Giovanni Argyropoulos[3] ; son élève Samuel A(l)tortos en donna en 1484-1485 un commentaire, peut-être une réportation critique de l'enseignement de son maître ; il recourt au moins à Albert le Grand, Thomas

1. *Ibid.*, p. 1310-1313 ; J.-P. Rothschild, « Le dessein philosophique », art. cit., p. 104-105 ; J.-P. Rothschild, « L'appropriation de l'*Éthique* », art. cit., de l'introduction duquel nous reprenons une grande partie de ce paragraphe.

2. S. Heller-Wilensky, *The Philosophy of Isaac Arama in the Framework of Philonic Philosophy* (en hébreu), Jérusalem-Tel Aviv, Mosad Bialiq, 1956, réimpr., 2020 ; B. Septimus, « Yitzhaq Arama and Aristotle's *Ethics* », *in* Y. T. Assis, Y. Kaplan (eds.), *Jews and Conversos at the Time of the Expulsion*, Jerusalem, The Zalman Shazar Center for Jewish History, 1999, p. 1*-24*.

3. Ms. unique Hambourg, Staats- uUB, Lévy 114 ; traduction attribuée par M. Zonta, *La filosofia…*, *op. cit.*, p. 273 et par H. Tirosh-Rothschild, « Jewish Philosophy on the Eve of Modernity », *in* D. H. Frank, O. Leaman (eds.), *History of Jewish Philosophy*, London-New York, 1997, p. 536-545 et n. 154, p. 559-560.

d'Aquin et Pedro Martínez de Osma, un thomiste espagnol, son contemporain[1].

## L'HUMANISME

Par rapport aux siècles précédents du Moyen Âge espagnol, il est permis d'avancer pour ce XV<sup>e</sup> siècle le terme d'« humanisme ». Au moins quatre nouveautés d'ordre littéraire justifient de marquer par là un changement qualitatif par rapport à la période médiévale proprement dite : a. l'entrée tardive en hébreu de l'*Éthique à Nicomaque*, dont il vient d'être question, qui modifie profondément l'héritage aristotélicien reçu de longue date parmi les philosophes juifs et jusqu'alors limité à la logique, la science de la nature et la métaphysique. b. Le recours à des sources jusque-là absentes, appartenant à l'antiquité grecque (Platon) ou latine, ces dernières déjà d'emploi courant au Moyen Âge chez les Latins, mais nouvelles parmi les juifs (Cicéron, Sénèque, Ovide, Catulle[2], les *Disticha Catonis*) ; voire, à des auteurs récents (chez Salomon ha-Lévi, peut-être Juan de Lucena[3], Pétrarque (voir texte, ci-dessous, p. 106 et note 31, p. 215). c. Le développement de curiosités d'antiquaires ; plusieurs articles d'Eleazar Gutwirth documentent une culture partagée avec la société lettrée environnante et une

1. J.-P. Rothschild, « Les philosophes », art. cit., p. 1300, n. 41, récapitulant les hypothèses antérieures ; M. Zonta, *Hebrew Scholasticism*, *op. cit.*, p. 115-117. On en connaît trois témoins : Paris BNF, hébreu 1001, 1002 et 1003 ; M. Zonta édite et traduit l'introduction, p. 1*-10* et p. 120-131.

2. E. Gutwirth, « A Hebrew Echo of Catullus' *Passer* circa 1400 ? The Question of Humanism in Late Medieval Hispano-Jewish Communities », *Rassegna iberistica* 110, 2018, p. 219-237.

3. Voir *infra*, p. 58-63.

sensibilité qu'on peut aussi qualifier d'humaniste parmi les juifs de la Péninsule au XVe siècle[1]. d. L'emploi des langues vernaculaires en science et en théologie : R. Hasdaï Crescas écrivant en catalan, au tournant du XVe siècle, son traité de polémique anti-chrétienne (quoiqu'il ne soit conservé que dans la traduction hébraïque de Joseph b. Shem Tob), R. Moïse Arragel compilant en castillan des exégèses juives et chrétiennes dans la Bible d'Albe ; plus tard, à Salonique, Moïse Almosnino (v. 1515-v. 1580), dont la *Crónica de los reyes otomanos* a déjà fait l'objet de nombreuses études et auquel on doit aussi un *Regimineto de la vida* et un *Tratado de los suenyos*[2], et Salomon ha-Lévi lui-même, son cadet d'une quinzaine d'années, qui a composé en judéo-espagnol.

## UNE LITTÉRATURE HOMILÉTIQUE À L'USAGE D'UN « GRAND PUBLIC CULTIVÉ »

Il a déjà été noté que la littérature juive du Moyen Âge tardif se caractérise par une abondance de textes produits à l'usage d'un lectorat suffisamment instruit pour lire en hébreu et partager avec les auteurs les références aux Écritures, à une partie de la littérature rabbinique et à la philosophie aristotélicienne. Une étude récente offre un panorama du souci d'écrire pour un grand public et du

1. Entre autres E. Gutwirth, « *Vestigia* : Digging up the Past in Fifteenth Century Hispano-Jewish Communities », *Revue des études juives* 183/3-4, 2024, p. 425-450.

2. Sur la *Crónica* : V. Syros, « Magnificence as a Royal Virtue in Ottoman Jewish Political Thought », *Renaissance Quarterly* 74/4, 2021, p. 1071-1110. *Regimineto* et *Tratado de los suenyos* ont été édités par J. M. Zemke, Tempe (Ariz.), Arizona Center for Medieval and Renaissance Studies, 2004.

phénomène de vulgarisation de l'enseignement religieux dont on peut situer une première manifestation à la fin du XIe siècle (*Ḥōḇōt ha-leḇāḇōt* [« Devoirs des cœurs »] de R. Bahya Ibn Paquda) mais qui se manifeste surtout à partir de la fin du XIIIe siècle et qu'elle suit jusqu'à la fin du XIVe siècle (R. Israël Al-Nakawa, *Menōrat ha-mā'ōr* [« candélabre d'éclairage »]), tout en étant centrée sur un ouvrage (lui aussi intitulé *Menōrat ha-mā'ōr*) écrit en Castille dans la première moitié du XIVe siècle et imprimé pour la première fois à Constantinople en 1513[1].

Le même phénomène s'observe aussi en matière de philosophie. Les références à celle-ci abondent dans les genres « religieux » considérés par M. Marciano (commentaires ou sur-commentaires scripturaires, sermons, commentaires des *Pireqēy Āḇōt*) et cet auteur, tout en mettant l'accent, dans son important ouvrage sur le XVe siècle, sur les critiques de la philosophie[2], manifeste aussi que ces critiques étaient très informés des thèmes et des textes de la philosophie : comme si le cursus philosophique s'était plus ou moins imposé à tous en dépit de ses détracteurs, le conflit persistant portant seulement sur le point d'établir quel savoir, traditionnel ou philosophique, devait faire l'objet des plus grands efforts. Outre la propagande des promoteurs de la philosophie et les réponses qu'elle suscitait, la force du modèle maïmonidien, la nécessité pratique pour les futurs dirigeants communautaires qui seraient au contact des clercs et officiers instruits de n'être pas démunis, celle d'armer un

1. Y. Marciano, « The Rise of Non-elitist Religious Literature in Late Medieval Spain and its Reflection in *Menorat ha-Maor* of Rabbi Isaac Aboab », *Sefarad* 79/2, 2019, p. 411-445.

2. Y. Marciano, *Sages of Spain*, *op. cit.*, chap. 4, p. 217-240 et, pour ce qui suit, notre compte rendu déjà cité.

plus grand public exposé aux sermons obligatoires des chrétiens et à diverses formes de controverse institutionnelle ou spontanée, se faisaient sentir avant même le XV^e siècle[1]. D'où la familiarité probable des auditeurs habituels des sermons et explications de textes bibliques ou rabbiniques avec des termes et thèmes généraux de la philosophie ainsi qu'avec les différentes écoles en présence. Yosef Hacker, Dov Schwartz, Moshe Halbertal, nous-même avons insisté de diverses manières sur ce que, dès lors, ne s'exprimait pas dans la littérature homilétique du judaïsme ibérique le jaillissement neuf d'une pensée, non par défaut de capacité des auteurs, mais en raison des contraintes des genres dans lesquels s'inscrivait leur travail et des attentes ou besoins d'un public large. Hacker, posant la question s'il s'agit dans la littérature homilétique de pensée authentique ou de simples exercices, y compris lorsque l'on a affaire à des formulations nouvelles, dont Salomon ha-Lévi lui-même a exprimé qu'elles étaient rendues nécessaires par une situation de concurrence entre homélistes,[2] a évoqué les nécessités de la compétition professionnelle. Schwartz[3], le voilement de la pensée en tant que démarche intégrée par toute la tradition sefardite dans le fil de l'ésotérisme maïmonidien. Halbertal[4], la neutralisation d'un discours

1. J.-P. Rothschild, « La philosophie dans la prédication », art. cit., p. 505-513.

2. J. R. Hacker, « The Sephardi Sermon in the Sixteenth Century – Between Literature and Historical Source » (en hébreu), *Pe'amim* 26, 1986, p. 108-127 (en part. p. 125).

3. D. Schwartz, *Contradiction and Concealment in Medieval Jewish Thought* (en hébreu), Ramat-Gan, Bar-Ilan University Press, 2002.

4. M. Halbertal, *Concealment and Revelation. The Secret and its Boundaries in Medieval Jewish Thought* (en hébreu), Jérusalem, Yeriot, 2001 ; trad. angl. J. Feldman, *Concealment and Revelation. Esotericism in Jewish Thought and its Philosophical Implications*, Princeton, Princeton University Press, 2007.

recevable et tenable par toutes les écoles (halakhistes, philosophiques, astrologiques-déterministes, kabbalistes), moyennant des sous-entendus. Nous-même[1], la mise en scène, devant un auditoire d'amateurs éclairés, d'un jeu oratoire sans surprises ni enjeux autres que ceux de la réussite technique et esthétique. C'est dans ce cadre d'une longue tradition d'écriture ménagère d'ambiguïtés, ou de débats à fleurets mouchetés, que s'inscrit le propos de Salomon ha-Lévi, que nous surprendrons plus d'une fois à indiquer qu'il ne veut pas s'engager dans des questions trop épineuses. Nous qualifions d'« homilétique » ce niveau de discours, d'un mot qui évoque à la fois une intention de renforcement communautaire et d'instruction religieuse et un type d'entretiens « familiers », c'est-à-dire non techniques et destinés à un grand nombre.

## L'HÉRITAGE ESPAGNOL DANS UN NOUVEL EXIL

Le dernier philosophe, ou théologien-philosophe juif, de la péninsule Ibérique avant l'exil est Isaac Abrabanel (1437-1508), enfui du Portugal où, poursuivi pour complot politique, il avait été condamné à mort en 1483, en Espagne, puis en 1492 en Italie où il termina ses jours[2]. D'autres avant lui avaient donné l'exemple d'une activité maintenue d'un continent même à l'autre : Éphraïm al-Naqawah (1359-1442), passé de Tolède à Tlemcen à la suite des

1. J.-P. Rothschild, « Élitisme ou généralité du savoir selon quelques commentateurs sefardis du traité *Abhoth* de la Michna, du XII^e^ au XVI^e^ siècle », *in* A. Speer, Th. Jeschke (Hrsg.), *Schüler und Meister*, Berlin, de Gruyter, 2016, p. 441-465, fin.

2. Voir en dernier lieu C. Cohen-Skalli, *Don Isaac Abravanel. An Intellectual Biography*, trad. angl. A. Kallenbach, Waltham (Mass.), Brandeis University Press, 2021.

événements de 1391, Simon ben Ṣemaḥ Duran (1361-1444), émigré de Majorque à Alger pour les mêmes raisons et, bien entendu, en remontant davantage le temps, le plus illustre de tous, Moïse ben Maïmon (Cordoue, 1138-Fostat, 1204), dont la famille avait, pendant son enfance, fui la persécution almohade en se transportant au Maroc, puis en Terre sainte. Qu'un individu reste le même en dépit des tribulations n'est pas surprenant. Il est plus étonnant que, deux générations après la catastrophe de 1492, des esprits se soient trouvés encore pour avoir été formés en terre étrangère par des maîtres sans doute eux-mêmes déjà instruits dans le nouvel exil et pour illustrer néanmoins, à un niveau élevé d'érudition et d'affinement d'écriture et de pensée, la tradition d'avant le bannissement, en dehors du monde qui la soutenait. La question du public de ces auteurs formés à l'ancienne se pose aussi, même si l'imprimerie, dont Salonique fut l'un des centres mondiaux pour l'hébreu[1], garantit désormais, au-delà du public local, la rencontre d'autres esprits cultivés, au moins dans la lointaine Italie.

R. Eliyahu Mizraḥi, représentant éminent de la vieille communauté romaniote locale, avait témoigné au XVe siècle de l'indifférence du public, laquelle avait provoqué une « grève des sages » ; on est passé au siècle suivant, à la suite de l'arrivée des réfugiés d'Espagne, à une situation à la fois d'abondance de sagesse et de compétition sévère et, au témoignage de Salomon ha-Lévi, d'exigence d'un public prompt à crier au plagiat et du moins au manque d'originalité. En tête du texte même qui nous occupe, il

1. G. Zilberberg, J. Breger, « Printing, Hebrew », *in* F. Skolnik, M. Berenbaum (eds.), *Encyclopaedia Judaica*², t. XVI, Detroit, Macmillan Reference USA, 2007, p. 529-540 (en part. p. 531-533).

nous renseigne sur le grand nombre des auteurs et les attentes des lecteurs : la parution, depuis qu'il a donné un premier jet de son ouvrage, des commentaires de Ya'abeṣ et d'Almosnino l'a obligé, pour cette nouvelle rédaction, à remanier sérieusement le sien ; en particulier, il ne donnera jamais moins de trois explications pour chaque lemme du texte, afin que tout lecteur y trouve du nouveau. (Mais nous le voyons plus loin justifier ce nombre de trois par une raison interne, philosophique et exégétique : à savoir, que le commentaire s'adresse constamment à l'homme considéré selon ses trois niveaux d'activité.)[1]. Il faut enfin se garder d'interpréter la fidélité de la société sefardite-ottomane à son passé ibérique en termes de sclérose et de repli sur soi. Il s'agit au contraire d'un milieu, en même temps, créatif et ouvert sur son nouvel environnement, ce que l'on peut aussi qualifier de fidélité à la tradition humaniste du siècle précédent[2].

## La kabbale

Bien qu'elle ne soit pas présente doctrinalement dans le texte que nous avons sous les yeux, la kabbale est la grande rivale doctrinale de la philosophie qui va bientôt, dès avant la fin du XVI^e^ siècle, du vivant même de Salomon ha-Lévi, la supplanter entièrement comme cadre du discours semi-savant dans la société juive ottomane. Il y a lieu de préciser ici la chronologie de leur concomitance et de leur

1. *Lēḇ Āḇōt*, Salonique, 1565, ff. 1v-2r. Relevé par J. R. Hacker, « The Intellectual Activity… », art. cit., p. 97 et 102.

2. E. Gutwirth, « Humanism, Transculturalism and Sixteenth-Century Ottoman Jews », *Mediterranea. International Journal on the Transfer of Knowledge* 8, 2023, p. 279-309, d'après des exemples pris à Istanbul, à Raguse et au Caire.

rivalité. Roberto Bonfil a fait remarquer naguère qu'en dépit d'une explication ancienne, le développement de la kabbale en Italie n'était pas une conséquence des mesures d'interdiction du Talmud et de ségrégation de la population juive dans les ghettos dans la deuxième moitié du XVIe siècle, mais leur était antérieur de plusieurs générations : la kabbale trouva le « champ pratiquement libre » chez les juifs, sur le plan intellectuel, à la suite de la « crise » de la philosophie scolastique, quoique restant avant le milieu du XVIe siècle le fait d'un « petit nombre d'initiés »[1]. On connaît en Italie à la fin du XIIIe siècle le célèbre kabbaliste Abraham Abulafia (1240-v. 1291) et au début du siècle suivant Menahem Recanati (v. 1250-v. 1310).

Encore que la chronologie ne soit pas la même, on peut se livrer à la même observation dans le cas espagnol. C'est encore à Yosef Hacker[2] que l'on doit l'analyse d'homélies de Joseph Garçon, rabbin castillan de la fin du XVe siècle, réfugié ensuite à Salonique, à Amasia puis (1505-1523) à Damas. L'analyse des priorités qu'il formulait en matière d'éducation, en Castille, au dernier quart du XVe siècle, montre qu'il regardait l'étude de la Torah et de la kabbale (dans laquelle il ne paraît pourtant pas avoir été initié en profondeur) comme l'essentiel, au détriment de l'étude de la philosophie et des sciences pourtant en honneur, qu'il avait lui-même étudiées et dont il constatait la soif qu'en

1. R. Bonfil, « Jewish Culture, Hebraists, and the Role of the Kabbalah », dans R. Bonfil, *Jewish Life in Renaissance Italy*, 1994, Berkeley, University of California Press, p. 145-178, « Diffusion of Kabbalah », *Les juifs d'Italie à l'époque de la Renaissance. Stratégies de la différence à l'aube de la modernité*, Paris, L'Harmattan, 1995, p. 113-137 [p. 131]).

2. J. R. Hacker, « On the Intellectual Character and Self-Perception of Spanish Jewry in Late Fifteenth Century » (en hébreu), *Sefunot* 17, 1983, p. 21-95 (p. 47-56 pour le point commenté).

avait la jeunesse ; sans doute parlait-il en maître de *yešībāh* (école talmudique) défendant sa propre conception du programme idéal ; du moins prouve-t-il que cet idéal-là était déjà représenté en Espagne avant l'expulsion. Yoel Marciano[1], reprenant récemment la question sur une base élargie, estime que l'âge d'or de la kabbale parmi les émigrés de la péninsule Ibérique, s'il débuta dans les dernières décennies du XVIe siècle, fut le point culminant d'un processus lent et complexe de développement et de déplacement depuis la sphère ésotérique vers le grand public. On était déjà assez renseigné sur sa diffusion dans les conditions nouvelles du XVIe siècle mais il a cherché à déterminer ce qu'il en fut dans la Péninsule entre les persécutions de 1391 et les expulsions de la fin du siècle suivant : les œuvres alors écrites, l'enseignement de la kabbale, le rôle des kabbalistes dans la société, la prise en compte de la kabbale dans la *halākāh* avant l'expulsion. Presque tous les indices de ce développement se trouvent en Castille et non en Aragon. L'historien, mal renseigné en raison des pertes documentaires et littéraires provoquées par l'expulsion et des réticences à en écrire résultant des anciennes pratiques ésotéristes, dispose cependant d'une référence de la seconde moitié du XIVe siècle dans les *responsa* d'Isaac Bar Sheshet à propos de la divulgation de la kabbale et des critiques dont elle fait alors l'objet. Dans l'introduction du *Ma'aśeh Ēfōd*, en 1403, Profiat Duran témoigne que les tenants de la kabbale sont assez nombreux pour former l'une des trois familles de pensée parmi les juifs de son temps. Il se peut que les conversions

1. Y. Marciano, « The Status and Dissemination of the Kabbalah in Jewish Society in the Iberian peninsula in the Late Middle Ages » (en hébreu), *Sefunot*, n.s. 9 (26), 2019, p. 137-173, résumé en anglais p. IX-XI.

en masse déplorées en 1391 aient suscité en réaction un mouvement kabbaliste opposé à la fois au christianisme et à la philosophie, à l'instar de ce qu'a exprimé Shem Tob Ibn Shem Tob au début de son « Livre des croyances » et qu'on répète à l'envi mais comme une référence isolée ; lui-même, cependant, a témoigné en même temps de l'absence de maîtres de kabbale et de son recours aux livres en autodidacte, de même que son contemporain Joseph Albo, *Sēfer ha-ʿiqqārīm* (« Livre des principes ») II, 28. Un autre ouvrage, l'anonyme *Pōqēaḥ ʿiwᵉrīm* (« Il donne la vue aux aveugles »)[1], témoigne dans cette première moitié du XVᵉ siècle des souffrances du judaïsme castillan, de son redoublement d'efforts dans la pratique des commandements et des consolations que la kabbale peut lui apporter ; il s'inspire du *Zohar*, apparu à la fin du XIIIᵉ siècle, par l'intermédiaire d'un autre ouvrage, le *Sēfer ha-mēšīḇ* (« Livre de celui qui répond »), qui explique les *sefīrōt* et tente de supputer la délivrance par les techniques de la kabbale pratique, impliquant l'emploi de noms divins[2]. Alors que Shem Tob et le *Pōqēaḥ ʿiwᵉrīm* s'en tenaient à faire état d'une transmission orale, le *Mēšīḇ* mentionne des révélations. Dans les deux cas, l'absence de tradition transmise par les voies ordinaires incite à la créativité dans une matière où, pourtant, il avait été établi jadis qu'en l'absence de règles de déduction, aucune innovation n'était possible : Nahmanide, grande autorité de la Catalogne du XIIIᵉ siècle, tenait la kabbale pour fondée sur des traditions orales non déductibles, ni les unes des autres, ni à partir

1. B. Huss, « On the Status of Kabbalah in Spain After the Decrees of 1391 : the Book *Pokeah 'Ivrim* » (en hébreu), *Pe'amim* 56, 1993, p. 20-32.

2. M. Idel, « The Attitude to Christianity in *Sefer ha-Meshiv* » (en hébreu), *Immanuel* 12, 1981, p. 77-95.

du texte scripturaire, selon un quelconque système d'inférences, si bien que ce qui n'avait pas été transmis par tradition était perdu sans remède[1]. D'autre part encore, un enseignement de kabbale aurait existé, optionnel, dans la principale école talmudique de Castille, celle de R. Isaac Canpanton (1360-1463 [!]), assuré par Isaac de Léon, l'un des principaux disciples de Canpanton. Un enseignement assez rudimentaire de kabbale, base de sa vulgarisation et sa diffusion ultérieures, paraît avoir existé dans d'autres *yešībōt* : celles de R. Samuel Franco, qui gagna lui-même Salonique lors de l'exil et y mourut en 1501, et de son élève R. Joseph Garson, dont nous avons parlé. La génération même de l'exil compta en Abraham Saba (1440-1508) un kabbaliste éminent, dont on ignore la formation, qui distinguait entre des enseignements devant rester ésotériques et d'autres, divulgables[2] ; au début du XVIe siècle, quelques auteurs sont manifestement marqués par la kabbale et l'on perçoit aussi son influence dans le droit religieux (*halākāh*).

En dépit de ce début de popularisation, l'accès aux fondements de la kabbale demeure le fait d'une élite. Malgré son propre élitisme, la philosophie restait plus répandue ; il y a à cela des raisons pour ainsi dire externes : elle faisait partie de la culture générale ibérique et entretenait des rapports avec des disciplines pratiques telles que la

1. M. Idel, « Cabale, Halakhah et autorité spirituelle chez Nahmanide », dans R. Gutman, *Nahmanide. De la perfection de la Loi*, Paris, Éditions de l'Éclat, 2012, p. 109-178 (129-153) ; M. Idel, « Revelation and the "Crisis of Tradition" in Kabbalah : 1475-1575 », *in* A. Kilcher (ed.), *Constructing Tradition. Means and Myths of Transmission in Western Esotericism*, Leiden-Boston, Brill, 2011, p. 253-292 (255-256).

2. Selon A. Gross, *Iberian Jewry from Twilight to Dawn : the World of Rabbi Abraham Saba*, Leiden, Brill, 1995.

logique, l'arithmétique et la médecine ; ajoutons, la plus grande ancienneté des efforts pour la populariser parmi les juifs, le grand nombre des manuscrits hébreux qui diffusaient son vaste corpus, la place suréminente occupée par la référence à Maïmonide. Toutefois, le grand public finit par se trouver plus d'affinités avec la mystique qu'avec la philosophie, sur les plans social et religieux, particulièrement dans des temps troublés, propices à la remise en cause de l'ordre établi des valeurs intellectuelles et à la faveur du basculement dans un monde (ottoman) dans lequel la conversation avec la majorité environnante sur les bases d'une culture philosophique commune n'avait pas cours : à l'avantage de la kabbale contre la philosophie, on pouvait en effet compter que la première proposait la possibilité d'une instruction miraculeuse, un réconfort en temps d'épreuves, une sollicitude envers le peuple dont témoignent le *Pōqēaḥ ʿiwᵉrīm* et Abraham Saba. Yosef Hacker a analysé le processus final dans lequel la kabbale prit décidément le pas sur la philosophie[1] : dans un contexte turc d'affaiblissement du pouvoir centralisé et de crises à partir de 1580, dans la dernière décennie du XVIe siècle, la kabbale de R. Moïse Cordovero (1522-1570) et de son milieu de Safed entra effectivement en concurrence avec la philosophie et les sciences en tant que moyens d'accès à la sagesse profonde de la Torah, fournissant à l'élite juive de l'Empire ottoman un nouveau cadre d'analyse et de nouveaux concepts. La kabbale « fit irruption dans la conscience publique » à la suite de l'impression d'ouvrages kabblistiques en Italie et de la floraison de l'école de Safed.

1. J. R. Hacker, « Jews in the Ottoman Empire (1580-1839) », *in* J. Karp and A. Sutcliffe (eds.), *The Cambridge History of Judaism*, t. VII, *op. cit.*, p. 831-863 ; sur ce point, p. 855-856.

Dans les dernières décennies du XVIe siècle et au début du XVIIe, la kabbale cordovérienne se répandit largement par le biais de l'imprimerie, en grande partie sous la forme d'ouvrages d'éthique (*mūsār*) kabbalistique ainsi qu'à la faveur de la diffusion de la renommée et même de la légende d'Isaac Louria (1534-1572), les difficultés économiques de Safed dispersant ses disciples en Égypte, à Istanbul, à Brousse (Pruse, Bursa) et à Salonique comme autant de propagateurs. Aux raisons du changment évoquées par M. Hacker ajoutons celle que suggère une remarque de Gilles Veinstein : jusqu'aux années 1580 seulement s'est observée l'arrivée de nouveaux marranes désireux de revenir au judaïsme loin de l'Inquisition[1] : leur pression culturelle, y compris le simple souci, de la part des homélistes, de faciliter leur intégration, avait pu aider à prolonger la survie des manifestations de la culture espagnole de la diaspora de Sefarad.

## UN GENRE LITTÉRAIRE : LES COMMENTAIRES AUX *PIR<sup>e</sup>QĒY ĀḆŌT*

Parmi toute la littérature rabbinique ancienne, le traité michnique des *Chapitres des Pères* (ou : *des Principes*)[2] est le seul écrit qui se rapproche d'un traité d'éthique. La

1. G. Veinstein, « Juifs », art. cit.

2. Sur l'incertitude du sens du titre hébreu, voir A. Tropper, *Wisdom, Politics, and Historiography. Tractate Avot in the Context of the Greco-Roman Near East*, Oxford, Oxford University Press, 2004, p. 185-188 ; J.-P. Rothschild, « Au fondement de la notion de "pères" : pourquoi les rabbins ne sont pas les "pères" de la Synagogue », dans R. Berndt et M. Fédou (éd.), *Les réceptions des Pères de l'Église au Moyen Âge. Le devenir de la tradition ecclésiale. Congrès du Centre Sèvres – Facultés Jésuites de Paris, 11-14 juin 2008*, Münster, Aschendorff, 2013, t. I, p. 493-511, sur ce point, p. 498-501.

tradition de ses commentaires doit à l'autorité du précédent et du modèle formés par le double commentaire qu'en avait donné Maïmonide et que Salomon ha-Lévi avoue solennellement comme sa quasi-seule référence lors de la rédaction de son propre commentaire :

> Le ciel, la terre et la Divinité qui les a créés témoigneront que j'ai écrit la plus grande partie de ce livre sans autre commentaire devant moi que celui de Maïmonide ; et même, en vérité, je ne possédais que le commentaire de ce maître et celui du ministre éminent [Isaac Abrabanel] dans son livre *Naḥalat Āḇōt* [l'Héritage des Pères] »)[1].

Le premier commentaire de Maïmonide fut donné dans le cadre de son commentaire général de la Michna, l'autre, en tant qu'introduction particulière à ce traité, intitulée elle-même « les Huit Chapitres » (*Šᵉmonāh pᵉrāqīm*). Le fait que la lecture successive des cinq (plus un) chapitres des *Pirᵉqēy Āḇōt* était appelée par le calendrier liturgique dans les semaines qui s'étendent entre la Pâque et la Pentecôte constituait une autre incitation à la production de commentaires de cet ouvrage, qui n'ont pas manqué en Espagne aux XIIIᵉ et XIVᵉ siècles. S'agissant du siècle suivant, on croit pouvoir expliquer leur multiplication et leur allongement en formulant l'hypothèse que la traduction, autour de 1400, de l'*Éthique à Nicomaque*, dont les écrits juifs du XVᵉ siècle témoignent du fort retentissement en Espagne, dans un milieu intellectuel juif exposé de surcroît, de gré ou de force, aux mises en question ou aux modèles produits par la société chrétienne, a poussé à approfondir l'étude de ce traité pour l'ériger en contre-*Éthique* ou du

1. *Lēḇ Āḇōt*, Salonique, 1565, f. 1v : השמים והארץ ואלה עושם יעידון יגידון יסהידון עלי האם רוב הספר הזה לא כתבתיהו באין מפרש לפני רק פירוש הרמב"ם וגם אמונה בידי לא הווה רק פירוש הרב הנזכר ופירוש השר המפליא בנחלת אבות אשר לו.

moins en *Éthique* juive. Voire, à faire de la production d'un commentaire de ce corpus de *sentences* des rabbins anciens, qui tendait à devenir une étape incontournable à un stade assez précoce de la carrière des enseignants et prédicateurs juifs, une sorte de pendant, qui ne s'avouait pas comme tel, du commentaire des *Sentences* des Pères de l'Église compilées au XII^e^ siècle par Pierre le Lombard, dans celle des théologiens latins. Au-delà de cette situation de confrontation des doctrines et des cursus, au XVI^e^ siècle, dans le nouvel exil ottoman, la pratique s'est poursuivie, ces commentaires ayant subsisté plus d'une fois sous une forme prolixe, manuscrite ou imprimée, hors de proportion, peut-on croire, avec les conférences de quelques après-midi de printemps qu'appelait le calendrier liturgique[1]. Salomon le-beit ha-Lévi a terminé son commentaire à l'âge de vingt ans, le 28 mai 1553, jour de ses fiançailles :

> J'ai composé ce livre aux jours de ma jeunesse et l'ai terminé la veille de la Pentecôte [5]313 [1553], c'est-à-dire le jour où je me suis fiancé à ma femme […] et l'on verra à partir de la première rédaction qu'en ce jour je lui ai aussi lu des poèmes de ma composition[2].

Il en a commencé la révision peut-être dès avant 1555 (le commentaire de Joseph Ya'abeṣ étant déjà imprimé, ainsi qu'il y fait référence) et peut-être au-delà de 1563, apparemment sans avoir livré aux presses un état antérieur : nous avons déjà rencontré plus haut la référence à ce que

1. Liste dans J.-P. Rothschild, « Élitisme ou généralité du savoir », art. cit., p. 444, n. 11.

2. Éd. de 1565, f. 2r, 15 l. avant la fin : אנכי חברתי הספר הזה בימי חורפי והשלמתיהו בערב חג השבועות משנת השי"ג דיש ביום עצמו אשר ארשתי את זוגתי [...] ותראה מן מהדורא הראשונה אשר גם ביום ההוא שוררתי וקראתי באזניה ; noté aussi par D. G. Lewental, « Levi (Le-Vet Ha-Levi) Family, Salonica », *in* N. A. Stillman (ed.), *Encyclopedia of Jews in the Islamic World* (en ligne), Brill Online, 2013.

nous avons appelé une nouvelle rédaction du texte[1], pour traduire *mahadūrā'* ; ce terme désigne en hébreu moderne (écrit *mahadūrāh*) une réédition. Cependant, les bibliographies ne font pas mention d'une édition avant celle de 1565. Plutôt que de postuler une impression dont aucun exemplaire n'aurait survécu, il paraît préférable de comprendre ici *mahadūrā'*, selon son sens étymologique (araméen) plus large de « retour », comme une « version » (le texte ayant ou non déjà circulé, peut-être en manuscrit). La façon dont s'exprime Salomon le confirme :

> Au cours de cette deuxième rédaction, il m'est venu entre les mains le commentaire du pieux [Joseph] Ya'abeṣ, imprimé à Andrinople, et à la fin j'ai eu la vision divine du commentaire de savant parfait et universel, sa gloire notre maître, maître Moïse Almosnino, etc.[2]

Le processus de *mahadūrā'* dont il s'agit, dans lequel on distingue un « cours » et une « fin », occasions de lectures concurrentes, est trop long pour désigner une opération d'imprimerie ; une impression se désigne plutôt à cette époque par *d<sup>e</sup>fūs*, une deuxième édition [imprimée] serait donc *d<sup>e</sup>fūs šēnī*. On ne connaît pas d'autre édition du commentaire de Ya'abeṣ qu'Andrinople, 1555 ; celle du commentaire d'Almosnino se fit en 1563, mais Salomon ne précise pas, cette fois, s'il a connu son texte imprimé. Le texte de Salomon nous est accessible sous le titre de *Lēḇ Āḇōt* dans une édition salonicienne datée du mois de Iyar [5]325 (printemps 1565)[3].

1. Voir *supra*, p. 31.

2. F. 1v : ובקצת מהדורא הזאת השנית בא לידי פירוש החסיד היעבץ המודפס באנדרינופלה ובסופה חזיתי חזיון אלהי מפירוש החכם השלם הכולל כבוד מורנו הרב רבי משה אלמושנינו, etc.

3. Lewental, « Levi (Le-Vet Ha-Levi) Family », art. cit., fait état d'une autre édition en 1571, dont nous ne trouvons pas trace.

## Salomon le-Beit ha-Lévi : données bio-bibliographiques

R. Šᵉlomoh ben Yīṣḥāq le-bēyt ha-Lēwī (« de la maison [tribu] de Lévi »), l'Ancien, 1531/2-1600, est né à Salonique d'une famille aisée et cultivée, d'origine portugaise, arrivée en 1497 dans cette ville où son père était né en 1500[1]. Il reçut une formation non seulement dans les matières sacrées fondamentales (Talmud et droit juif) auprès de Joseph Ibn Leb (1505-1580) mais aussi, comme il était d'usage parmi les élites juives espagnoles, en poésie hébraïque (avec Sa'adiya Longo) et dans la tradition gréco-arabe de la science aristotélicienne relayée par ses disciples juifs (avec Aaron 'Afiya) ; à partir de 1561, il s'instruisit aussi en kabbale, récapitulant de la sorte l'ensemble des savoirs accessibles à un juif de son temps, fussent-ils partiellement incompatibles. Auteur à treize ans d'un dialogue en espagnol, il publia une première décision religieuse (*pᵉsaq*) à l'âge de vingt ans. Il occupa des emplois de rabbin à Skopje en Macédoine (1568) puis (1571) de prédicateur-enseignant (*daršān*) dans plusieurs synagogues de Salonique ; sa notoriété lui valut le siège de rabbin de la communauté provençale de la ville, qu'il cumula à partir de 1573 avec celui de la communauté plus prestigieuse qui portait le nom de la ville portugaise d'Évora. Il résigna ses fonctions vingt ans plus tard pour raisons de santé et

1. J. R. Hacker, « Levi (Bet ha-Levi), Solomon (II) ben Isaac », *in* F. Skolnik, M. Berenbaum (eds.), *Encyclopaedia Judaica*², t. XII, Detroit, Macmillan Reference USA, 2007, p. 693-694 ; Lewental, « Levi (Le-Vet Ha-Levi) Family », art. cit. – J. R. Hacker annonce deux volumes d'histoire de cette famille d'après les correspondances et les archives. Il a déjà publié « Portuguese Jews in Salonica : the Correspondence between the Beit Ha-Levi and the Ibn-Yaḥia Families » (en hébreu), *Sefunot*, n.s. 9 (26), 2019, p. 241-339.

mourut à la fin du siècle. Il est principalement l'auteur de sermons sur les péricopes hebdomadaires (*Dibᵉrēy Šᵉlomoh*) et de commentaires du Traité des principes (*Lēḇ Āḇōt*), des homélies du Talmud (*Leḥem Šᵉlomoh*)[1] et du livre d'Isaïe (*Ḥēšeq Šᵉlomoh*), tous ouvrages homilétiques promis à une large diffusion et qui, de fait, furent imprimés ; de poèmes, imprimés dans ses autres ouvrages ou ailleurs ; il s'y réfère au moins dans le texte ici étudié et certains subsistent dans un manuscrit conservé à Oxford[2] ; sont restés inédits des décisions juridiques, des commentaires homilétiques sur différentes parties de la Bible, des commentaires de sections du Talmud et une traduction ( ?) commentée des *Analytiques postérieurs* d'Aristote ainsi que d'autres écrits scientifiques. Un traité singulier, le *Bēyt ha-Lēwī* (« Maison de Lévi »), qui combine les références à la Bible, la philosophie politique et l'expression rare en milieu juif d'une forme de fierté nobiliaire, peut-être inspiré à cet égard d'écrits espagnols, a brièvement retenu notre attention il y a quelques années[3] et nous espérons y revenir.

Ce point d'honneur est curieusement partagé par un autre rabbin, portant le même nom de Salomon b. Isaac le-beit ha-Lévi (vers 1351-1435), mais plus connu sous le nom de Paul de Santa Maria ou Paul de Burgos après sa conversion au christianisme. Ce dernier indique avoir choisi le nom de Marie en l'honneur de la noble tribu dont

1. Brève proposition d'explication de la portée philosophique de cet ouvrage dans J.-P. Rothschild, « La philosophie dans la prédication », art. cit., p. 529-532.

2. Oxford, Bodleian Library, Pocoke 74 (catalogue Neubauer, n° 2000), p. 638-685.

3. J.-P. Rothschild, « Langue et littérature hébraïques dans l'Occident médiéval et moderne », *Annuaire de l'École pratique des hautes études (EPHE), Section des sciences historiques et philologiques* 148, 2017, p. 26-30 ; *ibid.*, 149, 2018, p. 34-39.

elle descendait et à laquelle lui-même appartenait, ce qu'avait déjà noté le célèbre historien Heinrich Graetz : « Paulus gab zu verstehen, daß er von dem ältesten jüdischen Adel seine Abkunft herleite, von Stamme Levi, demselben, dem auch die Gottesmutter Maria entsprossen ; darum nannte er sich "de Santa Maria" »[1] ; que notre Salomon n'ait pas été insensible à cette similitude de nom, de patronyme et d'ascendance sacerdotale avec un homonyme tout à la foi illustre et embarrassant pourrait s'exprimer aussi par le choix du titre qu'il donne à la fin de son traité de la liberté, tiré d'Osée 2,17. C'était la même formule que Paul de Burgos avait placée en tête de sa réponse à son ancien élève Josué de Lorca qui l'avait interrogé sur les raisons de sa conversion[2]. Si cette conjonction d'indices devait être prise au sérieux, le traité que nous étudions devrait se comprendre aussi comme une contre-réponse apportée à distance à celle de son homonyme Salomon/ Paul. Or la situation prodigieuse, sur les plans social et intellectuel, atteinte dans la société espagnole par ce dernier et plus encore par son fils Alphonse de Carthagène en font comme des opposés en miroir des ré-exilés de Sefarad et de leurs descendants, qui devaient éprouver le sentiment

1. H. Graetz, *Volkstümliche Geschichte der Juden*, t. III, Berlin-Vienne, B. Harz, 1922, p. 4, et éd. annotée, *Geschichte*, 2e éd., Leipzig, O. Leiner, 1875, p. 80, sans la fin (darum, etc.) ; relevé par L. Landau, *Das apologetische Schreiben des Josua Lorki an den Abtrünnigen Don Salomon ha-Lewi (Paulus de Santa Maria)*, Anvers, Teitelbaum und Boxenbaum, 1906, p. v, qui note aussi (p. vi, n. 1) que le futur Paul avait signé son *Iggeret Purim* (« Lettre de Purim »), lui aussi, de son nom sous la forme Salomon le-beit ha-Lévi.

2. L. Landau, *Das apologetische Schreiben*, éd. cit., p. 19, l. 6-7 ; Jerónimo de Santa Fe, *Obras completas*, t. III, *Carta de Yehoshúa ha-Lorquí a Pablo de Burgos y su respuesta*, intr., éd., trad. C. Del Valle Rodríguez, Madrid, Aben Ezra Ediciones, 2020, p. 113, l. 7-8.

d'un abandon par la providence de manière bien plus aiguë encore[1] que ne l'avait exposé Lorca dans sa lettre à Paul[2], un siècle avant 1492. Le recours probable à la traduction de Sénèque due à Alphonse et, peut-être, l'utilisation d'un écrit d'un autre *converso*, Juan de Lucena, seraient d'autres indices de cette proximité ou fascination par rapport aux *conversos*, inconsciente, combattue ou subsumée sous quelque espérance messianique de résolution des contradictions apparentes. – Yosef Hacker signale encore l'ébauche d'un ouvrage de géographie. Moritz Steinschneider a relevé que Salomon avait évoqué des ouvrages aujourd'hui perdus, sur le *De interpretatione* d'Aristote, l'économie domestique et la Physique d'Aristote, sous le titre, indiqué dans le *Leḥem Šelomoh*, Venise, 1597, f. 5b, de *Šema' Šelomoh*, « la renommée de Salomon », d'après 1 R 10, 1 et le titre hébreu de la *Physikè akroasis*[3] ; ajoutons qu'il annonçait, dans le texte que nous étudions[4], son intention, peut-être pas réalisée, d'écrire un traité de politique. Aucun de ses ouvrages conservés, à notre connaissance, n'a fait l'objet spécifique d'une étude moderne, bien que ses vues sur l'histoire immédiate et les temps messianiques aient été étudiées de manière synthétique

1. Un titre suggestif de J. R. Hacker : « Despair of the Redemption and the Messianic Hopes in the Writings of R. Shelomo le-Veyt hal-Lewi of Salonica » (en hébreu), *Tarbiz* 39/2, [5]730 [1969-1970], p. 195-213 ; l'attente messianique y apparaît, classiquement, comme le seul mode permis de consolation.

2. L. Landau, *Das apologetische Schreiben*, éd. cit., p. 2-3 du texte hébreu ; Jerónimo de Santa Fe, *Obras completas*, éd. cit., t. III, p. 93-94.

3. Voir aussi M. Steinschneider, *Die hebräischen Übersetzungen*, *op. cit.*, p. 88, 228 et p. 110-111.

4. Cf. *infra*, p. 132.

par Yosef Hacker[1]. On lui connaît deux fils ; l'un d'eux, Isaac (*ob.* 1621/1631), est connu comme halakhiste, prédicateur et kabbaliste, et le fils de celui-ci, Salomon b. Isaac le Jeune (1581-1634), comme halakhiste, prédicateur et poète : la part philosophique de l'héritage familial semble décidément délaissée.

## Les références « latines » de Salomon ha-Lévi

Les auteurs du judaïsme ibérique ne craignaient pas de puiser aux auteurs latins. Après avoir rappelé des jugements à l'emporte-pièce mais non fondés d'érudits du XIXe siècle sur une supposée horreur innée des juifs pour le latin, Eleazar Gutwirth a relevé les cas de Me'ir Alguadez, que nous avons déjà rencontré, de 'Eli Habilio, traducteur, en particulier, de saint Thomas et de son commentateur Jean Versoris ; d'Abraham Ibn Nahmias, traduisant le commentaire de Thomas sur la *Métaphysique* d'Aristote à Ocaña (Castille) en 1490 ; de David Ibn Shoshan, exilé d'Espagne traduisant l'abrégé par Thomas Bricot de la *Physique*, à Avignon, après 1492 ; de Ruben Bonafed écrivant à date incertaine qu'il étudie avec un maître la logique en latin. D'autres exemples qu'il relève, d'artisans du commerce du livre latin, ou de deux auditeurs de cours en cette langue, témoignent d'une relative fréquence d'une forme de familiarité avec le latin[2]. Salomon ha-Lévi n'est

1. J. R. Hacker, « Israel among the Nations as Described by R. Solomon Le-Beit Ha-Levi of Salonika », *Zion* 34, 1969, p. 63-75 (en hébreu) et J. R. Hacker, « Despair of the Redemption », art. cit.

2. E. Gutwirth, « Jewish Attitudes », art. cit. ; sur Jean Versor, voir notre article « Questions de philosophie soumises par 'Eli Habilio à Shêm Tob b. Shêm Tob, vers 1472 », *Archives d'histoire doctrinale et littéraire du Moyen Âge* 61, 1994, p. 105-132.

pas seulement le continuateur de cette tradition. Il procède à des emprunts explicites à la littérature latine sans exemples attestés en hébreu avant lui, ou peu s'en faut, dont certains, comme à la *Somme de théologie* de Thomas d'Aquin (dans le *Bēyt ha-Lēwī*), étaient presque impensables, du moins exceptionnels, dans la péninsule Ibérique, la règle non écrite ayant été, parmi les juifs traducteurs de textes scolastiques latins tant en Italie qu'en Espagne, pays chrétiens, d'emprunter aux textes scientifiques ou philosophiques latins mais non aux textes théologiques ; naturellement, on peut concevoir que dans le monde nouveau de l'Empire ottoman, cette auto-censure n'ait plus été nécessaire. Mais Salomon se distingue aussi par d'autres emprunts inconnus ou rares parmi les juifs de la péninsule Ibérique à la tradition classique : explicitement, dans son traité de la liberté, Cicéron (qu'il nomme Tulio) et Sénèque (Seneca) ; dans le *Bēyt ha-Lēwī* encore, outre Sénèque, la *Politique* d'Aristote (qui n'était connue en « Occident » que par tradition latine) et le scolastique Jean Buridan ; dans son commentaire des homélies du Talmud, les *Métamorphoses* d'Ovide, à l'appui d'un parallèle remarquable entre la doctrine de la Torah, excédant la philosophie, dont témoignent les rabbins anciens, et un savoir de type « platonicien » (la *Prisca theologia* des platoniciens de Florence ?), lui aussi débordant la science aristotélicienne et attesté dans la littérature antique[1].

Ces références en elles-mêmes n'ont rien de révolutionnaire, puisque Cicéron, Sénèque et Ovide étaient

1. Sh. Regev, « The Sermon in the 16th Century as a Basis for a Philosophical Interpretation of the Aggadic Text » (en hébreu), *Daat* 50-52, 2003, p. 201-219 (p. 216) ; Sh. Regev, *Oral and Written Sermons in the Middle Ages* (en hébreu), Jerusalem, Rubin Mass, 2010, p. 81 ; J.-P. Rothschild, « La philosophie dans la prédication », art. cit., p. 532.

les autorités profanes les plus courantes du Moyen Âge latin. Cependant, c'est le signe de temps nouveaux qu'un auteur juif ne limite plus la philosophie à la logique, la science naturelle et la métaphysique d'Aristote et à ses commentateurs grecs, arabes ou juifs, mais inclue aussi la philosophie morale et, dans celle-ci, ne se borne pas au recours à l'*Éthique à Nicomaque*, à la *Politique* et au *De regno* de Thomas d'Aquin, voire aux *Économiques*, mais en appelle de ce corps de doctrine à une philosophie antique plus élevée dont témoignerait un poète comme Ovide, en évoquant lui-même le nom de Platon, le propre « maître » d'Aristote[1]. Il faut ajouter que rien ne prouve que Salomon ha-Lévi, grand usager de références latines, ait su lui-même le latin. Aucune discussion à caractère linguistique, aucune traduction assurément personnelle, ne permettent de l'affirmer, ni ici, ni dans ce que nous avons lu de ses autres ouvrages, et ses biographes ne possèdent pas plus de certitudes. Atteindre les sources latines à travers la langue vernaculaire n'aurait rien de rare et ne serait nullement lié à la condition du ré-exil après 1492 : en ce qui concerne les juifs, les exemples de recours juif au latin qu'a relevés M. Gutwirth ne concernent que des traductions scolastiques, dans lesquelles le latin n'est lui-même qu'un intermédiaire instrumental, sans prise en considération de la littérature latine pour elle-même. Il relève encore, chez Alguadez et chez des auteurs plus tardifs, y compris Alphonse de Carthagène, les motifs de la difficulté du latin et du caractère pratique, approprié aux diverses classes semi-lettrées de la société, de la langue vernaculaire[2]. De fait, l'humanisme espagnol s'exprime largement « en nuestro romance en

1. Cf. *infra*, p. 194.
2. E. Gutwirth, « Jewish Attitudes », art. cit., p. 140-143.

que fablan asi caualleros como onbres de pie e assi los scientificos », ce dont témoignent parmi d'autres exemples la figure de premier plan d'Íñigo López de Mendoza, marquis de Santillane (1398-1458) ou des bibliothèques comme celles du conseiller royal Diego de Anaya dans le premier tiers du xv^e^ siècle[1] et du comte de Haro au milieu du xv^e^ siècle[2]. Or, ce sont bien ces milieux que les juifs adonnés à la culture générale étaient appelés à côtoyer. D'autres sources encore, comme le Ps.-Isidore de Séville, se manifestent sous la forme d'écrits anti-juifs en langue vernaculaire exploités par les juifs[3]. Il était dès lors naturel à tous égards que l'approche par les juifs des textes classiques se fît en langue vernaculaire. On peut au moins créditer avec vraisemblance les lecteurs juifs de ne s'être pas limités aux textes pouvant circuler en judéo-espagnol (espagnol en caractères hébreux) mais d'avoir été en mesure de lire l'espagnol en caractères latins, ce qui leur donnait évidemment accès à une littérature bien plus vaste. L'arrivée continue jusque dans les années 1580 de marranes revenant à la foi ancestrale, notée plus haut d'après Veinstein, dut contribuer à entretenir la familiarité de tous, dans les grands centres urbains au premier rang desquels Salonique, avec

1. F. Tavelli, *El patrimonio librario de Diego de Anaya. Su valor en la formación del humanismo español*, Salamanque, Ed. Universidad de Salamanca, 2020.

2. M. J. Muñoz Jiménez, « Identificación, datación y origen de dos códices (mss Madrid, BNE 9513 y 9522) de la biblioteca del Conde de Haro », *Scriptorium* 60/2, 2006, p. 246-253 ; P. Cañizares Ferriz, « Edición y estudio de un florilegio del *Vademecum* de la biblioteca del conde de Haro », *Revue d'histoire des textes*, n.s., 5, 2010, p. 199-229 ; P. Cañizares Ferriz, « El *Vademecum* del conde de Haro : contexto, génesis e historia del texto », *Revue d'histoire des textes*, n.s., 14, 2019, p. 279-312.

3. J. Castaño, « Profetismo político pseudo-isidoriano y polémica religiosa en autors judíos de Castilla y Fez », *in* M. García Arenal (ed.), *Entre el Islam y Occidente. Los judíos magrebíes en la Edad Moderna*, Madrid, Casa de Velázquez, 2003, p. 1-25.

ce type de sources. Quant à Sénèque, réputé né à Cordoue, il était particulièrement cultivé dans la Péninsule. On peut encore citer avec profit ces lignes de l'étude ancienne de Mario Schiff, dans son chapitre sur les textes originaux et traductions en diverses langues de Sénèque dans la bibliothèque du célèbre humaniste Íñigo López et, de manière synthétique, dans l'Espagne de la première moitié du XV^e siècle :

> Sénèque est une des grandes autorités du Moyen Âge espagnol, on le cite partout et à propos de tout. À son mérite propre s'ajoute l'auréole patriotique que lui vaut sa naissance à Cordoue. De même que Lucain, son neveu, Sénèque est considéré comme espagnol. 1) Les œuvres du stoïcien sont dans toutes les bibliothèques, souvent on les y trouve à plusieurs exemplaires et en quatre langues : en latin, en italien, en castillan et en catalan. 2) Les plus anciennes traductions castillanes de cet auteur conservées à Madrid et à l'Escurial ont été exécutées au XV^e siècle pour les rois Jean II et Henri IV, pour Fernan Perez de Guzman, et une ancienne version a été retouchée pour dona Inès de Terres, femme de Louis de Guxman, grand-maître de Calatrava. Dès les premiers temps de l'imprimerie, les éditions de Sénèque abondent : Séville, Medina del Campo, Zamora, Tolède, Alcalá de Henares et Anvers en ont fourni[1].

1. M. Schiff, *La bibliothèque du marquis de Santillane*, Paris, Bouillon, 1905, p. 102-131 (ici, p. 124-125) ; K. A. Blüher, *Seneca in Spanien. Untersuchungen zur Geschichte der Seneca-Rezeption in Spanien vom 13.-17. Jahrhundert*, Berne-Munich, 1969 ; trad. esp. J. Conde, *Séneca en España. Investigaciones sobre la recepción de Séneca en España desde el siglo XIII hasta el siglo XVII*, Madrid, Gredos, 1983 ; T. Martínez Romero, *Un clàssic entre clàssics. Sobre traduccions i recepcions de Sèneca a l'època medieval*, Valence-Barcelone, Institut interuniversitari de filologia valenciana y Publicacions de l'Abadia de Montserrat, 1998.

S'il n'est pas sûr que les ré-exilés d'Espagne après 1492 aient perçu dans la référence à Sénèque une manière de s'ancrer davantage dans leur tradition qu'ils ressentaient comme en péril, du moins peut-on noter que cet auteur a été traduit en castillan par l'humaniste et prélat de premier plan Alonso García, ou Alphonse de Carthagène (1384-1456) ; celui-ci avait été converti, dans l'enfance, du judaïsme au christianisme en même temps que son père, déjà évoqué, devenu Paul de Burgos[1] ; on connaît ses traductions de Cicéron[2] et de Sénèque (y compris la *Formula* ou *De quattuor virtutibus* de Martin de Braga, qui a circulé au Moyen Âge sous le nom de Sénèque et qu'Alphonse a traduite en espagnol vers 1430-1440)[3], et maintenant son abrégé de l'*Éthique à Nicomaque*[4]. Un autre propagandiste de Sénèque lui aussi d'origine *conversa* est le juriste Pero Díaz de Tolède (v. 1410-1466), traducteur du pseudo-Sénèque (*De las costumbres* et *Proverbios*, v. 1443-1444) ; il combine

1. M. Schiff, *La bibliothèque du marquis de Santillane*, *op. cit.*, p. 123, 124, 126 ; O. di Camillo, *El humanismo castellano del siglo XV*, Valence, F. Torres, 1976 ; L. Fernandez Gallardo, « En torno a los *studia humanitatis* en la Castilla del Cuatrocientos. Alonso de Cartagena y los autores antiguos », *En la España medieval* 22, 1999, p. 213-246 ; L. Fernandez Gallardo, *Alonso de Cartagena (1385-1456). Una biografía política en la Castilla del siglo XV*, Valladolid, Junta de Castillo y León, Consejería de Educación y Cultura, 2002 ; L. Fernandez Gallardo, « Alonso de Cartagena y el humanismo », *La Corónica* 37/1, 2008, p. 175-215 ; Ó. Lilao Franca, G. Olivetto y J. M. Valero Moreno, *Alfonso de Cartagena en contexto. Un patrimonio textual*, Salamanque, Universidad de Salamanca, SEMYR, 2018 ; G. Olivetto, « Alonso de Cartagena y la amistad virtuosa », *Cahiers d'études hispaniques médiévales* 42, 2019, p. 71-84.

2. Éditions des traductions de Cicéron dans la Bibliographie en fin de volume.

3. Liste d'éditions des traductions de Sénèque dans la Bibliographie en fin de volume.

4. M. Morrás, J. Lawrance (eds.), *Alfonso de Cartagena's Memoriale virtutum (1422). Aristotle for Lay Princes in Medieval Spain*, Leyde-Boston, Brill, 2022.

Sénèque et Aristote, citant ce dernier 95 fois dans les *Proverbios de Séneca* (c'est la référence la plus fréquente après la Bible), ou dans 28% de ses gloses ; dans sa glose aux *Proverbes* du marquis de Santillane, l'*Éthique à Nicomaque*, Sénèque et Cicéron sont les autorités le plus citées[1].

## SOURCES PRINCIPALES DU *TRAITÉ DE LA LIBERTÉ*

### *Sources bibliques et rabbiniques*

Le recours constant aux citations explicites des vingt-quatre livres de la Bible hébraïque n'a rien que de très ordinaire chez les auteurs homilétiques et est de nature à permettre aux lecteurs de se sentir en terrain familier tout en fournissant aux auteurs la garantie des autorités les plus solides. Si les références scripturaires se comptent par dizaines, celles qui sont faites à la littérature rabbinique sont ici bien plus rares : cinq à des textes du Talmud de Babylone, et trois au traité michnique des *Pirᵉqēy Āḇōt* qui est l'objet même du commentaire qu'introduit le texte que nous étudions. Une référence kabbalistique, peu significative : le *Zohar* est une fois cité, mais son caractère de commentaire biblique lui vaut l'intérêt de bien des lecteurs étrangers à la doctrine spécifique des kabbalistes.

Explicite ou non, le recours aux autres sources, juives ou extérieures, philosophiques ou littéraires, n'opère jamais par références précises ou citations *verbatim*. Il est donc difficile de les déceler, parfois ; et de les identifier, toujours : d'où le tour conjectural de certaines des propositions qui suivent.

1. M. Díez Yáñez, *Aristóteles en el siglo XV. Una ética para príncipes. Liberalidad, magnificencia y magnanimidad*, Berne, P. Lang, 2020, chap. 2, p. 153-178, « Aristóteles en contexto senequista » (en part. p. 156 et p. 157).

*Sénèque*

Dès les premières lignes du traité proprement dit (f. 2v), Salomon déclare qu'il a usé, en vue de la rédaction de cette introduction, d'une source étrangère privilégiée : *še-ha-dārūš ha-kōllēl še-bō lāqaṭᵉtī min meḥabbēr ḥiṣōnī we-ʿālāyw tiṭōf millātī we-ʿaṣātī*, « Sur un thème d'enquête général que j'ai glané chez un auteur extérieur, "j'ai répandu mon éloquence" (Jb 29, 22) et mon dessein ». Cet auteur, non nommé ici, on peut proposer de le reconnaître en Sénèque. Salomon a pu utiliser la traduction du *De vita beata* par Alphonse de Carthagène figurant en tête des *Cinco Libros de Séneca* (1491) sous le titre de *De la vida bienauenturada*; il aurait pu disposer d'un des imprimés suivants : Séville, Meynardo Ungut et Estanislao Polono, 1491 ; Tolède, [successeur de Pedro Hagembach], 1510 ; Alcalá de Henares, Miguel de Eguía, 1530 ; Anvers, Juan Steelsio, 1548 et 1551[1].

Le *De vita beata* fournit à la fois le thème de la recherche des moyens de la béatitude véritable, de l'identification de ces moyens avec les vertus (mais cela se trouvait aussi, notamment, dans le *De finibus* de Cicéron et, bien sûr, dans

1. Ranero Riestra, Valero Morena, *Cinco Libros* (v. Bibliogr.), p. 15-64, XXIII-XXV. L'édition de Séville, 1491, a fait l'objet d'un fac-similé publié à Mairena de Aljarafe (Séville), Extramuros, 2008. Sur l'histoire du texte : N. Round, « Alonso de Cartagena's *Libros de Séneca* : Disentangling the Manuscript Tradition », *in* R. Collins, A. Goodman (eds.), *Medieval Spain : Culture, Conflict and Coexistence. Studies in Honour of Angus MacKay*, Basingstoke, Palgrave Macmillan, 2002, p. 123-147 ; L. Ranero Riestra, « Los *Cinco libros de Séneca* : del manuscrito al impreso », *Revista de poética medieval* 32, 2018, p. 265-284 ; G. Olivetto, « *Cinco libros de Séneca* : del manuscrito al impreso y del impreso al manuscrito », *in* A. Moreno y J. M. Valero Moreno (eds.), *La edición de los clásicos latinos en el Renacimiento : textos, contextos e historia cultural*, Madrid, Universitat Complutense, 2023, p. 397-412.

l'*Éthique à Nicomaque* d'Aristote) et, plus distinctif, de l'identification de la vie heureuse de l'homme avec la liberté : une vie heureuse s'accorde avec sa nature ; le thème de l'action contrainte ou volontaire est cependant traité longuement aussi dans l'*Éthique à Nicomaque*, l. III, 1109b fin-1115a, et mis en valeur dans l'introduction de Joseph b. Shem Tob à son commentaire de cet ouvrage[1]. « Il s'ensuit une tranquillité, une liberté perpétuelle, puisque nous avons chassé ce qui nous irrite ou nous terrifie », etc.[2] ; et plus loin, « qu'est-ce qui empêche en effet de dire que le bonheur, c'est une âme libre, élevée, intrépide, constante, inaccessible à la crainte comme au désir, pour qui le seul bien est la moralité, le seul mal, l'avilissement, et tout le reste un amas de choses incapables d'enlever ou d'ajouter rien au bonheur, allant et venant sans accroître ni diminuer le souverain bien ?[3] » ; et plus loin, « De grands

1. Trad. fr. J.-P. Rothschild, « L'appropriation de l'*Éthique à Nicomaque* », art. cit., p. 91.

2. Ranero Riestra, Valero Morena, l. I, cap. IV, p. 22 : « aquella vida es bienaventurada que conviene e concuerda con su natura » ; Sénèque, *De vita beata*, éd. et trad. fr. A. Bourgery, dans Sénèque, *Dialogues*, t. II, *De la vie heureuse. De la brièveté de la vie*, Paris, Les Belles Lettres, 1972, III, 4, p. 4-5. – Ici et dans les passages qui suivent, nous citons la traduction Bourgery, le castillan suivant de près le latin. Ranero Riestra, Valero Morena, *ibid.*, p. 23 : « …tiene alcançó prpetuo sosiego y libertad, e ha echado fuera de sí todas las cosas que nos ençienden e nos espantan ».

3. Ranero Riestra, Valero Morena, I, v, p. 23-24 : « ca bien podemos dezir, si quisiéremos, pues no ay cosa que nos lo viede, que la vida bienaventurada es el coraçón libre e enfiesto que se no espanta de cosa alguna e es firme e puesto fuera de todo miedo e de toda cubdiçia, e tal que no ha cosa alcuna por bien salvo la sola honestad, ni por mal salvo la torpeza del pecar, ca toda la otra vile compaña d'estas cosas temporales ni añade cosa a la vita bienaventurada, ni quita, porque estos bienes temporales, quier vngan, quier vayan, no fazen acresçentamiento ni mengua a la binaventurança de la vida » ; *cf.* Sénèque, *De vita beata*, IV, 3 et 4, éd. cit., p. 5-6.

privilèges, égaux à ceux des dieux : aucune contrainte, aucun besoin : tu seras libre, à l'abri du danger et de tout dommage » ; etc. [...] « Celui qui [seulement] tend à la vertu [...] traîne une chaîne plus longue ; il n'est pas encore libre, mais quasi-libre[1] » ; et « ...exercer la libéralité, ainsi nommée non parce qu'elle est due à des hommes libres, mais parce qu'elle part d'une âme libre[2] ». Sans compter nombre de passages où, sans le mot, c'est bien de la liberté qu'il s'agit. Naturellement, la liberté selon Salomon ha-Lévi ne pourra être identique à celle de Sénèque, pour cette raison qui saute aux yeux que la liberté de Sénèque est fondée ultimement sur la possibilité laissée à l'homme de disposer de sa vie s'il la juge achevée ou si elle lui devient insupportable (suicide vertueux de Diodore, ayant accompli un destin paisible[3] : « Qu'est-ce que cela peut faire, qu'il manque un morceau de pain à celui à qui ne manque pas la possibilité de mourir ?[4] »), un choix qui, bien entendu, n'est pas permis du point de vue de Salomon ha-Lévi. C'est, si l'on veut, une liberté homonyme.

Mais d'autres éléments favorisent l'accommodation d'une partie de ce texte de Sénèque à une manière de

1. Ranero Riestra, Valero Morena, I, XV, p. 37 : « cosas muy grands e eguales con las cosas divinales (...) Non podrás ser apremiado por ninguno onbre. Non avrás menester cosa alguna. Serás libre seguro syn daño alguno [...] » ; I, XVI, p. 38 : « el que comiença a yr a las cosas altas de la virtud e se va alçando e comiença a bien bevir está algund tanto atado, pero tiene la cadena floxa e no es aún libre ma comiença ya lo ser » ; *cf.* Sénèque, *De vita beata*, XVI, 2 et 3, éd. cit., p. 20.

2. Ranero Riestra, Valero Morena, I, XXIII, p. 47 : « no se llama la franqueza libertad por dar a entender qu se deve dar el don a onbr libre e no a otro, mas porque entendamos que proçede de coraçón libre » ; *cf.* Sénèque, *De vita beata*, XXIV, 3, éd. cit., p. 30.

3. *Cf.* Sénèque, *De vita beata*, XIX, 1, éd. cit., p. 23.

4. Ranero Riestra, Valero Morena, I, XXIV, p. 48 : « Ca ¿qué haze al hecho que fallesca un pedaço de pan ?, pues no me falleçe poder morir » ; *cf.* Sénèque, *De vita beata*, XXV, 1, éd. cit., p. 31.

penser, voire à une phraséologie, juives : les références à un dieu unique et tout-puissant, « Dieu qui gouverne l'univers » (I, IX, p. 28, « como dios, que es regidor de todo este universo » / VIII, 4, p. 10, « rectorque universi deus »). La voie assignée à l'homme, qui consiste à suivre ce dieu : [la vertu] « aura sans cesse à l'esprit le vieux précepte : "Suis Dieu"[1] » ; voire, à l'imiter dans la mesure du possible : Bourgery, XVI, 1, p. 20, « …afin que, dans la mesure où cela est permis, tu fasses de toi un dieu » ; le latin porte ici « …ut, qua fas est, deum effingas » ; toutefois, ce n'est pas ainsi que l'a compris le castillan, mais, « e deves ymaginar que dios fabla contigo »[2], « il te faut imaginer que Dieu te parle », qui paraît plus conforme à la syntaxe et fournit en même temps un sujet au verbe principal suivant, « promittit » : « que te promet-il ? » (*cf.* castillan « que te promete », etc.), alors que Bourgery doit suppléer pour sujet « la vertu », de manière moins immédiate ; cependant, s'il fallait en croire le traducteur français, la formule sonnerait très exactement comme le dernier mot du *Guide des égarés* de Maïmonide à l'oreille d'un philosophe juif espagnol : « Un tel homme, après avoir acquis cette connaissance, se conduira de manière à viser à la bienveillance, à l'équité et à la justice, en imitant les actions de Dieu »[3].

Noter enfin cette équation paradoxale, que la liberté consiste à obéir à Dieu (I, XV, p. 37, « e grand libertad es obedesçer a dios » / XV, 7, p. 19 : « deo parere libertas

1. Ranero Riestra, Valero Morena, I, XIV, p. 36 : « e tiene en el coraçón aquel mandamiènto viejo qu dize : "Sigue a tu señor" » ; *cf.* Sénèque, *De vita beata*, XV, 5, éd. cit., p. 19.

2. Ranero Riestra, Valero Morena, I, XV, p. 37.

3. Maïmonide, *Guide des égarés* III, 54, *in fine* ; Maïmonide, *Le Guide des égarés*, trad. fr. S. Munk, n[lle] éd., Paris, G.-P. Maisonneuve et Larose, 1981, t. III, p. 466.

est »), si ancrée dans la tradition rabbinique. Ainsi *Pirᵉqēy Āḇōt* 6, 2 : « Il n'y a d'homme libre que celui que se consacre à l'étude de la Torah », d'après Ex 32,16, « l'écriture divine était gravée (*ḥārūt*) sur les tables [de la Loi] » et la similitude entre les mots *ḥārūt* (« gravée ») et *ḥērūt* (« liberté » ; voir *Lēḇ Āḇōt*, f. 108v-109v, le commentaire que Salomon fait de cette formule). Ou encore (TB *Yeḇāmōt* 106a) : [un homme qui refuse de libérer sa femme par un acte de divorce quand le tribunal rabbinique le lui ordonne], « on le contraint jusqu'à ce qu'il consente » [bien qu'un tel document ne soit valide que s'il a été donné de plein gré] ; c'est, explique Maïmonide, qu'« on n'appelle contraint que celui qui est obligé d'accomplir un acte que la Torah ne commande pas ; comme un homme qu'on battrait jusqu'à ce qu'il vende ou donne quelque chose. Mais celui que son mauvais penchant empêche d'accomplir un commandement, ou pousse à commettre une transgression, et qu'on frappe jusqu'à ce qu'il fasse ce qu'il doit faire ou qu'il s'écarte de ce qu'il lui est interdit de faire, celui-là n'est pas contraint, mais il était [auparavant] contraint par sa mauvaise intention. C'est pourquoi celui qui refuse le divorce, du moment qu'il veut appartenir au peuple juif et veut donc accomplir tous les commandements et s'abstenir de toutes les transgressions, mais que [c'est] son [mauvais] penchant [qui] l'oblige [à mal faire], si on l'a frappé jusqu'à ce que son [mauvais] penchant faiblisse, et qu'il donne son consentement, est tenu pour avoir divorcé de son plein gré »[1].

1. Maïmonide, *Mišneh Torah*, Règles du divorce, II, 20 : שאין אומרים אנוס, אלא למי שנלחץ ונדחק לעשות דבר שאינו מחויב בו מן התורה, כגון מי שהוכה, עד שמכר או עד שנתן. אבל, מי שתקפו יצרו הרע לבטל מצוה, או לעשות עבירה, והוכה עד שעשה דבר שחייב לעשותו, או עד שנתרחק מדבר האסור לעשותו, אין זה אנוס ממנו, אלא הוא אנס עצמו בדעתו הרעה. לפיכך, זה שאינו רוצה לגרש, מאחר שהוא רוצה להיות מישראל, ורוצה הוא לעשות כל המצוות, ולהתרחק מן העבירות, ויצרו הוא שתקפו, וכיון שהוכה עד שתשש יצרו, ואמר : 'רוצה אני', כבר גרש לרצונו (nous traduisons).

De telles rencontres pousseraient à conclure que, décidément, les mêmes problèmes intellectuels appellent, d'un univers de pensée à l'autre, les mêmes solutions, n'était qu'en l'occurrence, il s'agit en quelque mesure du même univers de pensée : on s'avoue davantage, en effet, depuis peu, en tout cas on examine mieux, ce que la pensée formulaire des rabbins anciens, ceux de Palestine en particulier, devait, et quant à la forme et quant à la teneur de ses sentences, à l'environnement intellectuel de la société hellénistique puis romaine[1]. Sénèque n'est pas le seul auteur latin classique chez lequel un lecteur juif aurait ainsi pu trouver une consonance inattendue, moyennant de communes sources homilétiques grecques : par exemple, on rencontre dans le *De finibus* de Cicéron, déjà évoqué, cette austère formule que la seule récompense du devoir, c'est le devoir lui-même (*id contendimus, ut offici fructus sit ipsum officium* [II, XXII, 72, éd. Martha, p. 99]), que ce lecteur juif connaît sous la forme : « le salaire d'une bonne action, c'est une bonne action » (*śeḵar miṣwāh, miṣwāh*), que nous lisons aussi dans les *Pirᵉqēy Āḇōt*, 4,2 et qui est citée dans l'introduction (texte, § 21, début). Salomon ha-Lévi trouvait donc chez Sénèque des formules, pour ainsi dire, déjà familières, illustrant une philosophie morale qui relevait elle aussi d'un horizon de pensée qui lui était habituel, celui de l'éthique aristotélicienne tant étudiée dans l'Espagne juive et non juive du XVᵉ siècle. S'il a accédé lui-même au texte complet de Sénèque plutôt que

1. A. Tropper, *Wisdom, Politics, and Historiography*, *op. cit.*; R. Naiweld, *Les antiphilosophes. Pratiques de soi et rapport à la loi morale dans la littérature rabbinique classique*, Paris, Armand Colin, 2011 ; R. Hidary, *Rabbis and Classical Rhetoric. Sophistic Education and Oratory in the Talmud and Midrash*, Cambridge, Cambridge University Press, 2017.

de dépendre d'un florilège ou de citations indirectes, Salomon a donc retenu du *De vita beata*, bref et inachevé, le mouvement général de recherche du vrai bien (dans la continuité du *De finibus* cicéronien) et sa coïncidence, qui n'était pas exprimée chez Cicéron, avec une revendication de liberté ; il a ignoré, en revanche, deux autres grandes voies dans lesquelles s'était engagé Sénèque, à savoir les développements dans lesquels celui-ci expliquait longuement que le manque de perfection personnelle d'un promoteur de la cause de la vertu ne prouvait rien contre elle, et ceux où il défendait, à la suite du Torquatus du *De finibus*, la mémoire d'Épicure dont la doctrine du plaisir, mot ambigu et mal compris, ne prônerait pas la poursuite frénétique des voluptés grossières mais la quête austère d'une tranquillité propice aux travaux de l'esprit. – Ne quittons pas Sénèque sans relever[1] deux références probables aux *Lettres à Lucilius* : l'éloge de la pauvreté, comme dans la lettre XVII, et la sentence (que Sénèque rapporte, lui, au nom d'Épicure) selon laquelle on n'est jamais pauvre en suivant la nature et jamais riche en suivant l'opinion (lettre XVI).

*Juan de Lucena (?)*

On pourrait, sur le même thème de l'impossibilité de la vie heureuse selon les seules voies humaines que nous croyons illustré à l'aide de Sénèque, supposer une autre source vernaculaire, dont le caractère récent suffirait à expliquer, selon les conventions en usage à la fin du Moyen Âge, l'anonymat, outre le fait que son auteur était un *converso* : le *Libro de vita beata* de Juan de Lucena, avec lui-même pour source le *Dialogus de felicitae vitae* de

1. Cf. *infra*, p. 100 et note 21 p. 213 ; p. 102 et note 25 p. 214.

Bartolomeo Fazio, et qui fut plusieurs fois édité en Espagne, y compris, même, avant 1492 ; on en connaît deux manuscrits, Madrid, BNE 6728 et BR, II/1520 (1), et au moins trois éditions (deux incunables et une, post-incunable), à Zamora en 1483 et à Burgos en 1499 et 1502[1]. Lucena y met en scène le dialogue qui le réunit à trois personnages morts au moment où il écrit, l'évêque Alphonse de Carthagène (1384-1456) – encore lui – et deux lettrés, le poète Juan de Mena (1411-1456) et le marquis de Santillane, homme de guerre et de lettres (on suppose que Lucena était le fils de son médecin, un juif converti, Martín de Lucena)[2] ; paradoxalement, le poète défend que le bonheur se trouve dans la vie active et le seigneur et homme de guerre, que c'est dans la vie contemplative ; cependant que l'évêque soutient que l'homme, insatiable, ne saurait trouver le bonheur. Outre Lucena et Alphonse, Mena est peut-être aussi un *converso* et Santillane s'est montré le protecteur déclaré des lettrés parmi ceux-ci.

Si nous tenons compte d'une sorte d'affinité de Salomon ha-Lévi avec les auteurs *conversos* dont nous avons esquissé plus haut l'hypothèse[3], la double défense, contre les détracteurs du « sang juif », de la noblesse atavique des

1. Éd. modernes A. Paz y Mélia, *Opúsculos literarios de los siglos XIV a XV*, Madrid, Sociedad de bibliófilos españoles, 1892, p. 105-205 ; G. M. Bertini, *Testi spagnoli del secolo XV*, Turin, Editori Gheroni, 1950 ; nous avons eu accès en ligne à l'éd. Medina del Campo, Pedro de Castro, 3 juin 1543. Bibliographie : A. Vian Herrero, « El *Libro de vita beata* de Juan de Lucena como diálogo literario », *Bulletin hispanique* 93/1, 1991, p. 61-105 ; A. Medina Bermúdez, « El diálogo *De Vita Beata*, de Juan de Lucena : un rompecabezas histórico (1) », *Dicenda. Cuadernos de filología hispánica* 15, 1997, p. 251-269.

2. A. Medina Bermúdez, « El diálogo *De Vita Beata* », art. cit., p. 258.

3. Cf. *supra*, p. 42-44.

juifs et de celle de la noblesse de chaque homme en fonction de sa propre conduite, qui est aussi à l'œuvre dans ce dialogue, était de nature à attirer son attention[1]. Le mouvement général de ce texte est le même que celui du petit traité de Salomon ha-Lévi[2]. Il parcourt d'abord, sous la conduite d'Alphonse qui est vis-à-vis des autres intervenants dans un rapport de maître à disciples, de manière empirique, les différentes activités humaines à la recherche vaine du bonheur. Procède ensuite à un traitement plus théorique de la question portant critique des positions des philosophes (il est assumé par le personnage de Lucena, dont la position ne diffère pas de celle d'Alphonse). Suit la solution théologique formulée par Alphonse en sa qualité d'évêque et dans un déploiement cumulatif d'autorités, selon laquelle il n'est de bonheur que dans l'au-delà, dans la contemplation de Dieu. D'un autre côté, le parcours quelque peu sinueux de l'enquête de Salomon ha-Lévi pourrait refléter quelque chose des changements de points de vue et des retours qu'implique la forme dialoguée de ce modèle éventuel. Le discours final de Lucena (éd. Paz y Mélia, p. 187-198) commence par une liste d'opinions des gentils regardant le bien suprême : Aristippe et Épicure pensaient que le *summo bien* consiste dans les plaisirs; Caïphe (Paz : Calipho !) et Dynomaque, dans les plaisirs combinés avec une vie honorable (*honestad*) ; Zénon, dans la vertu ; Hérilus, dans la science ; Diodore, dans la cessation de la souffrance ; Hiéronyme, dans l'absence de souffrance ; Aristote, dans la conjonction des biens du corps et de l'âme. Chacune de ces opinions est ensuite réfutée, sur ce que le

1. Sur l'appartenance des personnages à la mouvance *conversa* et la défense du « sang juif », voir A. Vian Herrero, « El *Libro de vita beata* », art. cit., p. 76, 86-87, 96-97.

2. Cf. *infra*, p. 70-75.

bien en question est bestial, contradictoire, recherché en vue d'un autre que lui. On s'élève ainsi des plaisirs à la science, mais il ne s'agit pas de la science théorique d'Aristote et l'on aboutit à une aporie, que la science est en vue de la vertu, dont on a montré déjà que les peines visaient nécessairement une autre fin. Quant à placer le bien suprême dans l'absence de souffrance (Paz, p. 193), on peut pardonner à ceux qui, souffrant, le soutiennent, mais à ce compte, ce bien n'existe pas dans la nature humaine. Aussi bien la souffrance a-t-elle son prix, en tant qu'elle permet les vertus d'endurance ou de compassion. Quant à l'opinion d'« Aristote », faisant dépendre le bien de nombreuses conditions, elle ne lui accorde aucune stabilité. Comme le fera Salomon ha-Lévi, Lucena termine la revue des doctrines humaines avec l'opinion d'abord citée au nom d'Aristote (éd. Paz, p. 194-195, *cf.* p. 188) avant de s'élever au plan théologique avec les opinions chrétiennes de Lactance, Isidore et Augustin qui ont en commun de placer le *summo bien* dans la vie éternelle. Est alors combattue l'idée de certains « des gentils et des catholiques » que l'âme est éternelle par elle-même : créée, elle ne saurait l'être, mais se trouve immortalisée en présence de Dieu, lequel seul immortel, immuable et infini, est le bien véritable. Bien entendu, la similitude du cheminement n'est que formelle, puisque Salomon attachera de longs développements philosophiques à la position d'Aristote, ici réduite à une formule unique et expédiée en quelques mots. On peut aussi noter un usage peu abondant mais effectif d'un thème de la « servitude » et de la « liberté » : qui cherche les plaisirs est l'*esclauo de vicios* (p. 189), le *servido[r] de terrestres deleytes* (p. 190) comparable aux *brutos de servitud* (Medina del Campo, f. [dvii]-v ; Paz, p. 190, *brutos de su virtud* [!]) ; ceux qui vivent en Dieu sont seuls *libres de la prision* (Paz p. 197). De plus, le recours au texte de Lucena de la part de Salomon ha-Lévi pourrait aussi expliquer, sur un plan formel, son argumentation procédant volontiers par cumul d'autorités ou sous la forme des oppositions scolastiques *pro* et *contra*. Enfin, Lucena s'accorderait bien avec l'indication initiale selon laquelle Salomon ha-Lévi a fait appel à « un auteur de l'extérieur » : plus facilement un moderne et un chrétien que Sénèque lui-même, parce que l'usage est bien établi chez les auteurs scolastiques et au-delà de ne pas nommer les auteurs récents et qu'un juif aurait quelque réticence à désigner nommément un chrétien, voire un nouveau-chrétien ; quant à Sénèque, Salomon ha-Lévi le nomme expressément non loin de là.

Cependant, en l'absence de références littérales, nous ne saurions aller au-delà d'une simple présomption : le thème de la difficulté du bonheur humain est banal ; le parcours en forme d'examens successifs de ce qu'est la vraie liberté (section I), puis le vrai bien (III. A et B) trouve déjà ses modèles fondateurs dans l'*Éthique à Nicomaque*, au l. I, 2-3 puis au l. X, 1-8 ; Platon est omniprésent dans la culture de la Renaissance, le cumul des autorités et l'argumentation *pro* et *contra* sont des plus répandus. Si jamais le dialogue de Lucena a été utilisé, Salomon n'en a conservé ni, précisément, la forme dialoguée, ni l'ironie très prononcée, ni les ambiguïtés qu'y a décelées la critique, ni aucune des nombreuses références historiques et culturelles qui auraient pu être une entrave non négligeable à la lecture d'un auteur de formation essentiellement juive, quelle que fût son instruction générale. Enfin, le thème de la liberté, qui sert longtemps de fil conducteur à Salomon ha-Lévi avant de réapparaître dans sa conclusion, et que nous percevons chez Sénèque, est peu apparent dans le dialogue de Lucena. Quant à l'argument tiré de l'anonymat de la source, il a pour limite notre possible ignorance d'une ou plusieurs autres sources également modernes et chrétiennes.

*Aristote,* Éthique à Nicomaque

Aux *De vita beata* de Sénèque, voire de Juan de Lucena, ne se limitent pas les sources avouées ou implicites de Salomon. À Sénèque ou à Lucena il n'emprunte au mieux que la matière d'une critique des biens faux ou partiels et, comme nous venons de l'observer, celle-ci est déjà présente dans le cheminement d'enquête des l. I et X de l'*Éthique à Nicomaque.* Cependant, quand il s'agit de définir la vertu, pourtant sans cesse évoquée par Sénèque, c'est à l'*Éthique* qu'il recourt explicitement avec fréquence, à la manière beaucoup plus habituelle du judaïsme espagnol du XV^e^ siècle. Ainsi évoque-t-il plus d'une fois le livre I : 1097b1-20, que ce qui mérite d'être appelé bonheur ne peut avoir d'autre fin que lui-même ; 1097b24-1098a20, la rationalité propre à l'homme, la distinction des vies active et contemplative ; 1098b12-29, la question du bonheur à la lumière de la revue des opinions concernant les biens ; 1098b30-1099a16, de quelle manière l'homme est heureux quand il exerce la vertu ; 1099a31-1099b8, le bonheur tient aux perfections intérieures conjuguées avec les biens extérieurs ; 1102a28-1103a3, la partie concupiscible de l'âme comporte deux niveaux. Au l. II, on reconnaît 1108b19-20 et 1109a1-3, les extrêmes, par rapport au courage, de la lâcheté et de la témérité. Au l. III, 1112a17-1112b35, que certaines choses sont seulement à portée d'être connues par l'homme, d'autres modifiables à sa volonté ; 1115a16-1116b20 et 1117a17-20, le courage des citoyens défendant la cité. Au l. IV, 1-3 et 4, la libéralité et la magnificence. Au l. V, 1133a 19 *sq.*, que la monnaie représente toutes choses. Au l. VI, 1138b25-30, qu'il existe un moyen terme aussi dans l'exercice des vertus intellectuelles; 1143b14-1145a12, que le choix de la vie théorétique est opéré par la prudence; dans ce livre, *passim*, que l'action convenable découle de la combinaison de bons principes théoriques et de la prudence appliquée aux contingences. Au l. VIII, 1160a31-1160b23, la typologie des régimes politiques. Au l. X, 1174a15-1174b13, que le plaisir ultime est hors des prises du temps; 1177a11-1178a9, qu'il y a deux types de bonheurs, l'un regardant l'homme en tant que composé d'âme et de corps, l'autre qui ne concerne que l'âme; 1179b20-1080a30, que la cité bien gouvernée est celle dans laquelle on inculque la vertu à tous, condition pour que le petit nombre de ceux qui possèdent les meilleures facultés puisse se consacrer à la vie de l'esprit. Salomon ha-Lévi a probablement disposé, sur manuscrit, de la traduction hébraïque fournie par Me'ir Alguadez vers 1400, ce dont témoigne l'importante conformité de leurs lexiques des termes de psychologie et d'éthique, indiquée ci-dessous[1]. Il se réfère aussi sporadiquement à la *Politique* (pour la typologie des régimes politiques et l'adage bien connu que l'homme est un animal politique), au *De anima* et à la *Physique*.

*Platon*

Platon fait l'objet de quatre mentions; deux paraissent correspondre à des références implicites à la *République* : l. II, 369b-c (l'homme ne naît pas pour lui-même mais en tant que membre de son peuple, de son milieu, de sa cité)

1. Cf. *infra*, p. 86-88.

et l. V, 462b-d (communauté des biens) ; dans un troisième cas, il s'agit d'anecdotes mettant en présence Diogène et Platon, qui ont chance de provenir par quelque voie des *Vies et sentences des philosophes* de Diogène Laërce ; la dernière référence est au « maître d'Aristote » et à la croyance en l'immortalité de l'âme exprimée « dans ses livres », sans doute le *Phédon*. On peut ajouter deux possibles références muettes à la *République* (l. II, 368a-369a et IV, 440a-441a, quant au parallèle de l'organisation de l'âme et de celle de la cité ; IV, 440b-441b, à propos des trois parties de l'âme humaine) et une (éventuelle) référence muette au *Livre des causes* néoplatonicien (prop. 4 et 23[24], un épanchement unique reçu diversement selon la diversité des récepteurs). Bien que peu mentionné, Platon, au moins dans la troisième occurrence, paraît tenir le rôle stratégique du maître (d'Aristote) dont l'enseignement (concernant l'immortalité de l'âme) valait mieux que celui de son élève (peu explicite sur cette question). Le recours à ces quelques opinions notoires de Platon ne suppose pas la lecture de ses œuvres elles-mêmes ; Salomon ha-Lévi aura pu les rencontrer dans n'importe quel texte relevant si peu que ce soit de l'intérêt humaniste pour le (néo)-platonisme, et pas même, nécessairement, dans un florilège.

*Maïmonde*

Cette autorité écrasante de la philosophie juive espagnole, rationaliste ou non, apparaît relativement peu de manière explicite dans le texte de Salomon ha-Lévi. Celui-ci indique, au seuil de son travail, prendre pour modèle de la sienne l'introduction de Maïmonide à son propre commentaire des *Pirᵉqēy Āḇōt* et n'avoir disposé, en rédigeant celui-ci, que de ceux de Maïmonide et d'Abrabanel. Il cite expressément le *Guide des égarés*, III,

8, à propos du traitement en esclaves d'hommes libres ou d'esclaves et quasi-expressément I, 34, usant du même verset de Jérémie (3, 14) à l'appui de la même idée que rares sont ceux qui parviennent aux plus hautes intellections. Ce dernier exemple est un indice de ce que la source maïmonidienne affleure même en l'absence de mention explicite. On voit apparaître, de même, plusieurs fois, le thème de la formation aux sciences comme condition de l'accès aux intelligibles et à l'immortalité de l'âme, ou encore de la vocation de l'homme à se conformer à Dieu autant que possible (d'après *Guide* III, 54), aussi bien que les objections courantes à l'intellectualisme aristotélico-maïmonidien en tant que source de désespoir pour la foule des non-savants. Tout se passe comme si, en ce milieu du XVIe siècle à Salonique tout comme un siècle plus tôt à Salamanque, la doctrine maïmonidienne et les objections qu'elle suscitait formaient un arrière-plan si évident pour tous qu'il n'était pas besoin de le rappeler. En revanche, nous avons cru devoir l'expliciter à plusieurs reprises dans les notes en restituant des références probables.

*Yed'ayah ben Abraham Bedersi (?)*

Une référence explicite, la *Beḥīnat 'ōlām* (« L'examen du monde ») de cet auteur (Bedersi : de Béziers ; v. 1270-1340), pourrait-elle être un modèle possible ? L'ouvrage, écrit à la suite de l'expulsion des juifs du royaume de France en 1306, connut un grand succès, ayant été imprimé dès la fin des années 1470 ; il fut encore commenté à la fin du siècle par le grammairien et poète itinérant Moïse Ibn Ḥabib, né à Lisbonne, sorti de la Péninsule avant l'expulsion, mort en Italie du sud. Il traite, de façon brève, une thématique proche de celle du présent texte : l'homme de pensée, qui est l'homme accompli, est soumis aux tribulations du monde ; il peut pourtant y échapper en cultivant l'immortalité de son âme, si elle ne se laisse pas prendre aux séductions du siècle et se soustrait à la tyrannie du corps. L'ouvrage est cité expressément une fois (*infra*, p.128 et notes). Après l'exposé de la grandeur de l'homme et de la vanité du monde et des plaisirs, l'auteur invite l'homme à se corriger en considérant que Dieu scrute sa conduite. Les chapitres suivants présentent une cosmologie et une psychologie religieuses avec leurs implications pour la conduite de l'homme pieux ; les derniers ont pour objet son salut : la récompense et le châtiment divins, la double tâche de l'homme sur terre, active et spéculative, dans le but de parfaire son âme, son libre arbitre et les principes de foi. Le thème du début est analogue dans ses grandes lignes, l'ouvrage expressément cité, donc assurément connu par Salomon ha-Lévi. Toutefois le mouvement n'est pas le même, la forme versifiée bien éloignée de la prose du Salonicien, la référence à l'*Éthique à Nicomaque* évidemment absente de ce texte trop ancien et toute philosophie, même, fait défaut à l'exception d'un hommage final à Maïmonide, bien que Yed'ayah ait ailleurs écrit sur la métaphysique et la psychologie. Les seuls thèmes communs aux deux ouvrages, trop généraux pour fonder l'hypothèse d'une source à proprement parler, sont ceux, banals, de la vanité des faux biens et de l'impossibilité de connaître Dieu.

### *La kabbale, en creux ? Des éléments non réductibles à la doctrine rationaliste*

La kabbale a été évoquée plus haut comme un contexte intellectuel des générations du judaïsme espagnol ayant immédiatement précédé et suivi 1492 ; comme une discipline que Salomon ha-Lévi a étudiée entre la rédaction initiale de l'ouvrage dont il s'agit et sa réécriture sous la forme que nous connaissons ; comme la rivale de la philosophie qui allait l'évincer parmi les juifs de l'Empire ottoman dans les dernières décennies du XVIe siècle. Pourtant il n'en paraît rien dans ce traité en fait de références livresques (une unique mention du *Zohar*, qui est aussi ou avant tout commentaire scripturaire, ne prouve rien) ni de concepts spécifiques (tels que le *Ēyn sōf* ou Infini primordial et inaccessible, le *ṣimṣūm* ou « rétraction » divine, les *sefīrōt* ou émanations divines, etc.).

Un très petit nombre d'éléments, mais significatifs, sont pourtant les indices de ce que Salomon ha-Lévi se démarque en partie de la vision aristotélicienne du monde ou, plutôt, considère qu'elle rend compte du régime général de l'humanité, mais non du cas particulier du judaïsme. C'est d'abord la section finale (IV), qui pose à la fois que le mode de vie selon la Torah donne accès aux vérités intelligibles autant et plus que le cursus intellectuel des philosophes, et qu'il assure une immortalité de l'âme dont Aristote n'a rien dit. Il n'y a rien là de nouveau par rapport à des auteurs espagnols du XVe siècle tels que Joseph ben Shem Tob ou Isaac Arama, l'élément notable étant précisément cette stabilité dans l'argumentation deux ou trois générations plus tard et en dépit du cataclysme de 1492. On peut relever aussi, plus tôt dans le texte, que Salomon ha-Lévi paraît subvertir quelque peu (v. texte, p. 144, p. 146 et notes) la liste des vertus aristotéliciennes dans un sens « religieux » en y introduisant le refus des honneurs et la patience, point sur lesquels Aristote recommande, comme pour bien d'autres, de tenir une position moyenne : ne pas rechercher avidement les honneurs, mais ne pas les fuir ; ne pas faire de tort, mais ne pas en subir. Salomon fait état d'une nécessité tenant à la nature inévitablement déficiente de la matière pour justifier que la loi divine ne soit accessible qu'à un petit nombre parmi les hommes (§ 18); après avoir défini les conditions de stabilité sociale nécessaires selon Aristote aux travaux de l'esprit, il signale (§ 27) le paradoxe du judaïsme, plus actif que bien d'autres cultures sur le plan intellectuel en dépit des tribulations, qui paraît démentir la thèse d'Aristote ou relever d'un régime miraculeux. Enfin il mentionne (§ 34), comme étrangère au cadre de la pensée aristotélicienne, la conversion ou repentir (*tešūḇāh*), remarque ponctuelle apparemment anodine mais à comprendre en fonction des sentences rabbiniques sur la puissance du repentir et le statut spirituel sans pareil du repenti[1].

Autant d'éléments, donc, par lesquels Salomon ha-Lévi se démarque, certes, du rationalisme des purs sectateurs d'Aristote, mais qui ne sont pas pour autant spécifiques à la kabbale et qu'il ne cherche pas non plus à justifier par référence à celle-ci. Il faut noter enfin, en sens inverse, que le terme de « béatitude » (*haṣlāḥāh*) que l'auteur avait introduit aux § 30-32 pour qualifier les niveaux supérieurs atteints par l'âme selon la doctrine d'Aristote n'apparaît pas dans la section IV consacrée au bonheur selon la Torah : serait-ce un avertissement au lecteur attentif que, pour Salomon ha-Lévi, les niveaux atteints par la spéculation intellectuelle sont en fin de compte supérieurs à ceux auxquels donne accès la Torah seule, kabbale – éventuellement – comprise ?

1. TB *Berāḵōt* 34b ; TB *Yōmā* 86b (les anciennes fautes du repenti transformées en mérites) ; peut-être faut-il apercevoir aussi la préoccupation d'un futur rabbin pour le sort des convertis de force ou de leurs descendants, aspirant à revenir au judaïsme, et trouvant dans cet argument un encouragement.

## Plan et intention du texte

Salomon le-beit ha-Lévi indique d'emblée au début de son propos avoir voulu, à l'instar des *Huit Chapitres* de Maïmonide[1], faire précéder son commentaire du traité d'éthique des maîtres de la Michna d'une petite somme éthique, sur le point de savoir quelle est la voie de la perfection et de la béatitude et quels sont les moyens de l'atteindre, ce qui revient à demander si l'homme peut dès ce monde atteindre à la liberté et à l'éthique, ou s'il est asservi jusqu'au jour de sa mort. Cette dissertation forme la plus grande partie de l'introduction au commentaire et s'étend, dans l'édition de 1565, du f. 2v au f. 10v, l'auteur indiquant pour finir l'avoir intitulée *Petaḥ tiqwāh*[2]. Après quoi il commente (ff. 10v-11r) la préface aux *Pirᵉqēy Āḇōt* fixée dans l'usage liturgique, « Tout juif a part au monde futur… » (*Kol Yīśrā'ēl yēš lāhem ḥēleq lā-'ōlām ha-bā'*; Michna, *Sanhedrīn*, 10,1).

La première partie (I) du petit traité d'éthique est une séquence (f. 2v-4r), sous la conduite plus ou moins explicite de Sénèque (ou de Juan de Lucena), qui forme pour ainsi dire la *pars destruens* de la doctrine de la liberté de Salomon ha-Lévi. Elle procède des aspects extérieurs aux aspects intérieurs de la condition humaine, puis élargit à nouveau le propos au cadre domestique, usant d'une succession d'apories desquelles résulterait l'impossibilité de la liberté, tant sur le plan social, parce que tout homme, quelle que soit sa situation, est dépendant sans remède des autres, que

1. Cf. *supra*, p. 7.

2. Titre relevé et traduit en latin (*Janua spei*) par M. Steinschneider, *Catalogus librorum hebraeorum in Bibliotheca Bodleiana*, Berlin, A. Friedlaender, 1852-1860, réimp. Hildesheim, G. Olms, 1964, col. 230 et 2363.

sur le plan psychologique, du fait du pouvoir des passions. Il s'agit d'abord de savoir (f. 2v) si l'homme est libre ou serf; puis, s'il se libère dans la solitude ou dans la vie civile (f. 3v).

De la fin du f. 4r au f. 7v s'opère (II) une mise en forme théorique avec l'introduction de la division aristotélicienne de la philosophie morale en trois domaines (le gouvernement de soi-même, celui de sa maisonnée, celui de la cité) suivie de celle de la bipartition de l'âme humaine en concupiscible et intellective. Dans ce cadre sont parcourus à nouveau les trois domaines (f. 5r-v), celui du gouvernement de la cité faisant l'objet d'une typologie des régimes empruntée à la *Politique* d'Aristote. En conclusion, la liberté consiste à bien se conduire en fonction de son état (ff. 5v-6r) : où l'on passe de la question de la liberté à celle, plus familière à la philosophie juive du XV^e^ siècle, de la bonne vie. Dès lors, on peut et doit bien vivre dans la pauvreté comme dans la richesse (f. 6r), dans la vie solitaire consacrée à la spéculation aussi bien que dans la vie politique ou domestique régie par la prudence (f. 6r-v). Cependant, l'homme ne saurait se conduire sans aide divine ; si jamais il y parvenait, ce serait à un niveau purement terrestre ; d'un autre côté, l'espèce humaine, du fait de la matière, ne peut tout entière s'accommoder de la loi divine (f. 6v). L'auteur se tourne encore vers une typologie des trois facultés de l'homme, spéculative (subdivisée en trois), pratique (avec deux branches, le savoir-faire et la prudence) et politique-sociale, définissant ainsi, à nouveau, trois domaines d'action et les facultés qui s'y rapportent (f. 7r-v).

À présent, il lui est loisible de se lancer dans la recherche du vrai bien, sur les traces de l'Aristote de l'*Éthique à Nicomaque* (ff. 7v-10r : III. A) : le bonheur de l'âme ne se voit pas, pourtant on lui sacrifie les biens visibles et périssables ; qu'est-ce donc qui confère le vrai bonheur ? Est examinée (ff. 7v-9r) une série d'hypothèses : la première, selon Sénèque et Cicéron, que la fin de la vertu est la vertu elle-même, et la seconde, que c'est la vie éternelle, ne sont pas réfutées mais suivies de quatre autres qui le sont (l'honneur, la fierté personnelle, les moyens de faire le bien, la paix qui fait suite à l'action vertueuse), avant l'énoncé de celle d'Aristote, qu'il s'agit de l'exercice en ce monde des facultés intellectuelles (f. 9r-v). Toutefois, que l'ordre et la stabilité à quoi concourent les vertus pratiques en soient les conditions se trouve contredit par le sort d'Israël, éminemment capable de science en dépit des tribulations : la thèse même d'Aristote devient ainsi une preuve de l'action de la providence en faveur d'Israël. Cependant, le cheminement avec Aristote débouche sur des interrogations concernant l'interprétation de la pensée de celui-ci (ff. 9v-10 : III. B) : si les vertus pratiques menaient au bonheur intellectuel, les vertueux le connaîtraient nécessairement, or il n'en est rien. Faut-il distinguer un bonheur pratique dans ce monde et une béatitude intellectuelle qui est une récompense dans une autre vie, dont Aristote n'a rien dit ? Cependant Aristote a bel et bien distingué un bonheur de l'homme en tant que composé d'âme et de corps d'une béatitude intellectuelle propre à l'âme, dès cette vie ; seulement, les conditions matérielles ou sociales ne suffisent pas à y faire accéder, il y faut en outre des efforts dans l'ordre intellectuel propre. Quant à la vie éternelle, Aristote n'en a rien dit, mais son maître (Platon) l'a souvent mentionnée ; d'ailleurs les juifs ne se déterminent à cet égard ni selon l'un, ni selon l'autre, mais d'après la tradition de leurs pères et d'après leurs textes. Le livre I de l'*Éthique à Nicomaque* traite des conditions du bonheur social, commandées par l'exercice de la prudence ; le livre X, de la béatitude intellectuelle dans cette vie et du régime de dépouillement qu'elle requiert.

Arrivé à ce point, Salomon ha-Lévi consacre une dernière partie (IV) aux supériorités de la voie de la Torah (f. 10r-v) ; d'une part, le régime pratique qu'elle promeut, non en tant que naturel mais que disposé par Dieu, procure l'accès aux intelligibles élevés (sans la dichotomie, précédemment signalée, que comporte le système d'Aristote entre vie sociale et vie intellectuelle). D'autre part, elle permet de comprendre des objets que l'intellect naturel ne pourrait atteindre de lui-même. D'autre part encore, elle inculque profondément en l'homme les pensées en question par la répétition des actes extérieurs (la pratique des commandements de la Torah) qui leur sont associés. Enfin, la conduite conforme à la Torah contribue au moins à la survie de l'âme : et pour la raison supra-rationnelle qu'il s'agit de l'accomplissement des décrets divins et pour celle, naturelle, que, comme on l'a indiqué, les actes qu'elle prescrit exercent une action sur l'âme. Ici, l'argumentation et les références aux philosophes font place à l'accumulation des autorités scripturaires et, même, le contexte d'une exégèse aidant, les philosophes en compagnie desquels s'est effectué tout le début du cheminement (Sénèque, Aristote, Platon) sont une fois qualifiés d'« ennemis ». De manière presque incidente et brève est notée une dimension inconnue à la démarche scientifique, celle de la conversion ou du repentir (*tešūḇāh*), qui consiste en la révocation d'un égarement dont on nous prévient qu'il ne constitue pas une simple erreur, pour ainsi dire, technique, mais une perte absolue. Ainsi s'opère le retour à la question initiale de la liberté ; elle consiste à vivre, sans autre motif que l'amour de Dieu, selon la Torah qui perfectionne le corps, l'âme et leur composé, sur les plans de la conduite, de l'activité intellectuelle et de la vie dans la société et permet donc à l'homme de développer pleinement son activité intellectuelle, de manière à se rapprocher de celle dont il jouira dans l'autre vie. Il est notable d'observer que, dans cette section IV, le mot de « béatitude » (*haṣlāḥāh*), qui désignait dans l'explication de la doctrine d'Aristote l'état le plus élevé de l'âme, ne réapparaît pas, « bonheur » (*ošer*) seul étant employé.

Le lecteur peut à présent prendre une vue rétrospective de la progression du texte : sous la conduite de Sénèque (ou de Lucena ?) et accessoirement de Cicéron s'est d'abord opéré un parcours empirique des domaines d'activité et des conditions des hommes, ainsi que des apories de la liberté qu'ils y rencontrent. Puis le recours à l'*Éthique à Nicomaque* a permis de tracer, à l'aide de la théorie des vertus, des chemins vers la conquête de la liberté et du bonheur ; toutefois, la pensée du Stagirite disjoint la conduite vertueuse et le perfectionnement intellectuel, tout en faisant de la première une condition nécessaire, mais non suffisante, du second ; elle ne dit rien non plus d'une vie éternelle. En revanche, la doctrine de la Torah garantit que la seule bonne conduite mène à la vie intellectuelle puis à la vie éternelle. Il est notable que le matériau le plus récemment venu alimenter la méditation des juifs (la morale latine) n'est pas placé plus haut que le donné aristotélicien antérieur sur lequel la réflexion s'est déjà usée, mais qu'il est reconnu comme moins élaboré et plus adéquat aux étapes préliminaires de la pensée. Il n'en va pas de même du platonisme, perçu comme ouvrant vers la solution de difficultés de l'aristotélisme, rapporté à un maître supposé d'Aristote avec une probable intention axiologique, mais qui reste tout de même à la périphérie de ce texte, limité au nom de Platon et à quelques références muettes à la *République*, au *Phédon* et peut-être au *Livre des causes* néoplatonicien.

## COMMENT ÉVALUER CE TEXTE ?

Après l'analyse, se pose la question de l'interprétation. Le caractère récapitulatif et circulaire de la réflexion par rapport à des positions bien établies au plus tard au milieu du XV^e^ siècle (compte tenu du temps nécessaire à l'intégration de l'*Éthique à Nicomaque*) est manifeste. En particulier, nous avons vu qu'un premier état de *Lēḇ Āḇōt* fut achevé en 1553 puis longuement remanié jusqu'à l'édition de 1565 ; or, les biographes nous disent que l'auteur étudia la kabbale à partir de 1561 ; qu'en était-il dès lors de la culture et des positions de sa jeunesse, qu'illustre toujours le présent texte ? En 1565, Salomon Lévi paraît n'avoir rien renié des savoirs anciens ; il semble plutôt que, si elle était vraiment nouvelle à ce moment sous son horizon de pensée, la kabbale soit venue à point nommé pour paver la voie du dépassement de l'aristotélisme. Désignée maintes fois déjà, explicitement ou non, par des auteurs juifs du XV^e^ siècle, elle assurait, d'une part, sur le plan doctrinal, la distinction entre la doctrine des philosophes et celle de la Torah, frayant, d'autre part, sur le plan social ou pastoral, la voie de l'espoir en la vie éternelle au bénéfice du grand nombre des simples fidèles. Toutefois, pas plus que ses devanciers du XV^e^ siècle, Salomon ne cite encore la kabbale : peut-être lui semble-t-il que les anciennes conventions du genre homilétique sont encore en vigueur ; les kabbalistes de Safed ne les ont pas encore remises en question ; ou peut-être reste-t-il fidèle *in petto* au programme intellectualiste, ce dont témoignerait discrètement son emploi du mot *haṣlāḥāh*, « béatitude », limité aux plus hautes atteintes intellectuelles selon Aristote. Dans les limites de la présentation de ce seul texte, il ne nous appartient pas de trancher si cette stagnation est le signe que la vitalité de cette pensée ibérique, malgré les apparences, s'était éteinte avec l'exil hors de la Péninsule ; ou, que les autorités tant sacrées que philosophiques disponibles étaient désormais saturées d'explications ; ou encore, que ce type de textes, nombreux et prolixes, propagés par l'imprimerie dans tout le monde juif, n'expriment pas dans la génération considérée le véritable travail de la pensée qui prend des risques, mais remplissent d'autres fonctions, culturelle, identitaire et ornementale au profit du lectorat ordinaire, professionnelle, voire alimentaire, au bénéfice des auteurs et imprimeurs. S'agit-il, plutôt que d'une pensée authentique qui se fait jour, du ressassement d'une tradition établie de longue date, ou encore d'un exercice plus formel et verbal qu'intellectuel ? Peut-être des trois à la fois : quoique dans un cadre codifié, l'auteur réexpose une pensée qui n'est pas neuve et, ce faisant, la pense à nouveau pour son compte ; il semble partager le respect de la puissance conceptuelle de la pensée aristotélicienne, qu'il nous a lui-même mise en scène comme permettant de surmonter et expliquer les apories du simple donné empirique, et en même temps la conviction que le niveau philosophique auquel s'est arrêté Aristote est dépassé par le niveau théologique auquel donne accès la Torah. Ne nous hâtons pas, y compris, en dépit des propres formules, déjà citées[1], d'un auteur comme celui-ci, d'interpréter ce respect – dans tous les cas – des convenances

1. Cf. *supra*, p. 28 et note 2.

d'écriture « neutre » seulement en termes de carrière et de « marché ». Deux générations plus tôt, Isaac Abrabanel, commentant lui-même les *Pirᵉqēy Āḇōt* (en *Āḇōt* 4,5 : « Celui qui apprend pour enseigner, on lui donne d'étudier et d'enseigner ; celui qui apprend pour agir, on lui donne d'étudier et d'enseigner, de garder et d'agir »), Abrabanel, dont nous rappelons que Salomon Lévi indiquait en préambule qu'il n'avait disposé en rédigeant que de son commentaire et de celui de Maïmonide, avait expliqué que le degré suprême dont parlait cette michna, « l'action », c'était de « faire des livres »[1] : il avait constaté la puissance toute nouvelle alors de l'imprimerie. Nous pouvons penser que, comme lui, son lecteur Salomon ha-Lévi est conscient du rôle éducatif et social de l'écrit et de sa responsabilité en tant qu'auteur et que futur dirigeant communautaire. Sa production littéraire n'est pas à interpréter en termes de richesse ou de pauvreté en percées théoriques ou en acuité polémique, mais de capacité à fournir, sous une forme attrayante et renouvelée, ou non, la matière homilétique nécessaire au maintien et à la cohésion sur le plan moral et spirituel des communautés auxquelles il s'adresse.

En tout cas, l'intérêt particulier de son introduction est double : elle témoigne de la persistance, en dépit des vicissitudes et du dépaysement, dans l'Empire ottoman et au-delà du milieu du XVIᵉ siècle, des références et problématiques péninsulaires du siècle précédent ; et elle manifeste une capacité d'innovation littéraire dans le cadre

1. Isaac Abrabanel, *Naḥalat Āḇōt* [L'héritage des Pères], achevé en 1496, éd. Venise, [5]305 [1544/5], réimp. New York [5]713 [1952/3], p. 233 ; Salomon Lévi (f. 64rv) lit quant à lui le précepte selon les trois intentions directrices qu'il a discernées dans le traité, tendre vers les perfections spéculative, politique/sociale et pratique.

de ces mêmes références et pensées, avec l'emploi large et, nous a-t-il semblé, original, de Sénèque, à l'appui d'une idée de la liberté servant de préalable au bonheur aristotélicien. Une génération seulement sépare la mort de Salomon le-beit ha-Lévi l'Ancien (1600), dernière figure majeure de la tradition philosophique du judaïsme espagnol, de la naissance en 1626, à Smyrne, sur l'autre rive de la mer Égée, du futur kabbaliste Sabbataï Tsevi, messie autoproclamé en 1648 et converti à l'islam en 1666, dont la carrière étrange plongea le monde juif européen dans une crise durable, voire sans remède. Autant dire qu'il semble ici que le point culminant intellectuel du Moyen Âge juif ibérique ne précède que de cinquante ans le commencement de la fin de la société juive européenne.

## Remarques sur le texte hébreu et la traduction

*Le texte*

Les divisions du texte et leurs titres ont été introduits par nous. La ponctuation, modernisée. Quelques mots ont été partiellement vocalisés en vue d'une plus facile identification de leur forme (p. 155 : *yīwadd'ū*). Un très petit nombre de fautes typographiques ou de conjectures portant sur des lettres illisibles ou des abréviations peu claires ont été signalées entre parenthèses carrées au fil du texte. Les citations sont notées en gras dans le texte hébreu et suivies de leurs références entre parenthèses carrées (la numérotation des chapitres et des versets des livres bibliques sont ceux de la Bible rabbinique, qui présente des différences peu nombreuses et minimes avec celles des Bibles chrétiennes ; les traductions bibliques sont adaptées de celles de la Bible du rabbinat français[1] en fonction de leur emploi contextuel). La traduction se veut littérale ; des mots ou groupes de mots suppléés en vue d'une plus grande intelligibilité sont indiqués, eux aussi, entre parenthèses carrées.

Le texte de base est celui de l'édition de 1565 (ni le *Catalogus librorum hebraeorum in Bibliotheca Bodleiana* de Steinschneider, ni le répertoire de Friedberg, ni la base « Ktiv » ne signalent la supposée édition antérieure[2]). Le ms. New York, JTS 5838 (Acc. 3292 ; Adler 397) est jugé autographe[3], les ratures et corrections de la même main y sont nombreuses, ainsi aux feuillets du début, numérotés 4v et 5r ; les corrections correspondent au texte adopté dans l'édition (comparer par exemple la vue 16 [michna III, 6] avec l'édition, f. 45v) ; mais il est fragmentaire : il ne compte que 68 feuillets dont la collation s'établit sommairement comme suit (la plupart des feuillets ne portent pas de numérotation visible sur microfilm ; la numérotation des « vues » [un verso suivi d'un recto selon l'ordre hébreu de droite à gauche, les vues se suivant toutefois dans l'ordre « latin » de gauche à droite] inclut des insertions techniques) : vue 2, *Pirᵉqēy Āḇōt*, l. III, michna 1 ; vue 5 : III, 2 ; vue 6 : III, 2 (suite) ; vue 9 : III, 3 ; vue 13 : III, 4 ; vue 14 : III, 5 ; vue 16 : III, 6 ; vue 19 : III, 7 ; vue 25 : III, 9 ; vue 26 : III, 9 (suite) ; vue 27 : III,

1. Z. Kahn (dir.), *La Bible. Traduction intégrale hébreu-français [...] traduit du texte original per les membres du Rabbinat français*..., nlle éd. avec trad. révisée, Tel Aviv, Sinaï, 1994.

2. Cf. *supra*, p. 39-40.

3. Une comparaison paléographique poussée, portant au moins sur les mains correctrices, devrait être faite avec le ms. du *Bēyt ha-Lēwī*, Londres, British Library, Oriental 12351, dont le début porte de nombreuses corrections d'ordre stylistique qu'on peut attribuer avec vraisemblance à l'auteur lui-même.

10 ; vue 28 : III, 10 (suite) ; vue 30 : III, 11 ; vue 31 : III, 12 ; vue 32 : IIII, 13 ; vue 35 : IIII, 14 ; vue 37 : IIII, 14 (suite) ; vue 39 : III, 17 ; vue 41 : III, 17 (suite) ; vue 46 : III, 18 ; vue 47 : IV, 1 ; vue 52 : IV, 2 ; vue 54 : IV, 3 ; vue 55 : IV, 4 ; vue 57 : IV, 4 (suite) ; vue 58 : IV, 5 ; vue 59 : IV, 5 (suite) ; vue 60 : 4, 6 ; vue 61 : 4, 7 ; vue 62 : IV, 8 ; vue 63 : IV, 10 ; vue 66 : IV, 11 ; vue 68 : IV, 14 ; avec des irrégularités d'ordre à la fin : vue 70 : V, 17 ; vue 72 : IV, 2. L'introduction qui nous occupe ici ne figure donc pas dans ce manuscrit.

*Style et traduction*

Le texte est caractérisé par la répétition régulière de paires de quasi-synonymes employées pour signifier la même notion, ainsi *ḥērūt we-ḥofšiyyūt* : la liberté ; *māṣā'nū rā'īnū* : nous avons trouvé ; *gūfō we-ēḇārāyw* : son corps ; *nifsad be-'aṣmō ū-bāṭēl me-ēlāyw* : s'annule de soi-même ; *nimna' ba-haggā'āh u-ba-haśśāgāh* : impossible à atteindre ; etc. Nous avons pris le parti de les rendre en français par un terme unique, sans qu'il paraisse possible de distinguer des nuances de sens entre des combinaisons éventuellement elles-mêmes variables. Quoique moins fréquents, des groupes ternaires bien peu naturels pour nous ont aussi été sacrifiés au principe de non-redondance pour le sens : par exemple, dès les premières lignes (p. 91), *p$^{e}$rāqīm mezuqqāqīm, zakkīm meduq$^{e}$dāqīm, ki-b$^{e}$rāqīm yīr$^{e}$ṣoṣū, yā'īrū, yaz$^{e}$hīrū*, littéralement : « chapitres épurés, fins et précis, pareils à la foudre qui brise, éclaire et illumine » a été réduit à « chapitres épurés et précis, pareils à la foudre qui brise et illumine ».

Nous avons encore allégé des enchaînements pesamment méticuleux : ainsi, toujours au début du texte (*ibid.*), *ha-me'ayyēn ha-bā' be-fit$^{e}$ḥēy ša$^{a}$rēy šōm$^{e}$rēy diḇ$^{e}$rey pī ḥaḵāmīm*, littéralement « celui qui réfléchit lorsqu'il s'avance sur le seuil de la demeure de ceux qui observent les paroles de la bouche des sages », est rendu plus directement « celui qui réfléchit en s'avançant sur le seuil de ceux qui observent les paroles des sages ».

Comme il est habituel, les périodes très longues à plusieurs degrés de subordination ont été transposées selon une syntaxe plus conforme aux usages modernes. Il arrive notamment que le texte marque des articulations logiques à longue distance, hors du champ de l'attention du lecteur concentré sur un développement particulier, ou pose des jalons syntaxiques que son auteur lui-même paraît ensuite perdre de vue, ou auxquels il renonce, en cours d'écriture (ou de dictée). En pareil cas, nous les avons supprimés[1].

*Lexique général du texte hébreu*

Quelques mots apparaissent forgés par Salomon ha-Lévi ou pris dans des acceptions non médiévales. Sauf pour le premier d'entre eux, il est renvoyé au numéro de la section du texte dans laquelle ils se trouvent.

Mots ou locutions du vocabulaire général, rares ou pris dans des acceptions peu courantes : Hors des limites du texte ici édité (f. 2r de l'éd. de Salonique), *mahadūrā'*, pris vraisemblablement dans le sens d'une « rédaction » ou « version » du texte[2]. – § 1, *te'ūdāh*, attestation précoce du sens de « but », qui existe en hébreu israélien. – 1, *ḥēleq* le sens de « (trait de) caractère », peu fréquent mais attesté dès la littérature talmudique (TJ *Berāḵōt* 7, 4). – 2, *k$^e$sīlēyhem*, « leurs Orions », antonomase pour « leurs constellations ». – 2, *hū' taḥat hā-ādām*, « il est humain, dans la nature humaine ». – 7 (à la fin), *be-ēyn ōmēr hāšēḇ*,

1. Voir p. 156-157 et la note 142, p. 234.
2. Cf. *supra*, n. 60X, p. 39-40.

litt., « à ne [plus] dire : “Reviens ! ” », donc, semble-t-il, « sans retour ». – 14, le verbe *gāmar* au sens de « décider en faveur de », emploi déjà talmudique, comportant ici peut-être une emphase particulière : la prudence et la droite règle, facultés pratiques supérieures et régulatrices, tranchent du choix du mode de vie avec l'autorité et la vertu de juges. – 19, *be-'ēynāh*, « par elle-même », sens relativement rare de cette locution. – 30, *niš<sup>e</sup>mār be-zeh hū'* : « ce qui l'empêche », tournure idiomatique peu fréquente. – 32, *penūyōt*, litt. « [temps] libres », apparemment dans le sens de « divertissements ». – 33, *lāqūaḥ 'al*, « voué, consacré à », adjectif participial rare en ce sens, tiré de celui, courant, du nom *leqaḥ*, « la part ».

*Lexique philosophique*

Quelques particularités : § 3, *beḥīnāh*, dans un sens rare de « disposition virtuelle du caractère », attesté cependant dans la littérature philosophique médiévale (v. Klatzkin, *Thesaurus*[1], t. I, p. 81). – 5, *bēytī*, adjectif signifiant « qui se rapporte à l'économique, au cercle d'activité circonscrit à la maisonnée », dérivé de la dénomination en hébreu de l'économie aristotélicienne, *hanhāgat ha-bayt*, « le gouvernement de la maison » ; l'adjectif n'est pas attesté dans les dictionnaires ; c'est peut-être un néologisme de Salomon ha-Lévi. – 5, le syntagme *yīšūḇ medīnī* combine la notion de « population humaine » (*yīšūḇ*) et celle de « [forme] politique » (*medīnī*, « politique ») ; il n'est pas courant, le nom *medīnāh*, « la cité », étant le plus souvent employé seul en ce sens. – 6, *yeḥīdī*, « qui se rapporte au solitaire (*yāḥīd*) », formation

1. J. Klatzkin, *Thesaurus philosophicus linguae hebraicae et veteris et recentioris* (en hébreu), 4 vol., Berlin, Eschkol-S. Scholem, 1928-1933.

analogue à celle de *bēytī* (*supra*), peut-être aussi un néologisme. – 8, l'adjectif *elohī*, litt. « divin », signifie couramment « métaphysique » dans la langue philosophique médiévale, ainsi dans le *Pērūš me-ha-millōt zārōt* [« Explication des termes étrangers »] (1213) de Samuel ibn Tibbon, traducteur du *Guide des égarés* de l'arabe à l'hébreu ; non, cependant, sans ambiguïtés : par exemple, sous l'horizon culturel de Salomon ha-Lévi, le Catalan Josué de Lorca (Lorqi) s'adresse à son ancien maître, l'autre Salomon ha-Lévi, devenu Paul de Burgos, quelques mois après sa conversion en 1390 ou 1391 ; il argumente, entre autres, contre la trinité, « selon que les théologiens entendent ce sujet surprenant » (*'al 'iniyān ha-šillūš kefī mah še-lōqeḥīm ōtō ḥakmēy ha-elahūt be- ōtō ha-'iniyān ha-niflā'*) ; l'un des manuscrits remplace expressément *ha-elahūt* par *ha-ṭe'ōlōgiyyāh* ; *a priori*, il ne s'agit pas cette fois de métaphysique philosophique mais de la théologie chrétienne la plus spécifique ; toutefois ce n'est pas si clair, car l'auteur cite ensuite Aristote, *De caelo*, I, 1, 2 à l'appui de l'importance du nombre trois selon les Pythagoriciens, et poursuit par une concession faite en faveur du caractère possiblement rationnel d'une telle conception : on pourrait donc entendre, à la rigueur, que sur ce point même on serait encore dans le champ de la métaphysique philosophique[1] ; dans la traduction du présent texte, le sens de « métaphysique » convenait pour ses emplois en contexte aristotélicien, celui de « divin » ou « théologique » était approprié dans les développements de la section IV à tonalité plus « religieuse » au sens courant du terme. – 15, *šō'ūt* : « magnificence » ; peut-être un

1. L. Landau, *Das apologetische Schreiben*, éd. cit., p. 15 du texte hébreu ; Jerónimo de Santa Fe, *Obras completas*, éd. cit., t. III, p. 107, § 20.

néologisme de Salomon ha-Lévi, d'après *šō'a*, l'homme magnifique selon Aristote, dans la traduction d'Alguadez. – 19, *mūbaṭ*, au sens de « l'objet », v. Klatzkin, *Thesaurus*, t. II, p. 137. – 19, *sōḇēl*, litt. « qui (sup)porte » : v. Klatzkin, *Thesaurus*, t. III, p. 87 : « qui est substrat » (métaphysique) ; et par suite, dont les noms « supportent » (sémantiquement, d'être qualifiés de telle ou telle façon). – *Ma'alōt ha-middōtiyūt*, à peu près « la science des traits de caractère », par adjonction d'un suffixe de nom abstrait au syntagme *ma'alōt ha-middōt*, les traits de caractère ». – 27, *laylī*, « nocturne », inconnu du lexique philosophique ou théologique hébreu médiéval, désignant une connaissance obscure du divin, soit par reformulation originale d'un concept déjà présent dans la littérature juive, soit par emprunt à une source chrétienne (saint Thomas d'Aquin ?), et son opposé *yōmī*, « diurne ». – 30, *zeḵūtiī*, « méritoire », paraît une création de Salomon ha-Lévi, sans doute un calque du latin *meritorius* ou de sa traduction en langue vernaculaire.

Le terme de *ḥoḵmāh* est porteur d'ambiguïté[1] : au pluriel (*ḥoḵmōt*), il désigne couramment les sciences, les disciplines (mais c'est *dē'ōt* qu'emploie en ce sens Me'ir Alguadez, le traducteur de l'*Éthique à Nicomaque* ; Salomon ha-Lévi use, lui, tantôt de *ḥoḵmōt* et tantôt de *dē'ōt*) au singulier, en revanche, il peut signifier soit l'une des sciences, soit la sagesse. S'agissant du mode suprême de connaissance dont il est question dans les derniers

1. J.-P. Rothschild, « *Scientia bifrons*. L'ambivalence de la *'hokhmah (sapientia/ scientia)* dans la pensée juive du Moyen Âge occidental après Maïmonide », dans I. Craemer-Ruegenberg et A. Speer (Hrsg.), *Scientia und ars im Hoch- und Spätmittelalter*, t. II, Berlin, de Gruyter, 1994, p. 667-684.

paragraphes, nous avons cru devoir adopter cette dernière traduction[1].

Le vocabulaire du « bonheur/félicité/béatitude » comporte deux termes, *ošer* et *haṣlāḥāh*. Le premier, que nous rendons par « bonheur », employé constamment avant le § 30, désigne le plus souvent les deux premiers niveaux de bonheur en ce monde que Salomon reconnaît chez Aristote (la vie conforme à la vertu, voire, la vie intellectuelle), le second terme (« béatitude ») étant réservé, aux §§ 30-32, à qualifier un degré, supérieur mais rarement atteint, d'accès dès ce monde à des révélations qui n'appartiendraient ordinairement qu'à l'autre – si Aristote l'a bel et bien reconnu : on connaît le passage célèbre X, 7, 1177a13-17 :

> Que ce soit donc l'intellect ou quelque autre faculté qui soit regardé comme possédant par nature le commandement et la direction et comme ayant la connaissance des réalités belles et divines, qu'au surplus cet élément soit lui-même divin ou seulement la partie la plus divine de nous-mêmes, c'est l'acte de cette partie selon la vertu qui lui est propre qui sera le bonheur parfait.

Suivi de 1177b26-33 :

> Mais une vie de ce genre sera trop élevée pour la condition humaine : car ce n'est pas en tant qu'homme qu'on vivra de cette façon, mais en tant que quelque élément divin est présent en nous. Et autant cet élément est supérieur au composé humain, autant son activité est elle-même supérieure à celle de l'autre sorte de vertu. Si donc l'intellect est quelque chose de divin par comparaison avec l'homme, la vie selon l'intellect est également divine comparée à la vie humaine. Il ne faut donc pas écouter

1. Voir p. 158 et les notes 147 et 150, p. 235.

> ceux qui conseillent à l'homme, parce qu'il est homme, de borner sa pensée aux choses humaines, et mortel, aux choses mortelles, mais l'homme doit, dans la mesure du possible, s'immortaliser, et tout faire pour vivre selon la partie la plus noble qui est en lui[1].

Le second terme (*haṣlāḥāh*/béatitude) est absent de la section IV, comme si les hautes contemplations intellectuelles réservées selon Aristote à ceux qui se sont perfectionnés dans les sciences pendant leur vie terrestre conduisaient plus haut que le destin, heureux lui aussi mais non autrement qualifié, d'« adhésion au divin » réservé à ceux parmi les juifs qui, sans la pratique des sciences, se sont néanmoins astreints à une obéissance exacte à la Torah, laquelle est cependant porteuse par elle-même de vérités que sa pratique inculque par une autre voie que celle de l'étude des sciences. Il est notable que ce second terme de *haṣlāḥāh* n'a pas été employé dans la traduction de l'*Éthique* par Me'ir Alguadez, qui n'use que de *ošer*, de telle sorte que le choix de ce terme par Salomon ha-Lévi paraît bien révéler une intention personnelle.

La référence à l'*Éthique à Nicomaque* servant de fil conducteur à la deuxième partie de l'ouvrage, nous nous sommes efforcé de rendre les termes hébreux présents dans la traduction de cet ouvrage par Mei'r Alguadez, que Salomon a manifestement utilisée, par les termes français habituellement employés dans les traductions de l'original grec. Nous avons pris pour référence la traduction de Jules Tricot[2]. Depuis les travaux interrompus par la mort prématurée de Lawrence Berman, l'édition critique de ce

1. Aristote, *Éthique à Nicomaque*, trad. fr. J. Tricot, Paris, Vrin, 1979[4], p. 508-509, 513-514.

2. *Ibid.*

texte fondamental se fait encore attendre. M. Chaim Meir Neria, auteur d'une thèse sur le commentaire qu'en a donné Joseph b. Shem Tob, indiquait en 2019 qu'il était en train d'achever cette édition. Nous avons, de manière empirique, à l'aide du ms. New York, Jewish Theological Seminary 2315, procédé à une comparaison du vocabulaire de quelques termes-clefs. Il se vérifie que Salomon ha-Lévi emploie largement la même terminologie qu'Alguadez, étant entendu que, souvent, les mots en question sont de toute façon les plus attendus dans la langue. Dans la liste alphabétique de ces correspondances (selon l'hébreu en caractères latins), la traduction française est celle de la traduction Tricot aux passages indiqués ; sauf exceptions signalées, nous avons repris la terminologie de Tricot dans notre traduction du texte. Voici les termes identiques chez Alguadez et ha-Lévi que nous avons relevés : *ahaḇāh* : amitié (l. VIII, trad. Alguadez, ms. New York 2315, f. 84v *sq.* ; c'est du reste le terme le plus courant en hébreu pour désigner l'amitié et son seul usage ne prouverait pas le recours à Alguadez). – *Da'at* : science (VI, 1139b16 ; trad. Tricot p. 280 ; ms. New York 2315, f. 63r). – *Emet* : sincérité (IV, 13, 1127b1-5 ; New York 2315, f. 47r). – *Gedullat ha-nefeš* : magnanimité (IV, 7, 1122a33 *sq.* et Alguadez, New York 2315, f. 41 *sq.*). – *Ḥeḇᵉrāh* : confraternité (VIII, 1159b27, « communauté », comme celle de marins, de frères d'armes ; New York 2315, f. 91v). – *Histapᵉqūt* : nous avons traduit par « sobriété » ; c'est, chez Alguadez, le terme qui rend la « modération » (*sôfrosynè*) d'Aristote (III, 13, Tricot p. 160 et n. 3 ; JTS 2315, f. 34r). –*Kāḇōd* : nous avons traduit par gloire (Tricot : honneur). – *Maʿᵃlāh* : vertu (NY 2315, f. 70v). – *Maṭbē'a* : monnaie (V, 8, 1133a 19 *sq.* ; trad Tricot, p. 241-243 ; ms. New York 2315, f. 54v). – *Melā'ḵāh* : art

(VI, 1139b16 ; trad. Tricot p. 280 ; ms. New York 2315, f. 63r). – *Nāḇōn* : prudent (NY 2315, f. 69v). – *Nedīḇūt* : libéralité (IV, 1). – *Ošer* : bonheur (I, 6 : NY 10v). – *Pe'ullāh, po'al* : fonction (Tricot, p. 57) ; Salomon emploie *pe'ullāh*, mot synonyme et plus clair (I, 6 : NY 10v : *po'al*). – *Qin*ᵉ*yān* : disposition (NY 2315, f. 70r). – *Ṣedeq* : la justice (l. V ; New York 2315, f. 49 *sq.* ; mais c'est encore une fois le terme le plus évident, sinon indispensable, pour exprimer cette notion en hébreu). – *Šō'a* : homme magnifique (IV, 4). – *Śēḵel yāšār* : droite règle (NY 2315, f. 70r). – *Teḇūnāh* : prudence (Tricot p. 310-314 ; NY 2315, f. 70v). – *Ṭōḇ* : bon (Tricot : vertueux ; NY 2315, f. 69v). – *Yošer* : rectitude.

Au § 10, la typologie des régimes politiques fait appel aux termes grecs, tels qu'ils figurent dans l'*Éthique à Nicomaque*, VIII, 12, 1160a 31-1160b 23 (plutôt que dans la *Politique*, III, 7). En l'absence de ces termes dans la traduction de l'*Éthique* par Alguadez (notre manuscrit-témoin, New York, JTS 2315, f. 92v), il faut supposer des gloses dans le manuscrit utilisé ou l'utilisation d'une autre source, peut-être en langue vernaculaire (les formes *ṭīra'nō*, *pōlīšī'āh* supposent en tout cas un intermédiaire vernaculaire, oral ou écrit, à quelque moment).

Le reste du vocabulaire philosophique médiéval employé a été traduit, dans la mesure du possible, conformément aux habitudes scientifiques admises, dont la référence demeure le *Thesaurus* de Jacob Klatzkin.

SALOMON LE-BEIT HA-LÉVI

# TRAITÉ DE LA LIBERTÉ

# [TRAITÉ DE LA LIBERTÉ]

*Préambule*

(Éd. de 1565, f. 2v) Salomon le-beit ha-Lévi a dit : j'ai vu que le grand maître [Maïmonide], notre précepteur[1], qui nous instruit par toutes ses paroles de bien, voyant lui-même la perfection et l'élévation de ces principes conducteurs des vertus, le *Traité des Principes* [les *Pirᵉqēy Āḇōt*], l'a fait précéder d'un exposé de chapitres épurés et précis, pareils à la foudre qui brise et illumine le ciel, afin de relever le pavillon obscur[2] de celui qui réfléchit en s'avançant sur le seuil de ceux qui observent les paroles des sages, lesquels éclairent la terre et ses hôtes en enlevant les occasions de chute aux gens de notre peuple, grâce à leurs enseignements moraux (*mūserēyhem*) par exemples et paraboles, dans ce texte[3]. Et « j'ai contemplé, j'ai appliqué mon cœur » et mes yeux aux paroles de vérité du maître, « de cette vue j'ai tiré la leçon » (Prv 24,32) de présenter en vue de l'explication de ce traité un court texte d'éthique, bien digne de louange, plus précieux que tout ce que l'on peut désirer pour le but [recherché][4], dont j'ai glané l'argument général (*ha-dārūš ha-kollēl*) chez un auteur de l'extérieur [Sénèque? Juan de Lucena? quelque autre intermédiaire moderne non identifié?], « sur lequel j'ai disposé mes mots » (Jb 29,22)

## [מאמר החירות]

[פתח דבר]

[ע' 2ב]... אמר שלמה לבית הלוי: יען ראיתי הרב הגדול מורנו המלמדנו בכל דברו הטוב בראותו שלמות רוממות שרשי ראשי נתיבות מדות מסכת אבות הקדים והציע אליה פרקים מזוקקים זכים מדוקדקים כברקים, ירוצצו יאירו יזהירו בשחקים לקיים סוכת חשכת המעיין הבא בפתחי שערי שומרי דברי פי חכמים המאירים לארץ ולדרים להרים מכשול בני עמנו במוסריהם משליהם וחידותיהם במקום הזה. **ואחזה אנכי אשית לבי** ועיני בנאמנותיה דמה, **ראיתי לקחתי מוסר** [משלי כד, לב] להציע אל ביאור המסכתא הזאת מאמר קצר מדותיי מאד נעלה לתהלה יקר מכל כלי חמדה לתעודה שהדרוש הכולל שבו לקטתי מן מחבר חצוני **ועליו תטוף מלתי** [ר' איוב 29, 22]

et mon dessein. En effet, il se reliait très bien au propos (*meḇuqqaš*) de ce traité, qui est de chercher « où se trouve le chemin de la lumière » (Jb 38,19) de la perfection et du bonheur et quels sont les moyens appropriés pour l'atteindre, et de vérifier si le bonheur ne s'atteint que d'une seule manière ou de plusieurs et quelles sont les qualités[5] choisies qui éclairent et guident l'homme jusqu'à ce qu'il l'atteigne. Et ce que nous recherchons en général dans ce traité, c'est s'il est possible à l'homme dans cette vie de mener une vie d'indépendance et d'être entièrement libre ou si, malgré qu'il en ait et en dépit de ses efforts, il est asservi jusqu'au jour de sa mort.

## I. Les apories de la liberté

### 2. *L'homme semble assujetti de toutes parts*

Or, nous avons trouvé que bien des gens considérables ont jugé que l'homme était asservi à perpétuité, soit à la conjoncture céleste, ses constellations [litt. : ses Orions], ses significations et ses jugements, soit aux accidents du temps et de ses vicissitudes, soit aux soins de sa maison, de ses enfants et de ses biens, de sa fratrie, de ses familiers et de sa famille, de sa cité, de son peuple et de son pays (*iqlīmō*), soit aux accidents pénibles de son corps. Cela, nous ne l'avons pas seulement trouvé chez les Grecs et les gens extérieurs [à Israël] comme Platon, qui a dit que l'homme ne naît pas pour lui-même mais [en tant que] membre de son peuple, de ses amis, de sa cité[6], et bien d'autres investigateurs qui se sont ingéniés à montrer comment, dans toutes les situations de l'homme, la servitude et la soumission sont attachées à ses pas, qu'il soit enfant, jeune homme et homme fait et aussi bien quand il est âgé

ועצתי יען התיחסו מאד אל המבוקש מן המסכתא הזאת שהוא לבקש **אי זה דרך ישכון אור** [איוב 38, 19] השלמות והאושר ואי אלה הם האמצעיים הראויים להשיג אותו על ידם ולחפש ולפשפש האם האושר אינו נקנה רק על דרך אחד או בדרכים רבים ואי אלה הם החלקים המזוקקים שבו ייִשירו יאירו את האדם להנהיגו עד השיגו אותו. והדרוש המבוקש מאתנו במאמר הזה בכלל הוא אם האדם אפשרי בחייו אלה לחיות חיי חירות וחפשיות ולהיות בן חורין גמור או אם על כרחו וטרחו הוא עבד משועבד עד יום מותו.

[1. הסתירות של החרות]

[2. בן אדם נראה אנוס מכל מקום]

והנה מצאנו ראינו בפי רבים ונכבדים גזרו אומר היות האדם עבד עולם אם למערכות השמים וכסיליהם הוראותיהם ומשפטיהם, ואם למקרי הזמן ותהפוכותיו, ואם לצרכי ביתו בניו וקניניו אחיו ורעיו ובני משפחתו מדינתו ועמו ואיקלימו, ואם למקרים הצרים צרורים בגופו ואיבריו. וזה לא לבד מצאנוהו בפי היונים והחצונים כמו אפלטון שאמר שלא נולד האדם לעצמו אלא חלק מה לעמו וחלק מה לאוהביו וחלק מה למדינתו ורבים אחרים המחפשים והמפשפשים להראות איך בכל מושבי מצבי פרקי ערכי עסקי האדם העבדות והשעבוד כרוך בעקבותיו, אם בהיותו ילד או נער עלם בחור ואיש ואפילו בהיותו ישן

et grabataire, combien de sujétions pèsent sur lui et combien de changements peuvent l'affecter. Mais dans les livres saints également nous trouvons évoquée cette façon de voir : ce n'est pas en vain que Job a dit (7,1-2) « N'est-ce pas un service qu'accomplit l'homme sur la terre, ses jours ne sont-ils pas ceux d'un mercenaire ? Il est tel qu'un esclave qui aspire à un peu d'ombre, un mercenaire qui attend son salaire » ; et les sages ont dit à propos de ce verset (*Yalᵉqūṭ Šimᵉʿonī* sur Job, 901) qu'il y a trois services, etc. [le service du ciel et de la terre, le service dû par les disciples, le service des souffrances[7]]. Comme je l'ai expliqué en son lieu[8], chacun de ces services s'impose à l'homme « au long des jours de sa vaine existence » (*cf.* Eccl 6,12). Et Job l'a dit explicitement (Jb 3, 19), « Petits et grands y sont confondus [dans la mort] et l'esclave est libéré de son maître » ; et le psalmiste (Ps 88, 6) : « parmi les morts, il est libre », pour faire savoir qu'il est impossible d'être libre tant que l'on est en vie. À propos des paroles du roi Salomon qui dit (Prv 30,22) « l'esclave qui devient roi », certains expliquent qu'il est humain (*taḥat hā-ādām*), lorsque l'on se trouve dans la condition d'esclave, de vouloir se figurer que l'on est libre et souverain.

### 3. *Cependant, l'homme a le sentiment inné de sa capacité à être libre et celle-ci est postulée par les Écritures*

Pourtant cette pensée se détruit d'elle-même, parce que la liberté est une chose à laquelle l'homme aspire par nature et à cause de laquelle il donne sa vie, soit pour lui-même, soit pour ses enfants, son peuple ou de sa cité ; il n'est pas dans la vie de bien que l'homme prise au-dessus d'elle.

ושוכב במטתו, כמה שלטונות יש עליו, וכמה מיני אופני שנויים יכולים להתהפך בו כי אם בספרי הקדש מצאנו ראינו הסברה הזאת נזכרת, שלא לחנם אמר איוב [איוב 7, 1-2] **הלא צבא לאנוש עלי ארץ וכימי שכיר ימיו, כעבד ישאב** [!] **צל וכשכיר יקוה פעלו**, וחז"ל על פסוק זה אמרו [ילקוט שמעוני \ איוב, 901] **ג' צבאים הם** וכו'. וכאשר פירשתי במקומו, כל אותם צבאים צובאים צבא על האדם **מספר ימי הבלו** [ר' קה' 6, 12]. ובפירוש אמרו[1] [איוב 3, 19] **קטון וגדול שם הוא ועבד חפשי מאדוניו** והמשורר אמר [תה' 88, 6] **במתים חפשי**, להורות כי אי אפשר להיות חפשי בעוד היותו בחיים. ובדברי המלך שלמה האומר [משל' 30, 22] **תחת עבד כי ימלוך** יש מפרשים שהוא תחת האדם שעם היותו עבד רוצה להראות עצמו חפשי ומלך.

[3. ובכל זאת האדם מרגיש שאפשר לו להיות בן חורין, וכן מראה גם מכתבי הקדש]

ואמנם הדעת הזה נפסד בעצמו ובטל מאליו, כי החירות והחפשיות הם דברים ישתוקק אליהם האדם מטבעו וימסור נפשו בעבורם, אם לעצמו ואם לבניו ולעמו ולמדינתו, ואין בחיים טוב שישערהו ויעריכהו האדם אל החפשיות והחירות,

1. י"ל בילקוט שמעוני\ איוב, 896 : קטן וגדול שם הוא ועבד חפשי מאדוניו, אמר ליה ר' זירא לר' ירמיה אטו לא ידעינן דקטן וגדול שם הוא, אלא כל המקטין עצמו בדברי תורה בעולם הזה נעשה גדול לעולם הבא, וכל המשים עצמו כעבד בעולם הזה נעשה חפשי לעולם הבא. ועבד חפשי מאדוניו, האדם בחייו הוא עבד ליצרו וליוצרו ובשעה שהוא עושה רצון יוצרו הוא מכעיס יצרו וכן להפך, מת יצא לחירות. ד"א ועבד חפשי מאדוניו, ר' מיאשה בר בריה דריב"ל נשתקע בחליו שלשה ימים, כשנתישבה דעתו עליו א"ל בני היכן היית א"ל וכו' (כתוב ברמז תקפ"ד):

Or, c'est une proposition vérifiée (f. 3) que, puisque la nature et Dieu qui règne sur elle ne font rien en vain[9], il n'existe pas d'incitation à quoi que ce soit dans la nature qui soit de soi-même impossible à atteindre ; [or bien], si la liberté était impossible à l'homme, son désir d'elle serait complètement vain ; en particulier lorsque nous voyons les redoutables périls des guerres et le danger de mort auxquels l'homme s'expose pour sauver sa personne, son peuple ou ses concitoyens de la servitude. Nous voyons que Platon s'est donné beaucoup de mal dans ses livres de politique pour innover dans la conduite politique, au point de prescrire que tous les biens fussent communs entre tous ceux de la cité[10] ; et cela, afin qu'ils atteignissent tous la liberté. C'est pourquoi l'Investigateur (Aristote) a pris la peine de régler la vie libre à la fois du point de vue de la conduite de l'individu et pour les dirigeants de la cité[11]. Et c'est à coup sûr un point capital de la doctrine de notre Loi, puisque dès la création de l'homme [Dieu] lui a fait présent de la domination et de la liberté en disant « faisons l'homme [à notre image et ressemblance] et qu'il domine sur les poissons de la mer et les oiseaux du ciel, sur les animaux terrestres et sur tout ce qui s'y meut » (Gn 1,26), etc. ; le poète [psalmiste] a dit : « Tu lui as donné l'empire sur l'œuvre de tes mains, tu as mis tout à ses pieds, brebis et taureaux », etc. (Ps 8, 7-8) ; le sage [Salomon] a dit : « La main de ceux qui sont diligents domine » (Prv 12, 24) et « Il sort de prison pour régner » (Eccl 4,14), à propos de l'enfant sorti de la geôle de la matrice pour être roi, mais « dans sa royauté il naît pauvre » (*ibid.*), car « l'homme naît comme un ânon sauvage » (Jb 11, 12). Et peut-être est-ce la royauté elle-même qui signifie sa pauvreté, car la royauté [de l'homme] est son libre arbitre et sa domination

ובהיות הקדמה מאומתת [ע' 3א] שהטבע והאל ית' השליט עליו לא יעשו דבר לבטלה ולחנם ואין נמצא מתעורר לענין מה בטבע מעצמו שהוא נמנע ההגעה וההשגה אליו, אם היה שהחירות והחפשיות היו בלתי אפשריים לאדם, היתה תשוקתנו אליהם לחנם ולבטלה גמורה, ובפרט בראותנו הסכנות העצומות במלחמות ואימות מות ימסר אליהם האדם כדי להושיע עצמו או עמו או בני מדינתו מן העבדות והשעבוד. וראה ראינו אפלטון טרח מאד בספרי המדיניות אשר לו להמציא המצאות בהנהגה המדינית עד שצוה ותקן להיות כל הטובות אצל אנשי המדינות משותפות לכלם, וכל זה כדי שישיגו כלם יחד חיי החירות והחפשיות. והחוקר לזה לאה לתקן חיי החירות כפי הנהגת היחידי וחיי חירות למנהיגי המדינות. וזה בלי ספק היא פנת בינת תורתנו, כי בתחילת יצירת האדם נתן לו במתנה הממשלה והחירות באמרו **נעשה אדם** וכו' **וירדו בדגת הים ובעוף השמים ובבהמה ובכל הרמש** וכו' [בר' 1, 26]. והמשורר אמר **תמשלהו במעשה ידיך כל שתה תחת רגליו, צאנה** [!] **ואלפים** וכו' [תה' 8, 8-7], והחכם אמר **יד חרוצים תמשול** [מש' 12, 24], גם אמר **כי מבית האסורים** [!] **יצא למלוך** [קה' 4, 14] על הילד היוצא ממאסר הרחם להיות מלך, אלא שבמלכותו נולד **רש** [שם] כי **עיר פרא אדם יולד** [איוב 11, 12]. ואולי המלכות עצמו יורה היותו רש, שהמלכות שלו היא הבחירה, והממשלה אשר לו

est de se parfaire et de faire passer ses dispositions[12] à l'acte, ce que signifie « dans sa royauté il est né pauvre »[13]. Dès lors, puisque la liberté est naturelle et séante à l'homme dès sa naissance, il convient que nous enquêtions et nous appliquions à chercher ce qu'est cette vie [libre] et comment l'homme peut l'atteindre.

### 4. *Quelle condition serait-elle libre ?*

#### 4.a. *La vie contemplative*

Nombreux sont ceux qui pensent qu'une vie libre dépend de ce que l'homme soit de loisir, disponible pour la spéculation : ils voient que la vie consiste à agir et le bonheur lui-même, ils l'ont défini comme l'activité de l'âme intelligible, selon son niveau, [considérant que] la spéculation est une activité d'une haute perfection[14] ; dès lors, une vie libre sera [selon eux] celle qui permet d'intelliger et de spéculer librement et sans fardeau. En outre, puisque celui qui sent et se meut librement, c'est celui-là qui vit une vie libre, à plus forte raison celui qui réfléchit et se forge des imaginations librement vivra-t-il une vie libre. S'il en est ainsi, celui qui comprend, intellige et spécule librement sera sans aucun doute celui qui vivra une vie libre, puisque l'on sait que le sens, le mouvement, l'imagination et la réflexion sont tous nécessaires à l'intellection[15]. Les sages d'Israël ont confirmé cela dans beaucoup de leurs paroles, en particulier en disant que « [la Torah[16]] lui donne la royauté et la domination » (*Pirᵉqēy Āḇōt* 6, 1) ; et encore « Ne lisez pas "gravé", mais "libre", car vous n'avez d'homme libre que celui qui se consacre à la Torah » (*ibid.* 6, 2), et bien d'autres enseignements précieux comme ceux-là. Cependant, là où ils ont déclaré que « lorsque l'homme meurt il est affranchi

להשלים עצמו ולהוציא בחניותו לפועל, וזה אומרו **במלכותו נולד רש** [קה' 4, 14]: אם כן איפה, אחר אשר החירות והחפשיות טבעיים וראויים אל האדם מיום הולדו, ראוי לנו שנחפש ונפשפש לבקש אי אלה הם החיים האלה ובמה יהיה האדם משיג אותם.

[4. מי הם החיים החופשיים?]

[4. א' חיי העיון]

ויש רבים חושבים שחיי החפשיות תלויים בהיות האדם פנוי ומוכן לעיין ולהבין ולהשכיל, בראותם כי אחר שהחיים הם פעולה והאושר עצמו גדרוהו שהוא פעולת הנפש המשכלת כפי המעלה, והעיון היא פעולה שלימה מאד: הנה אז נהיה חיים חיי החירות כשנוכל להשכיל ולעיין בחפשיות וזולת מעיק. ועוד כי המרגיש ומתנועע בחפשיות וחירות, הרי זה חי חיי חפשיות, ומכל שכן מי שמחשב ומדמה בחפשיות וחירות שיהיה חי חיי החירות: ואם כן, מי שיבין וישכיל ויעיין בחפשיות וחירות יהיה בלי ספק החי חיי החירות, אחר אשר ידוע שהחוש והתנועה והדמיון והמחשבה כלם הם צריכים אל העיון וההשכלה. וחכמי ישראל בהרבה מדבריהם קיימו וקבלו זה הענין ובפרט באומרם **ונותנת לו מלכות וממשלה** [אבות 6, 1], ועוד אמרו בפירוש **אל תיקרי חרות אלא חירות, שאין לך בין חורין אלא מי שעוסק בתורה** [שם 6, 2], והרבה מאמרים יקרים כאלה. והנה, באומרם, זה לשונם: **כיון שאדם מת נעשה חפשי**

des préceptes de la Loi » (TJ, *Kilᵉ'aīm*, 9, 3), il y a pour moi matière à réflexion, car cela semble un énoncé sans valeur, puisqu'à l'évidence, après qu'un homme est mort, il n'accomplit plus de préceptes. Mais il se peut qu'ils aient voulu signifier ceci : le principal de l'accomplissement des préceptes tient à ce que, l'homme étant matériel, les concepts[17] importants ne s'impriment dans son intellect qu'au moyen de gestes extérieurs ; c'est pourquoi ceux-ci sont nécessaires dans tous les cas, et il ne suffit pas de penser[18] ; en revanche, après que l'homme est mort et que son intellect est sorti de sa captivité[19], il adhère à l'intelligible seul et s'affranchit des préceptes, sache-le. – Il y a beaucoup d'autres énoncés de cette sorte, qu'il serait [trop] long de rapporter.

4.b. *La pauvreté*

D'autre part, la pauvreté et le dénuement, quand ils ne sont pas extrêmes, sont très convenables à la vie intellectuelle. C'est pourquoi beaucoup sont convenus que la liberté en cette vie se trouve dans la pauvreté. Ainsi l'Investigateur, dans la *Métaphysique*, explique-t-il comment les prêtres des Égyptiens renonçaient à tous leurs biens à l'exception du plus nécessaire pour pourvoir leur table de l'indispensable, afin de vaquer à la spéculation[20]. Et beaucoup de philosophes grecs abandonnaient leur or et leur argent, considérant que tant qu'ils les détiendraient ils leur seraient une charge et que, s'en étant affranchis, ils vivraient libres, et disponibles pour l'intellection. Le célèbre Sénèque a confirmé cette vérité dans la plupart de ses livres ; il a exprimé que pour rechercher la spéculation il faut être pauvre ou semblable à un pauvre et a fait longuement l'éloge de la pauvreté et du dénuement[21]. Or, qui ne sait que ceux qui se livrent à la spéculation sont

**מן המצות** [ירושלמי כילאים 9, 3], יש לי מקום עיון, כי נראה מאמר בלי טעם לשבח, דפשיטה שאחר שמת אין לו מצות, אלא שאפשר שרמזו זכרונם לברכה שעיקר עשיית המצות יהיה לפי שהאדם, בהיותו חומרי, העיונים הנכבדים אינם נרשמים ונדפסים בשכלו רק על ידי הפעולות החצוניות, ולכן הן מוכרחות על כל פנים, ולא יספיק העיון לבדו, אמנם אחר שמת ויצא השכל ממאסרו, אז ידבק במושכל לבדו ונעשה חפשי מן המצות, ודעהו. והרבה מאמרים כאלה יארך ספורם.

[4. ב' העניות]

ואמנם, בהיות העניות והדלות, כשאינם בתכלית, נאותים מאד לחיי ההשכלה והעיון, לזה הסכימו רבים שהחירות והחפשיות באלו החיים נמצאים אצל העניות והדלות, כי הנה החוקר בספר מה שאחר הטבע הגיד איך כהני מצרים היו עוזבים ומניחים כל הקנינים והטובות, מלבד הצריכים מאד למעשה שולחנם המוכרח, כדי להיותם פנויים אל העיון. והרבה פלוסופים יונים השליכו כספם וזהבם ועזבו אותם, לחושבם שבהיותם בידם יהיו כבדים עליהם ובהמלטם מהם יחיו חיי החפשיות והחירות ויהיו פנויים וראויים להבין ולהשכיל. ושיניקה האיש המפורסם ברוב ספריו אִמֵת זה ואמר כי, לדרישת בקשת העיון, צריך שיהיה האדם רש או דומה לרש, והאריך בשבחי העניות והדלות. ואמנם, מי לא ידע היות המעיינ[ים] והפלוסופים

leurs propres maîtres, libres, ainsi qu'il est connu de ceux qui ont vu les anecdotes de Platon avec Diogène[22] et de Diogène avec Alexandre, Alexandre le Grand déclarant même que s'il n'avait pas été ce qu'il était, il aurait souhaité être comme Diogène[23], qui ne portait qu'une peau sur les reins et vivait dans un tonneau ? D'autres anecdotes concernent ce philosophe : lorsqu'on le conduisit devant le roi Philippe, le père d'Alexandre, qui lui demanda qui il était, il dit qu'il était un homme de spéculation venu observer sa boulimie de désirs imaginaires, et fit de nombreuses réponses remarquables à lui et à ses accompagnateurs, de telle sorte que le roi, voyant sa grande intelligence et sa liberté de conduite, le laissa partir[24].

(F. 3v) Cependant, j'ai parlé d'une pauvreté et d'un dénuement qui ne soient pas extrêmes, puisqu'il est évident que l'homme a besoin de s'alimenter, de boire, de se vêtir et de choses semblables dont la nature lui fait une nécessité et sans lesquelles il tombe dans des maux persistants qui sont une entrave à l'activité intellectuelle. C'est pourquoi Sénèque a dit : « Si tu te contentes du nécessaire selon la nature, tu ne seras jamais pauvre ; mais si tu veux suivre l'opinion, tu ne seras jamais riche »[25]. Cette idée, nous la trouvons aussi fondée en vérité dans les écrits saints et dans les paroles des sages d'Israël. Le psalmiste a dit : « Ma pauvreté me convient, pourvu que j'apprenne ta Loi » (Ps 119,71), elle me convient. Et encore : « Ceci m'a consolé dans ma pauvreté, que ta parole m'ait rendu la vie » (*ibid.*, v. 50), et « car tu sauves un peuple pauvre », etc. (Ps 18,28). Et Salomon son fils : « De crainte que, rassasié, je ne renie », etc. (Prv 30,9) et « La richesse n'appartient pas aux avisés » (Eccl 9,11), « Ne prends pas de peine pour t'enrichir, cela échappe à ton intelligence »

שליטים בעצמם וחפשיים? כנודע למי שראה ספורי אפלטון עם דיאונישיאו וספורי דיאוג׳יניש עם אלסכנדר, עד שאמר אלסכנדר הגדול שאם הוא לא היה מי שהוא היה, רוצה להיות כמו דיאוג׳יניש, שלא היה לו רק עור אחד על מתניו ודר בתוך חבית אחד. וספורים אחרים מזה הפלוסוף כששבו אותו והוליכוהו לפני המלך פיליפו, אביו של אלסכנדר, ושאל ממנו מי הוא, השיבהו שהוא איש מעיין ומשקיף, בא לראות ולהביט בבולמוש תאוותיו ותשוקותיו הדמיוניות, ותשובות רבות וחשובות נתן לו ולשוביו, עד שכשראה המלך גודל לבבו וחירות וחפשיות מדותיו, [רצ]ה לפוטרו. [ע' 3ב] ואמנם אמרתי העניות והדלות אשר אינם בתכלית, להיות גלוי וידוע היות האדם צריך בהכרח אל מאכל ומשתה ומלבוש וכיוצא כאלה הדברים המוכרחים וצריכים לו כפי הטבע אשר זולתם יפול בחולאים רעים ונאמנים מעיקים ומציקים אותו מן העיון. ולזה אמר שיניקה: **אם תסתפק בצריך אליך כפי הטבע, לעולם לא תהיה רש. ואם תרדוף אחר הסברה, לעולם לא תהיה עשיר**. והנה זה הדעה מצאנוהו גם כן מאומת ומקויים אצל מקראי קדש ומאמרי חכמי ישראל, כי המשורר אמר **טוב לי כי עונתי, למען אלמד חקך** [תה' 119, 71]: טוב לי וכו'. וכן אמר **זאת נחמתי בעניי, כי אמרתך חייתני** [תה' 119, 50], **כי אתה עם עני תושיע** וכו' [תה' 18, 28]. ושלמה בנו אמר **פן אשבע וכחשתי** וכו' [משלי 30, 9] ואמר **לא לנבונים עושר** [קוה' 9, 11] ואמר **אל תיגע להעשיר, מבינתך חדל**

(Prv 23,4), et d'autres versets semblables. Quant aux sages, ils ont énoncé : « La pauvreté sied à Israël »[26], etc. et « Telle est la voie de la Torah : manger du pain trempé dans le sel et boire un peu d'eau » (*Pirᵉqēy Āḇōt* 6,4), et bien d'autres maximes de ce genre, il est inutile d'en rappeler davantage.

4.c. *La richesse*

Et pourtant, qui ne dirait que l'opinion inverse de celle-ci soit plus proche de la vérité ? Elle énonce que la liberté dépend de la richesse et de l'abondance des biens, puisque nous voyons le pouvoir et les avantages des riches et leur domination, tandis que les sages et les philosophes se tiennent sur leur seuil et sont assidus à leur porte, dépendants d'eux pour ce qui les concerne, et qu'on ne voit pas le contraire, les riches sur le seuil des sages. « Le riche répond avec audace » (Prv 18,23) aux pauvres et aux misérables et il les humilie, leur fait accomplir des tâches serviles. Où donc chercher la vie libre ? Seulement du côté de la richesse et de la fortune. De cette opinion nous trouvons des poètes anciens, grecs et latins[27], et bien d'autres avec eux ; le montrent mieux qu'eux [les sources juives] : « Le riche a de nombreux amis » (Prv 14,20), « le pauvre est antipathique à tous ses frères » (Prv 19,7) ; or, suivant Aristote aux livres VIII et IX de l'*Éthique* [à Nicomaque][28], celui qui compte de nombreux amis et familiers est le plus heureux, et il est notoire qu'il sera davantage maître de réaliser tout ce qui lui vient à l'esprit, avec l'aide de sa société d'amis et de familiers. Nous voyons cette même idée soutenue dans les écrits saints, avec les versets « [la sagesse porte] dans sa main gauche la richesse et l'honneur » (Prv 3,16) et « La bénédiction divine enrichit », etc. (Prv 10,22) et la formulation explicite « La couronne des sages, c'est leur richesse » (Prv 14,24),

[משלי 23, 4] וכו'. וחז"ל אמרו **יפה עניותא לישראל** וכו' [ר' חגיגה 9ב] ואמרו **כך היא דרכה של תורה: פת במלח תאכל ומים במשורה תשתה** [פרקי אבות 6, 4]. ורבים כיוצא באלה אין להאריך בזכרונם.

[4. ג' העושר]

ואמנם מי לא יאמר שהסברה ההפכיית לזאת יותר קרובה אל האמת? והיא האומרת שהחירות והחפשיות תלויים ועומדים בעושר ורבוי הקנינים, אחר אשר ראינו ממשלת תועלת העשירים ושולטנותם ומלכותם, והחכמים והפלוסופים נמצאים בפתחיהם ושוקדים על דלתותיהם, בעינינם תלויים אל ידיהם, מה שלא יראה וימצא הפך זה העשירים בפתחי החכמים. **ועשיר יענה עזות** [משלי 18, 23] אל הדלים והאביונים וישפילם יפילם לפניו, ולעולם בהם יעבוד עבודת עבד. ואם כן איפה אנה אנחנו עולים לבקש חיי החירות והחפשיות? רק אצל העושר והממון! ומזאת הסברה מצאנו משוררים קדמונים יונים ולועזים, ורבים עמהם מקיימים זה, ויותר מהמה, כי **אוהבי עשיר רבים** [משלי 14, 20] **וכל אחי רש שנאהו** [משלי 19, 7]. ולפי דברי ארסטו בח' ובט' מהמדות, המרבה באוהבים ורעים הוא היותר מאושר, וידוע שיהיה יותר שליט בעצמו לעשות כל העולה על רוחו בעזרת חברת אוהביו ורעיו. וכן מצאנו ראינו זה הדעת מקויים בכתבי הקדש, אם אומרו **בשמאלה עושר וכבוד** [משלי 3, 16], ואם אמרו **ברכת ה' היא תעשיר** וכו' [משלי 10, 22], ובפירוש אמר **עטרת חכמים עשרם** [משלי 14, 24]

« La sagesse est bonne avec un patrimoine » (Eccl 7,11), « De peur que, devenu pauvre, j'en vienne à voler et à offenser le nom de mon Dieu » (Prv 30,9) et « J'aurais péri dans ma pauvreté » (Ps 119,92) ; nous voyons aussi que les saints patriarches ont été loués pour avoir possédé de l'or, de l'argent et de nombreux biens. Et nos sages ont prononcé que la richesse [etc.] sied aux justes et au monde (*Pirᵉqēy Āḇōt* 6, 8[29]), et bien des maximes de ce genre, disant en particulier que la prophétie ne repose que sur un homme sage, fort et riche » (*cf.* TB *Nedārīm*, 83a), à propos de quoi[30] j'ai un commentaire excellent en son lieu. De même, les promesses qui apparaissent dans notre Loi témoignent de ce que la richesse est un grand bien, ainsi « Ton gros et ton petit bétail se multipliera ainsi que ton argent », etc. (Dt 8,13).

### 4.d. *La solitude*

Et pourtant, beaucoup, et non des moindres, sont tombés d'accord pour assurer que la vie de liberté ne se trouvait que dans la solitude et la séparation d'avec les hommes, le renoncement à leur amitié, à leur jalousie ou à leur haine, à leurs querelles, leurs guerres, leurs révolutions, leurs désirs et la plupart de leurs besoins ; ainsi trouvons-nous que l'a longuement montré un poète connu pour avoir soutenu cette idée[31] ; nous en trouvons parmi les grands rois qui ont rejeté la servitude de la royauté et sont partis s'isoler à la campagne et dans des déserts[32], et nous trouvons que les plus grands hommes ont voulu se reposer et quitter le joug de la société, se retirant et s'isolant, se tenant dans la solitude[33]. Nous voyons encore que la vie solitaire convient au plus haut point à l'intellection. La vie n'étant rien d'autre qu'action et l'action la plus parfaite et la plus libre étant, pour l'homme, l'intellection[34], c'est la vie la

ואמר **טובה חכמה עם נחלה** [קוה' 7, 11] ואמר **פן אורש וגנבתי ותפשתי שם אלהי** [משלי 30, 9], ואמר **אז אבדתי בעניי** [תה' 119, 92]. והאבות הקדושים מצאנו שנשתבחו בהיות להם כסף וזהב וקנינים רבים, וחכמינו אמרו **שהעושר [וכו'] נאה לצדיקים ונאה לעולם** [פרקי אבות 6, 8], והרבה מאמרים כאלה, ובפרט אומרם **אין הנבואה שורה אלא על חכם גבור ועשיר** [ר' נדרים 38א], עם שיש לי בו פירוש נפלא במקומו. גם היעודים הבאים בתורתנו מעידים היות העושר מעלה גדולה, וכמו שאמר **ובקרך וצאנך ירביון וכסף** וכו' [דברים 8, 13].

[4. ד' ההתבודדות]

ואולם אחרים רבים ונכבדים קיימו והסכימו שחיי החירות והחפשיות לא ימצאו רק אל החי יחידי מתבודד ומתפרד מבני אדם, ועוזב אהבתם גם קנאתם גם שנאתם, ריבותיהם ומלחמותיהם, תהפוכותיהם ותאותיהם ורוב צרכיהם, כמו שהאריך משורר ידוע בקיום הדעת הזה [!] וכאשר מצאנו מלכים חשובים השליכו עבודות ושעבוד המלכות והלכו להתבודד אל השדות והמדברות. והגבורים אשר מעולם ברצותם לנוח ולצאת משעבוד הקבוצים היו מתפרדים ומתבודדים ועומדים יחידים. ועוד כי חיי ההתבודדות נאותים מאד להבין ולהשכיל: ואחר אשר החיים אינם רק פעולה, והפעולה היותר שלימה והיותר חפשית שבאדם היא ההשכלה והעיון, אלה החיים שהם

plus propice à la spéculation qui est la vie libre. En outre, la vie active et les vertus sont requises et destinées pour atteindre la spéculation. Aristote, au livre VII de la *Physique*[35], a dit que c'est au repos et tranquille que l'âme devient sage, et que la tranquillité et la stabilité lui adviennent d'abord par l'apaisement des manques et des désirs corporels. On voit par là que les vertus[36] sont un moyen en vue des objets intelligibles[37] et que ceux-ci s'atteignent [plus] aisément dans la séparation et l'isolement. N'est-ce pas pour cela que nous voyons que nos saints patriarches ont tous recherché la solitude, que Moïse conduisait son troupeau dans le désert et que c'est de là qu'il est parvenu à la montagne de Dieu, le mont Horeb, un lieu [dont le nom signifie] la désolation [*ḥereḇ*] et l'abandon ? La vie d'Adam, créé par la bouche divine[38], une vie solitaire, prouve [notre point], car il ne pécha pas tant qu'il était seul, mais après qu'eut été « faite pour lui une aide à ses côtés »[39]. Et le prophète s'est écrié : « Qui me donnera un refuge dans le désert ? » (Jr 9,1). Le chant saint [entre tous[40] : le Cantique des cantiques] repose tout entier sur l'éloge d'une telle vie, lui qui énonce : « Viens, mon bien-aimé, sortons dans les champs, dormons dans les vignes » (Ct 7,12), etc., « si tu ne sais », etc., « sors » (*ibid.* 1,8), et encore « À peine les avais-je dépassés que j'ai trouvé celui que chérit mon âme » (*ibid.* 3,4), comme je l'ai expliqué en son lieu[41], et [le roi Salomon] l'a énoncé pour son compte[42] : « mieux vaut séjourner au désert » (Prv 21,19), etc., et encore : « Quelle est celle qui remonte du désert ? » (Ct 3,6), etc. et encore « le roi est au service des champs »[43] (Eccl 5,8).

יותר נאותים אל העיון הם חיי החירות, ועוד, שחיי המעשה והמדות נדרשים ומיושרים להשיג ולבא אל העיון. וארסטו בז' מספר השמע אמר שהנפש, בהיותה נחה, שקטה ומיושבת, נעשה חכמה. וההשקט והישוב תבא אליה תחלה בהשקט החסרונות והתאות הגופיות, אשר מזה יראה שמעלות המדות הן דרך ואמצעי אל השכליות, והשכליו[ת] מושגות בנקל בפרידה והתבודדות, כאמור, אי לזאת ראינו אבותינו הקדושים כלם דורשים ומבקשים חיי ההתבודדות. ומשה נהג את הצאן אחר המדבר, ואז בא אל הר האלהים, חורבה, מקום חרב ושמם. וחיי האדם אשר היה יציר בפיו של הקדוש ברוך הוא, שהיו חיי המתבודד, יוכיח[?]ו, שלא חטא בהיותו לבדו עד **שנעשה לו עזר כנגדו** [בר' 2, 18]. והנביא היה צווח **מי יתנני במדבר מלון אורחים** [יר' 9, 1]. והשיר הקדוש כלו מיוסד בשבח אלו החיים, באומרו **לכה דודי נצא השדה נלינה בכרמים** וכו' [שה"ש 7, 12], **אם לא תדעי לך** כו' **צאי לך** כו' [שה"ש 1, 8]. וכן אמר **כמעט שעברתי מהם עד שמצאתי את שאהבה נפשי** [שה"ש 3, 4], כמו שפירשתי במקומו. וכן אמר הוא בעצמו **טוב שבת בארץ מדבר** כו' [משלי 12, 19], וכן **מי זאת עולה מן המדבר** כו' [שה"ש 3, 6], ואמר **מלך לשדה נעבד** [קוה' 5, 8].

De même trouvons-nous que les sages du Talmud, en leur temps, ont recherché la vie solitaire et séparée du monde (*yīšūḇ*), comme cela apparaît clairement (f. 4) avec un peu de réflexion et [par] le grand nombre d'anecdotes rapportées dans le *Zohar*, qui font connaître leur isolement hors du monde[44] ; et aussi parce que nous trouvons chez les philosophes anciens une maxime qui dit qu'« il te faut vivre de manière que ta vie ne soit pas remarquée »[45]. Pourtant, il en est qui s'étonnent de ce conseil pour ce que, le devenir et la création n'étant que la révélation d'une chose cachée et la corruption n'étant pas un anéantissement total mais la disparition de quelque chose qui était manifeste, comme le savent ceux qui ont étudié les sciences naturelles[46], faut-il alors, comme qui dirait, se faire mourir dès sa naissance ou se jeter dans la mer Morte, pour ne pas se faire voir plus longtemps ? La vie est-elle une maladie, comme une fausse couche dont il est bon qu'on ne la remarque pas[47] ? Cependant, celui qui s'étonne ainsi n'a pas compris l'intention de la maxime, qui n'était que de veiller à ne causer de sa vie nul dommage aux autres, en ne se faisant pas remarquer et en ne causant ni peine (*ke'ēḇ*) ni dommage à autrui. Peut-être le sens littéral de cette maxime est-il proche de ce dit des rabbins au nom des Sages du Sud, « Que doit faire l'homme pour vivre ? Se faire mourir »[48] (TB *Tāmīd* 31b-32a), si ce n'est que sa compréhension est [plus] simple et immédiate.

### 4.e. *La domination sur autrui*

Cependant beaucoup d'autres ont situé la liberté dans la politique. En effet, la société politique étant formée de serviteurs et de gens qui sont servis, qui ne dira que, puisque ceux qui sont servis, à savoir les rois, font travailler les autres et les gouvernent tous et que, lorsqu'un roi souverain

גם בזמן חכמי התלמוד מצאנו ראינו אותם מבקשים חיי ההתבודדות וההפרדה מן הישוב כמבואר [ע' 4] זה במעט עיון ורוב הספורים הבאים בספר הזוהר מורים התבודדותם במקומות חוץ מן הישוב. ובעבור שנמצא אצל הקדמונים מהפלוסופים גזרה אומרת ככה, צריך שתחיה שלא ירגישו לך החית. ויש מי שנשתומם מן העצה הזאת כי, אחר שההויה והחדוש אינה רק התגלות הדבר שהיה נסתר, וההפסד אינו אפיסה גמורה אלא הסתר והעלם הדבר שהיה מגולה, כנודע למי שעיין בטבעיות, אם כן איפה הרי זה כמי שיאמר תכף שתהיה נולד, המית עצמך או הפיל אותך בים המלח, שלא ירגישו עוד אותך. וכי החיים הם חולי, חולי הנופל או חולי השרשם [= שרשון?], שהוא מצוה שלא ירגישו בחוליים? אכן, זה המשתומם לא הבין כונת הגזרה, שלא היתה אלא שיזהר לבל יבא בחייו ממנו שום היזק והפסד לאחרים, באופן שלא יהיה נרגש בחייו ולא יהיה מחדש ומחייב כאב ולא הפסד ונזק לזולתו. ואולי פשוטה של גזרה נזכרת קרובה קצת אל אומרם ז"ל בשם חכמי הנגב, **מה יעשה האדם ויחיה? ימית עצמו** [תמיד ל"א ב'-ל"ב א'], אלא שהבנתה פשוטה מאד ומבוארת.

[4. ה' השלטון על אחרים]

אכן, אחרים רבים הניחו חיי החירות והחפשיות בחיי המדיניות, כי, בהיות המדיניות והקבוץ מתחבר מעובדים ונעבדים, מי לא יאמר שאחר שהנעבדים שהם המלכים הם מעבידים האחרים ושולטים ומושלים בכלם, **וכאשר דבר מלך שלטון**

a parlé, nul ne l[ui] demande de comptes (*cf.* Eccl 8,4), « Que son visage s'éclaire, c'est un gage de vie ; sa faveur est comme un nuage chargé de pluie printanière » (*cf.* Prv 16,15), « Si le roi dit : je déracinerai les montagnes, il les déracine » (TB *Bābā batrā* 3b), le roi, tout est dans sa main, « il fait vivre, il élève et il abaisse qui il veut » (*cf.* Dn 5, 19) – ceux-là, évidemment, sont les hommes libres et tous les autres sont des serviteurs ? De fait, tout le peuple autour [du roi] est nommé ses serviteurs, ceux qui agissent pour lui. Que cherchons-nous de plus ? Il suffit de lire les lois de la royauté qui le font savoir explicitement. C'est pourquoi les rois exposent leur personne, leur peuple et toutes leurs possessions à de redoutables dangers afin de conserver leur royauté, parce que la liberté, qui est le plus grand bien dans cette vie, en dépend, et que plus grande est leur royauté, plus il semble que leur liberté soit plus substantielle et véritable. Il s'ensuit que leur vie s'appelle davantage une vie que celle des autres, et comme on l'a dit [plus haut], « Que le visage du roi s'éclaire, c'est un gage de vie » (Prv 16,15). Les rabbins ont ordonné qu'on se porte à la rencontre des rois, même ceux des Nations, et ont institué une bénédiction à cette occasion[49]. – Tout cela montre que c'est à eux qu'appartient la liberté.

Pourtant, cette opinion est ruinée d'elle-même, car c'est une chose admise par les savants que ceux sur lesquels dominent les émotions[50] sont très éloignés de la liberté ; et il est connu que nul en cette vie n'est davantage assujetti aux émotions que les rois et les grands : tantôt du fait de la crainte, tantôt du fait de la colère, tantôt du fait de la joie, tantôt du fait de la terreur, tantôt de la jalousie, du désir ou de l'orgueil (*kāḇōd*) [qui les pousse] à exercer leur courroux et à se venger, et des autres émotions qui les

**מי יאמר להם מה תעשה** [ר' קה' 8, 4], **באור פניהם חיים ורצונם כעב מלקוש** [ר' משלי 16, 15], **אי יימר מלכא עקרנא טורי עקר** [בבא בתרא ג' ב'], והמלך בידו הכל, **די הוה צבא הוה מחי ודי הוה צבא הוה מרים ודי הוה צבא משפיל** [ר' דניאל 5, 19], אלה בודאי הם הבני חורין, וכל השאר הם עבדים. וכן כל העם נקראים לפניו ולאחריו עבדיו ועושים מלאכתו, ומה לנו לבקש עוד? רק לקרות משפטי המלוכה המודיעים זה הפירוש. ועל כן המלכים מושרים עצמם ואת עמם ואת כל אשר להם לסכנות עצומות לשמור מלכותם, להיות החירות והחפשיות שהוא הדבר הגדול אשר בחיים האלה, תלויים בו. וכל מה שיהיה מלכותם יותר גדול, נראה שחירותם וחפשיותם יותר עצמי ואמיתי. ומזה נראה שחייהם קרויים יותר חיים מחיי האחרים, וכמו שאמר **באור פני מלך חיים** [קה' 8, 4]. וחז"ל צוו להיות אדם יוצא לקראת מלכים, ואפילו מלכי אומות העולם, ותקנו ברכה על זה, שכל זה יורה שביד אלה הוא החירות והחפשיות.

ואמנם הדעה הזה נפסד ובטל מעצמו, לפי שדבר מוסכם עליו מן החכמים הוא שאשר שולטים עליהם ההתפעליות הנפשיות הם רחוקים מאד מן החירות והחפשיות, וידוע שאין, באלה החיים, משועבדים ונכנעים אל אלה ההתפעליות יותר מהמלכים והשרים: פעם מפחד, פעם מכעס, פעם משמחה, פעם מחרדה, פעם לקנאה או תאוה או כבוד להעלות חימה ולנקום נקם, ויתר ההתפעליות הנפשיות

environnent en permanence ; de même leur agitation physique est incessante, qu'il s'agisse de poursuivre ou de fuir, de « libérer le pauvre qui crie au secours » (Jb 29,12) et « l'opprimé de son oppresseur »[51], et bien d'autres choses de ce genre. Il n'y a pas plus grande servitude que celle-là car elle s'exerce sur eux en leur for intérieur, sans leur laisser un instant de répit, jour et nuit ; et tous leurs[52] désirs, leurs souhaits, leurs imaginations et les émotions de leurs âmes le[s] poursuivent, « le(s) repoussent de la lumière à l'obscurité et l[es] expulsent du monde » (*cf.* Jb 18,18). C'est pourquoi un philosophe a dit à Alexandre qu'il était plus grand que lui, parce qu'il régnait sur ses émotions, tandis que les émotions et les sentiments dominaient [Alexandre][53], et le roi Cyrus avait coutume de dire que celui qui veut régner doit d'abord régner sur soi-même, car il n'est [pire] asservissement que l'asservissement aux sentiments et aux émotions[54]. Qu'avons-nous à chercher ici de mieux que cette brève formule qui les contient toutes : « Le longanime est meilleur que le héros et celui qui se domine, que le preneur de villes » (Prv 16, 32) ? [Mais] plus explicite est celle-ci : « Heureuse terre, si ton roi est un homme libre ! » (Eccl 10, 17), qui fait entendre qu'il y a des rois asservis ; c'est pourquoi il a été dit au même livre : « j'ai vu des esclaves à cheval et des princes à pied comme des esclaves » (Eccl 10, 7).

הסובבות עליהם בתמידות. וגם התנועות הגופיות לא יחדלו מהם, אם לרדוף, אם לברוח **למלט עני משוע** [איוב 29, 12] **ועשוק מיד עושקו** [רמב"ם, מ"ת, הל' סנהדרין, 2, 7], וכאלה רבות עמהם. ואין עבדות ושעבוד גדול מהעבדות והשעבוד הנזכר, לפי שהשולט עליהם בתוכם ובקרב[ם] ולא יעזבם ויניחם, לא ביום ולא בלילה, וכל אחד מתאותיו ותשוקותיו הדמיוניות והתפעלותיו הנפשיות ירדפהו **יהדפהו מאור אל חשך ומתבל ינידהו** [ר' איוב 18, 18], ולכן אמר פלוסוף אחד אל אלסכנדר שהוא גדול ממנו, כי הוא מולך על ההתפעליות, וההתפעליות והתשוקות מולכות ושולטות עליו, וכורש המלך היה אומר: מי שרוצה למלוך, ימלוך על עצמו תחלה, כי אין עבדים כעובדים לתשוקותיהם והתפעליותיהם.

ומה לנו לבקש בזה מאמר יותר נאות מן המאמר הקצר הכולל כל מאמריהם שאמר **טוב ארך אפים מגבור ומושל ברוחו מלוכד עיר** [משלי 16, 32]. ויותר מבואר מזה היה אומר **אשרך ארץ שמלכך בן חורין** [קה' 10, 17], הורו בזה שיש מלכים עבדים, ולזה אמר בספר ההוא **ראיתי עבדים על סוסים ושרי[ם] הולכים כעבדים על הארץ** [קה' 10, 7].

## II. Reprise théorique : la liberté est possible dans chaque condition sociale

### 5. *Les trois sphères de la conduite humaine*

À présent, en vue de discerner le vrai et le juste de ce qui ne l'est pas dans cette recherche, disons d'abord qu'il y a trois types de genres de vie parmi les hommes : la vie solitaire dans laquelle l'homme ne fait pas partie d'une maison et d'une cité mais vit isolé, se comporte selon ses sens et son intelligence et aussi selon la vertu : car ils n'ont pas raison, ceux qui prétendent que la vie solitaire suit seulement l'intelligence et la spéculation[55] ; en effet, elle peut aussi suivre les sens et les sentiments, se conformant [alors] à la vertu, non eu égard à la maisonnée[56] ou à la cité mais à soi seul. Le deuxième type est que l'homme se comporte en fonction de sa situation dans une cité, une communauté, un peuple ou une aire géographique ; il se conduit alors d'après la position qu'il y occupe, suivant qu'il est servant ou servi, prince ou dignitaire, chargé d'assurer l'ordre ou gouvernant, esclave ou salarié ou [à] quelqu'un (f. 4v) des échelons de la société (*yīšūḇ medīnī*). Le troisième type est intermédiaire entre ces deux-là : c'est le comportement en tant que membre d'une maisonnée, suivant la marche de celle-ci, la maisonnée étant formée d'une pluralité d'individus de la même manière que la cité est formée d'une pluralité de maisonnées. À chacun de ces trois types l'Investigateur [Aristote] a consacré l'un de trois livres, comme je l'ai écrit dans mon *Économie*[57]. Or il me semble que, puisque l'homme qui tend vers la perfection[58] suit Dieu et cherche à se conformer à ses voies[59], [dès lors], comme Dieu se comprend soi-même et comprend les intelligibles dont il est cause dans le monde des anges,

[II. חזרה עיונית: יש אפשרות לחיות כבן חורין בכל מצב חברתי]

[5. שלשה תחומי הפעולה האנושית]

ועתה, כדי לברר האמת והצודק מהבלתי צודק בזה המבוקש, נאמר תחלה כי מיני אופני חיי האדם יהיו בשלשה פנים, אם חיי ההתבודדות שהם לא כפי היות האדם חלק מבית או ממדינה אלא חי לבדו יחידי, מנהיג את עצמו בחוש ובשכל וגם כפי המעלה המדותית, כי לא צדקו החושבים שחיי המתבודד לא יהיו אלא כפי השכל והעיון, אלא שגם אפשר שיהיו כפי החוש וההרגשים, מתנהג בהם במעלה המדותית, לא כפי הנהגה ביתית ולא כפי הנהגה מדינית, אלא כפי הנהגתו את עצמו לבד. המין השני הוא בהיות האדם מנהיג את עצמו כפי היותו מתיחס ונערך עם מדינה וקבוץ ועם ואקלים אשר הוא בהם, ויתנהג אז כפי יחסו עמהם, אם במה שהוא עובד או נעבד, שר או קצין, שוטר או מושל, עבד או שכיר, או באחד [ע' 4ב] מהמדרגות הנמצאות בישוב המדינות. המין השלישי הוא אמצעי בין שנים אלה, והוא בהתנהגו כפי היותו חלק מבית ודורך בהנהגת הביתית, שהבית היא מתחדשת מיחידים רבים כמו שהמדינה מתחדשת מבתים רבים. ועל שלש אלה חבר החוקר שלשה ספרים, אחד לכל אחד ממיני אלה החיים, כמו שכתבתי בספר הנהגת הבית אשר לי. והנה אנכי שערתי שבהיות השלם הולך אחרי ה' ורוצה להדמות לדרכיו: הנה כפי היות ה' יתברך משכיל את עצמו ועלוליו השכליים בעולם המלאכים,

tel est le régime du solitaire qui se conduit soi-même ainsi que ses facultés ; comme Il dirige le monde des sphères qui sont appelées demeure et palais de Dieu, tel est chez l'homme le gouvernement de sa maisonnée ; et comme Il gouverne par providence ce bas monde et la foule des créatures qui s'y trouvent, tel est dans l'homme le gouvernement de la cité. Et, parce que les gouvernements domestique et politique ont en commun d'être le gouvernement d'autrui, il y a seulement deux types de vie : le gouvernement de soi et celui des autres. Le psalmiste a mentionné les trois gouvernements ensemble puisqu'en disant « Cantique des degrés de Salomon » (Ps 127,1) il a fait référence au parfait qui est pour soi-même et non pour le gouvernement et la garde d'autrui ; en continuant « si Dieu ne construit la maison » (*ibid.*) il a fait référence au gouvernement domestique ; et en terminant « si Dieu ne garde la ville » (*ibid.*), au gouvernement politique, comme je l'ai expliqué ailleurs[60].

## 6. *Nécessité d'une hiérarchie entre les hommes*

La vie est l'association d'une pluralité en vue d'atteindre ensemble un but recherché[61] ; or toute association est formée d'une pluralité de parties ; celles-ci sont soit liées les unes aux autres à la manière de la combinaison des membres de l'homme qui participent à sa vie ; soit non liées mais séparées l'une de l'autre à la façon de l'association de la cité ou de la maisonnée à partir d'une pluralité d'hommes ou comme celle d'une armée, d'une communauté ou d'une assemblée à partir d'une pluralité d'individus. Nécessairement, en tout cas, dans la composition de ces parties, il s'en trouvera qui servent et [d'autres] qui seront servies[62] ; en effet, la nature impose qu'il n'existe pas deux hommes

היא הנהגת המתבודד שמנהיג את עצמו ואת כחותיו. וכפי היותו מנהיג עולם הגלגלים הנקראים בית ה' והיכלו, היא באדם הנהגת הבית. וכפי היותו מנהיג ומשגיח את העולם הזה השפל והמון הנבראים שבו, היא באדם הנהגת המדינה. ולפי שהנהגת הבית והנהגת המדינה משתתפות שתיהן בשהן מנהיגות את אחרים, יהיו אם כן שני מיני חיים לבד, והם הנהגת עצמו והנהגת אחרים, והמשורר זכר אלו השלש הנהגות יחד, כי באומרו **שיר המעלות לשלמה** [תה' 127, 1] רמז למעלות השלם אשר לו בעצמו, לא להנהיג ולשמור את זולתו. ובאומרו **אם ה' לא יבנה בית** [שם], רמז להנהגת הבית, ובאומרו **אם ה' לא ישמור עיר** [שם], רמז להנהגת המדינה, כמו שביארתי במקום אחר.

[6. צריך דרגות בין האנשים]

ובהיות החיים חבור ושותפות מה, שבו יתחברו וישותפו רבים להשיג ולהגיע כלם אל תכלית מה מבוקש, ובכל שותפות וחברה המתחדשת ומתקיימת מחלקים רבים – בין שאותם החלקים יהיו מחוברים ומדובקים קצתם בקצתם כהתחברות איברי האדם המשתתפים בחיים אשר הוא חי, או שאינם מחוברים, רק חלוקים זה מזה כהתחברות המדינה או הבית מאנשים רבים או כהתחברות המחנה או קהל והעדה מיחידים רבים –, צריך על כל פנים שבחברת אותם החלקים ימצאו עובדים ונעבדים: כי, אחר אשר הטבע מחייב שאין במציאות שני אישים

entièrement égaux ; or, il ne se peut que la nature, et Dieu qui la dirige, fassent rien en vain[63] ; puisque l'on sait que dans la nature [les hommes] sont de niveaux divers et que pour cette raison il y a dans tous les cas entre eux un ordre de préséance et que l'un sera serviteur et l'autre servi, [l'un] petit et [l'autre] grand, [l'un] moindre et [l'autre] supérieur, et ainsi de suite, dès lors, nécessairement, dans la vie humaine, qui est une communauté de membres qui la partagent, [l'un] est serviteur et [l'autre] est servi. Et puisque nous avons établi qu'ils mènent une vie soit solitaire, soit domestique, soit publique, nécessairement, dans chacun de ces modes de vie, les uns sont serfs et les autres, servis ; car la conduite de l'homme [par] lui-même est une sorte de souveraineté et de même, le régime domestique et le régime civil sont chacun une sorte de souveraineté composée de serviteur[s] et de servi[s]. En effet, le monde aussi, dans sa totalité, est composé de serviteurs et de servis et tous servent le plus grand roi, que son nom soit loué et glorifié, que servent [même] les rois et les princes qui siègent au premier rang.

Or, toute communauté étant formée dans quelque but en vue duquel elle s'est constituée, on sait [bien] que ce but ne saurait être atteint par la paresse des participants mais [seulement] par le travail et les efforts d'une partie d'entre eux : par exemple, le but d'une armée en campagne est la victoire et ce but ne peut être atteint que par l'action et la peine de ses braves ; mais que, du moins, l'action qui mène à ce but doit être ordonnée et progressive ; et l'on sait [bien] qu'il ne saurait rien y avoir d'ordonné et d'adéquat s'il ne se trouvait parmi eux les chefs qui ordonnent et qui dirigent et, de même, [les soldats] qui reçoivent les ordres, exécutent, servent et obéissent. Ainsi,

שוים לגמרי ואי אפשר שהטבע והאל יתברך השליט עליו יעשו דבר לחנם, ידוע שבטבע יהיו מתחלפים במעלה. ולזה יהיה על כל פנים ביניהם סדר קדימה ,וימצא ביניהם עובד ונעבד, קטון [! צ"ל: קטן] וגדול, פחות ומעולה וכיוצא בזה. אם כן יתחייב מזה, שבחיים האנושיים אשר היא חברה ושותפות מה מחלקים משתתפים באלו החיים ,ימצא עובד ונעבד על כל פנים. ואחר אשר מצאנו ראינו שבחיים הם אם יחידיים, ואם ביתיים ואם מדיניים, יתחייב מזה שבכל אחת מאלו ההנההגות [! צ"ל: ההנהגות] יש חלק עובד וחלק נעבד על כל פנים, כי הנהגת אדם עצמו אינה רק שררה מה, וכן הנהגת הבית וכן הנהדת המדינה, כל אחת מהן ממשלה ושררה מה מתחברת מעובד ונעבד. כי גם העולם בכללו מתחבר מעובדים ונעבדים, וכלם עובדים אל המלך הגדול שבכולם, שאליו יעבדו המלכים והשרים היושבים ראשונה במלכות[ו?], ישתבח ויתפאר שמו. והנה, בהיות כל חברה ושותפות נעשים בעבור השגת אי זה תכלית אשר בעבורו נתחברו, ידוע שאותו התכלית אי אפשר שיושג בעצלות והתרשלות השותפים, אלא בפעולת קצת החברים והשותפים והשתדלותם: כמו, דרך משל, תכלית מחנה בני החיל הוא הנצחות, וזה התכלית לא יושג רק עם פעולה וטורח החברים הגבורים אשר שם והפעולות אשר על ידיהן, ובאמצעותם יושג התכלית. צריך על כל פנים שתהיינה מסודרות והולכות, וידוע שאי איפשר שיעשה אצלם שום דבר מסודר ונאות, אם לא ימצא אצלם משתרר ומצוה, מדריך ומיישיר, וכמו כן מצווה ועושה, עובד ושומע. ולכן,

dans toute communauté formée dans quelque but, il faut dans tous les cas une distinction entre servant et servi. Nous trouvons que le roi Salomon fait allusion à cela en utilisant l'exemple du corps[64], tantôt à propos du gouvernement d'une ville composée d'une pluralité d'hommes, disant « une ville petite, avec peu d'hommes, sur laquelle marche un grand roi », etc. « et il y trouve un pauvre sage », etc. (Eccl 9, 14-15) et tantôt à propos du gouvernement domestique, disant « si l'on baisse les bras, la maison prend l'eau » (Eccl 10, 18) et « le jour où faiblissent les mains, la maison prend l'eau », etc. (Eccl 12, 3), et bien d'autres [versets].

### 7. *La partie concupiscible et la partie intellective de l'âme humaine*

L'homme étant composé de corps et d'âme, il est nécessaire que l'un des d'eux, conformément à la nature, soit le maître, et c'est l'âme ; et que l'autre soit asservi, c'est le corps. Il est vrai que cela ne se vérifie pas dans tous les hommes mais chez ceux qui sont en bonne santé et qui vont selon leur perfection naturelle : car il se peut qu'un homme soit atteint et malade, privé de santé et d'équilibre, au point que son âme ne gouverne pas mais soit asservie au corps, et que le corps ne la serve pas. Cela arrive aussi à ceux dont les mœurs sont atteintes et dont l'âme est malade, sur l'intelligence desquels règne la convoitise. Si nous considérons l'association de l'âme et du corps, il se trouve entre eux deux espèces de souveraineté. L'une est une domination, semblable à la soumission de l'esclave à son maître, et c'est selon ce type de domination qu'il en va des membres du corps par rapport à l'âme, comme les mains, les pieds, les yeux et tous les autres

אצל כל חברה ושותפות שנתחברו קצת להשיג תכלית מה, על כל פנים צריך שיהיה ביניהם עובד ונעבד. ומצאנו המלך שלמה לרמוז כל זה ממשל הגוף: פעם להנהגת העיר הנעשה מחברים רבים, באומרו **עיר קטנה ואנשים בה מעט ובא אליה מלך גדול** וכו' [קוה' 9, 14], **ומצא בה איש מסכן וחכם** וכו' [שם, 15], ופעם להנהגת הבית, באומרו **ובשפלות ידים ידלוף הבית** [קוה' 10, 18], **וביום שיזועו שומרי הבית** וכו' [קוה' 12, 3], וכאלה רבים.

[7. החלק המתאווה והחלק המשכיל בנפש האדם]

ויען היות האדם מחובר מגוף ונפש, מוכרח הוא שאחד מהם כפי הטבע ישתרר וימשול, והוא הנפש, והאחר יעבוד והוא הגוף, הן אמת שלא יצדק בכל האנשים אלא בריאים וטובים אשר דורכים השלמות הטבעי להם. כי איפשר שיהיה האדם כל כך נפגע וחולה יוצא מן בריאותו ושוויו, אשר נפשו לא משתרר ותעביד אל הגוף, והגוף לא יעבוד אל הנפש. כמו שגם יקרה בנפגעי המדות וחולי הנפש, אשר תאותם משתרר על שכלם. ואם אנו מתבוננים בחברת הגוף והנפש, נמצא ביניהם שני מיני שררה וממשלה, אח[ת] היא אדנות אשר דומה לשעבוד העבד אל האדון, וכזה העבדות הוא אשר יש לכל איברי הגוף אל ה[נפ]ש, כמו הידים והרגלים והעינים וכל שאר

(f. 5) membres qui, dès que l'âme leur a commandé de faire quelque chose, sans délibérer ni penser l'exécutent en obéissant à l'âme, à moins qu'ils ne soient atteints d'une forme de faiblesse ou de quelque autre maladie. L'autre est la souveraineté de la partie rationnelle [de l'âme] sur [s]a partie animale, comparable à la souveraineté du roi sur son peuple, lequel ne le sert pas comme un esclave son maître, mais à la façon dont un peuple sert ses rois, parce que le peuple n'est pas esclave comme dans le premier cas mais libre. C'est pourquoi, de même qu'un peuple peut s'opposer aux paroles du roi et les contredire[65], de même, la partie concupiscible contredit et s'oppose quelquefois aux paroles de la [partie] rationnelle et commande [aux membres] d'accomplir des actions contraires aux injonctions de [l'âme] rationnelle, qu'il y ait en l'espèce matière à réflexion, ou non[66].

La raison en est simple à comprendre : c'est que les membres du corps ne peuvent se mouvoir d'eux-mêmes si l'âme ne les meut, ce qui fait qu'ils sont obligés de lui obéir et de la servir. En revanche, la partie sensible ou appétitive qui est en l'homme n'est pas nécessairement mue par l'intellect car elle peut aussi se mouvoir et agir au moyen des sens corporels[67] ; dès lors, elle n'est pas soumise et asservie en permanence à l'intellect, comme on l'a dit ; et l'Investigateur (Aristote), au l. I de la *Politique* (*sic*), a déclaré que, de même que le corps qui ne se soumet pas à l'âme pour la servir, va à la destruction, de même, l'[âme] concupiscible se détruit si elle ne sert pas l'intellect et ne s'y soumet pas[68]. Il faut comprendre que la volonté, toujours, marche suivant le conseil de l'intellect, quoique parfois elle l'altère [de sorte] qu'il juge selon son inclination à elle : la volonté [alors] le trompe et le mène hors de la voie droite afin qu'il satisfasse sa convoitise.

[ע' 5א] האברים, שתכף שהנפש תצוה להם לעשות מעשה מה, בזולת עצה ומחשבה הם עובדים ושומעים אל הנפש, אם לא כשהם נפגעים ברפיון או כיוצא או חולי אחר דומה לאלו. והשני הוא ממשלה או שררה אשר לחלק הדבריי על הבהמיי, שהוא כדמות שררת המלך על עמו שאינם עובדים אותו כמו עבדים אל האדון, רק כמו עם אל מלכם, בהיות העם לא עבדים כמו הראשונים רק חפשיים, ולזה כמו שהעם יכולים לנגד ולסתור דברי המלך, כן גם החלק התאוני יסתור וינגד לפעמים דברי הדברי[י] ויצוה לעשות דברים הפכיים לצווי הדבריי, עם שבזה מקום עיון ואין זה מקומו. וסבת זה קלה להבין, כי איברי הגוף אינם יכולים להתנועע בעצמם אם לא תניעם הנפש, ולזה הם מוכרחים להשמע אליה ולעובדה, אמנם החלק המרגיש או המתעורר שבאדם אינו מתחייב להתנועע על יד השכל, כי גם על יד החושים הגופיים הוא יכול להתנועע ולעשות מעשהו, ולזה אינו נכנע ומשועבד תמיד אל השכל, כאמור. והחוקר בא' מהנהגת המדינה [! אולי צ"ל: מס' המדות] אמר שכמו שהגוף שלא יודה ויעבוד אל הנפש ישום [! צ"ל: יֵשַׁם] ויחרב, כן התאוה תפסד ותחרב בעצמה אם לא תעבוד ותודה אל השכל, וצריך שיובן שהרצון לעולם דורך בעצת השכל, אלא שלפעמים הרצון מהפך את השכל שישפוט הוא כפי פניית הרצון, והרצון יתעהו ויוציאהו מן הדרך הישר למען מלאת תאות הרצון.

De là ressort pour nous, si nous considérons la chose avec précision, ce qu'est la liberté dans la vie de l'individu et ce qui y constitue la servitude : la liberté n'existe que lorsque la [faculté] intellect[ive] est maîtresse des appétits, puisque l'intellect et la faculté rationnelle sont propres à l'homme en tant qu'il est homme[69]. Et sa servitude consiste dans le gouvernement des appétits sur la [faculté] intellect[ive] ou dans leur défaut d'obéissance et de soumission à celle-ci ; car alors [l'homme] est comparable en cela aux bêtes : de même que chez elles toutes les [facultés] sensitives sont au service des appétits que rien ne domine, lui aussi, semblablement, se soumet sans retour à ses appétits et à ses facultés animales.

8. *Nature et origine de la liberté humaine*

« J'ai contemplé avec attention » (Prv 24, 32) cela et j'ai trouvé que c'était un sujet métaphysique (*elohī*) dont la vérité s'atteint avec un peu d'attention : nous trouvons que ce monde-ci dans son ensemble est composé d'une pluralité de parties ; en les examinant nous constatons que les unes servent et que les autres sont servies. Or il est impossible que cela aille sans but, ainsi que les philosophes en tombent d'accord ; nous sommes contraints, en ce qui concerne le mouvement, de reconnaître que rien n'est mû sans moteur, et nous sommes [encore] contraints de nous arrêter à un moteur non mû lequel, nécessairement, n'est pas corporel, puisque tout corps, quand il se meut, subit une mise en mouvement[70]. Or nous savons que ce qui est mû est au service du moteur, lequel est, pour ainsi dire, servi. Une fois établi que celui qui est ultimement servi est nécessairement dépourvu de corps, et c'est le roi des rois des rois et le maître des maîtres devant lequel prennent

אם כן, עלה לנו מכל זה, אם נתבונן ונעיין בעיון דק, אי זה הוא החירות והחפשיות בחיים היחידיים ואי זה הוא העבדות והשעבוד בהמה: כי החירות לפי זה אינו רק בשהשכל הוא המשתרר והמושל על התאוות, ואז הוא בחירות וחפשיות, הואיל והשכל והכח הדברי הוא מיוחד באדם כפי מה שהוא אדם. ושעבודו ועבדותו הוא בהיות התאוות גוברות על השכל ושולטות עליו, או בלתי נשמעות ועובדות לו, לפי שאז הוא נמשל כבהמות ונדמה אליהן, כי כמו שבהן המוחשים כלם עובדים אל התאוות ואין עליהן שוטר ומושל, כן גם הוא דומה לבהמות בזה ועובד אל תאוותיו וכחותיו הבהמיים באין אומר השב.

[8. הטבע והמקור של חירות האדם]

**ואחזה אנכי אשית לבי** [מש' 24, 32] בזה, ומצאתיהו ענין אלהי יושג אמתתו בהתבוננות מעט: אחר אשר המציאות הזה בכללו מצאנוהו מורכב מחלקים רבים ובדקנו וחפשנו בחלקיו ומצאנו עובדים וקצתם נעבדים, ולהיות הדבר בלתי אפשר ללכת לאין תכלית כאשר הוסכם מן הפלוסופים, הוצרכנו, מצד התנועה, להכיר שאין מתנועע בזולת מניע, והוצרכנו לכלות במניע שאינו מתנועע, והוכרח שלא יהיה גשמי, כי כל גשם, כשמניע, הוא מתנועע. וידוע שהמתנועע הוא הוא עובד והמניע אותו הוא כמו הנעבד. ואחר אשר מצאנו שהנעבד שבכלם צריך שיהיה מופשט מגשם, והוא מלך מלכי המלכים ואדון האדונים, שכל המלכיות והשררות יכלו

fin toutes les souverainetés et les principautés, libre de toutes parts, puisqu'il est d'une existence nécessaire[71] et se suffit à soi-même – dès lors, plus un existant lui ressemblera, plus il conviendra de [le qualifier de] libre[72].

9. *Le gouvernement de soi-même*

Et puisque l'homme est composé de corps et d'âme, et qu'il est connu que le corps est très éloigné d'elle et qu'il ne lui convient que de subir[73] et de servir, comme nous l'avons dit[74], et à l'âme, d'être libre, nous étudions celle-ci et nous découvrons qu'elle est composée de facultés mixtes, qui ont besoin du corps[75], ce pourquoi la liberté ne saurait se trouver en elles, et aussi de l'intellect, dépouillé du corps et non relié à lui si ce n'est par un lien de [co] existence, non un lien de mélange, semblable par là à Dieu par une sorte de similitude. Dès lors, la liberté ne se trouve en l'homme que lorsque cette partie libre par elle-même et semblable en quelque façon au maître des maîtres et au roi des rois est [effectivement] libre, souveraine et maîtresse de toutes les autres parties et facultés du corps. L'homme aux perles d'éloquence[76] l'a nommée libre, en disant : « quand prennent le dessus les parties serviles de l'âme et qu'elles asservissent sa partie libre »[77] ; et notre grand maître (Maïmonide), lorsqu'il a donné son remarquable commentaire sur « la pensée du péché, pire que le péché » (TB *Yōmā* 29a), a écrit que « celui qui, injustement, traite un esclave en esclave n'est pas aussi coupable que celui qui traite ainsi un homme libre »[78], « cependant l'esclave s'en réjouira[79] », etc., voir sur place. C'est pourquoi on trouve que la Torah a déclaré, au moment de la création de l'homme, « faisons l'homme à notre image et à notre ressemblance, qu'il domine sur les poissons de la mer, les

אליו, אשר מכל צד הוא בן חורין וחפשי, הואיל והוא מחוייב המציאות ומסתפק בעצמו. אם כן, כל מה שיהיה הנמצא יותר דומה אליו, יהיה החירות והחפשיות יותר נאות אליו.

[9. הנהגת עצמו]

ואחר שהאדם מורכב מגוף ונפש וידוע שהגוף רחוק ממנו מאד ולא תאות לו רק ההתנועעות והשעבוד, כמו שאמרנו, ולנפש החירות, וחפשנו בנפש ומצאנו שבה כחות מעורבות וצריכות לגוף, ולזה אי אפשר שיהיה החירות והחפשיות נמצא בהנה, ומצאנו השכל שהוא מופשט מן הגוף ובלתי נקשר בו, רק הקשר מציאות, לא הקשר ערוב, ודומה לאל יתברך בדמיון מה מצד זה, אם כן החירות והחפשיות באדם לא יהיה רק בהיות זה החלק, שהוא הבן חורין מצד עצמו ואשר לו דמיון עם אדון האדונים ומלך המלכים, בן חורין ומולך ושולט על כל שאר חלקי הגוף וכחותיו. וכן קראהו המליץ הפניני חפשי, באומרו **ברוממו חלקי נפשו העבדים והעבידו החפשי מהם** [ר' ידיה פניני בדרסי, ס' בחינת עולם, 1, 5], והרב הגדול מורנו כשפירש פירושו הנפלא במאמר **הרהורי עבירה קשים** וכו' [יומא 29א] כתב, וזה לשונו, **ואין חטא מי שעבד והעביד עבד שכל בחטא מי שהעביד בן חורין חשוב** [מ"נ, ג, 8] כו', יעויין שם. ובזה הפרק עצמו כתב אצל המשל הנפלא שהביא, כן יעשה מי שהוא בן חורין, **אמנם העבד ישמח בזה** [שם] כו', יבוקש שם. ולזה תמצא שאמרה התורה בעת עשיית האדם **נעשה אדם בצלמנו כדמותנו וירדו**

oiseaux du ciel, les animaux terrestres et tous les rampants », etc. (Gn 1,26), comme si elle exprimait en vérité que la liberté lui vient de cette image divine et de cette communauté et similitude avec le roi des rois et le maître des maîtres, deux dénominations qui renvoient aux souverainetés et principautés que nous avons dites ( ?). Il est vrai qu'il reste ici à réfléchir : à savoir, si l'intellect en question, en tant qu'il juge et connaît, est plus grand qu'en tant qu'il (f. 5v) choisit et qu'il veut ce qu'il a [d'abord] jugé et décidé, et quel[le faculté] gouverne l'autre : si c'est cette volonté intelligente [qui gouverne la faculté] qui juge et connaît intellectuellement, ou si ce sont la connaissance et la science intellectuelles [qui gouvernent] la volonté et le choix intelligents[80]. Mais cette recherche est vaste et difficile, ce n'est pas son lieu.

### 10. *Le gouvernement de la cité*

La liberté et la servitude dans la vie de la cité s'explicitent de la manière suivante : la cité étant composée d'une pluralité et organisée en vue d'atteindre un seul but, à savoir le bien de la cité, quel qu'il soit, il convient qu'il s'y trouve des servants et des servis, comme il a été dit. Si nous recherchons les modes de son gouvernement, nous en trouvons dans lesquels un seul homme est souverain et règne sur tous, d'autres dans lesquels c'est une pluralité. Le mode du gouvernement d'un seul est désigné par le nom grec de *monarchia*, dans notre langue, royauté. Ce mode aussi se subdivise : si celui qui règne ou exerce le pouvoir recherche le bien général et que les servants le servent de bon gré parce qu'ils voient qu'il recherche l'utilité et le profit de tous, dans ce cas, à coup sûr, il y a lieu de l'appeler roi et, en grec, [son régime], *basileia*, et

**בדגת הים ובעוף השמים ובבהמה ובכל הרמש** כו' [בר' 1, 26], וכאלו ביאר באמת שהחירות והממשלה תבא לו מן הצלם הזה האלהי ומהיותו משתתף ודומה אל מלך המלכים ואדון האדונים, שהם שתי שמות מתיחסים אל השני מיני ממשלות ושררות אשר זכרנו. – הן אמת שנשאר בזה מקום עיון והוא, אם השכל הזה, בבחינת היותו שופט ומכיר, הוא יותר שלם מבבחינת היותו [ע' 5ב] בוחר ורוצה במה ששפט וגזר, ומי הוא המושל במי: אם הרצון הזה השכלי בשפיטה וההכרה השכלית, או ההכרה והידיעה השכלית ברצון ובבחירה השכלית. והדרוש הזה רחב ונעלה מאד, אין זה מקומו.

[10. הנהגת המדינה]

ואולם החירות והשעבוד בחיים המדיניים יתבארו בזה האופן: כי להיות ההנהגה המדינית, הואיל והיא מתחברת מרבים, נדרשת ומסודרת להשגת אי זה תכלית שהוא להשגת הטוב המדיני אי זה שיהיה, ראוי שימצאו בה עובדים ונעבדים, כמדובר. ובחפשנו מיני אופני ההנהגה הזאת, מצאנו שיש ממנה אשר לא ישתרר וימשול על כלם רק איש אחד, ויש ממנה שישתררו וימשולו בה אנשים רבים. ואשר ישתרר בה איש אחד לבד נקראת בלשון יון *מונארכיאה* ובלשוננו מלכות. וזו תתחלק גם כן כי, אם המולך או המושל הוא דורש ומבקש הטוב הכללי והעובדים הם מרצונם וחפצים יעבדוהו, לראותם אותו מבקש תועלת והנאת כלם, כגון זה ודאי ראוי לקרותו מלך, ובלשון יון *באשילייאה* [!?],

l'on dira de lui que « c'est pour la justice que le roi règne » (Is 32, 1) et que « le roi maintient le pays par la justice » (Prv 29, 4). Mais si celui qui règne recherche son propre profit et que le peuple qui lui est soumis le sert contre son gré, un tel [souverain] est appelé chez eux [en grec] *tyrannos* et chez nous oppresseur[81], comme le dit le verset : « l'oppresseur le détruit » (*ibid.*). C'est à propos de lui que Dieu a prescrit, à l'occasion du choix d'un roi, « il ne multipliera pas l'or et l'argent à son profit », etc. et « son cœur ne s'élèvera pas » (Dt 17, 17 et 20) ; car l'intention de tout ce passage est qu'il ne vienne pas à l'esprit du roi que le peuple est là pour lui mais seulement, qu'il est là pour le peuple, et qu'il ne recherche pas son intérêt et son bien particuliers mais seulement ceux de l'ensemble du peuple. Que si les dirigeants sont une pluralité, ce régime est appelé en grec *politeia*[82]. Cette fois encore, si les dirigeants sont peu nombreux et que leur intention et leur but est l'avantage et le bien généraux, il est appelé en grec *aristocratia* ; si leur intention est leur bien particulier, il est appelé en grec *oligarchia*. De même, si les dirigeants sont nombreux et que leur but soit l'intérêt général, les Grecs le nomment *timocratia* et si leur but est leur profit et leur bien particuliers, il est appelé *dèmocratia*. De la sorte, les espèces de régime de la cité sont au nombre de six, trois bonnes et trois honteuses et mauvaises[83]. À partir d'elles, par la combinaison des unes avec les autres, se créent d'autres espèces, mixtes de celles-là. Ce n'est pas le lieu de les mentionner. Si Dieu me prête vie, je les exposerai dans un livre sur le gouvernement de la cité que j'ai l'idée de faire[84]. Il résulte pour nous de cela que « qui est donc » (Est 7, 5) celui qui vit une vie de liberté politique ? C'est celui qui règne ou exerce le pouvoir dans l'intérêt

ועליו נאמר **הן לצדק ימלוך מלך** [יש' 32, 1], **ומלך במשפט יעמיד ארץ** [משלי 29, 4]. אבל אם המולך הוא דורש ומבקש תועלת עצמו והעם אשר תחתיו על כרחו מעביד אותו בעבודותיו, זה נקרא אצלם *טיראנו* ואצלנו עריץ ואיש תרומות, כמו שאמר הכתוב **ואיש תרומות יהרסנה** [שם]. ועל זה צוה הקב"ה אצל שימת המלך **וכסף וזהב לא ירבה** [דב' 17, 17], **ולא ירום לבבו** וכו' [ר' דב' 17, 20], שכונת כל אותה פרשה היא שלא יעלה על לב המלך שהעם הם בעבורו, אלא שהוא בעבור העם, ולא ידרוש התועלת והטוב המיוחד לו, רק הכללי לכל העם. ואמנם אם המושלים הם רבים, זאת הממשלה נקראת בלשון יון *פוליסיאה*. וגם בזאת, אם המושלים הם מעטים וכונתם ותכליתם אל תועלת וטוב הכללי, נקראת בלשון יון *אריסטוקראטיאה*, ואם כונתם לתועלת מיוחד להם, נקראת נשלון יון *אוליגארכיאה*. וכן אם המושלים רבים ותכליתם בעבור תועלת הכלל, קראוה היונים *טימוקראטיאה*. ואם תכליתם לתועלת וטוב עצמם, נקראת *דימוקראטיאה*. באופן שמיני הנהגות המדינה היו כפי זה ששה, שלש טובות ושלש מגונות ורעות. ומאלה, בהתחבר קצתם עם קצתם, יתחדשו מינים אחרים מורכבים מאלה, אין זה מקום זכרונם. אם ה' יגזור בחיים, אזכירם בספר הנהגת המדינה אשר חשבתי לעשות. ועלה לנו מזה, מי הוא זה ואי זה הוא החי חיי החירות והחפשיות בהנהגה המדינית שהוא המלך או המושל לתכלית השגת

général et celui qui sert un tel roi : bien que, de ce point de vue [en tant qu'il sert], il soit soumis à un autre, il est plus libre que l'oppresseur qui règne par la force et non du bon gré de son peuple, comme il est dit : « mieux vaut être à la queue des lions qu'à la tête des renards » (*Pirᵉqēy Āḇōt* 4, 15[85]).

11. *Le gouvernement domestique*

Quand nous considérons le gouvernement de la maisonnée, également composée d'une pluralité qui recherche une même fin domestique, quelle qu'elle soit, nous trouvons aussi trois espèces d'autorité : celle du mari sur sa femme, celle du père sur ses enfants et celle du maître sur ses serviteurs ; car, dans une maisonnée complète, on trouve les trois[86]. Et l'on sait que l'Écriture a dit : « Si je suis père, où est le respect qui m'est dû, si je suis un maître, où, la crainte que j'inspire ? » (Mal 1,6) et, à propos de la femme : « et [ton mari] te gouvernera » (Gn 3,16) et de même, « si nous sommes comme des fils, aie-nous en miséricorde », etc. « et si comme des serviteurs, nos yeux sont suspendus à toi » (rituel)[87]. Et l'on sait que le but de l'autorité du mari sur sa femme doit être le profit et le bien de la maisonnée, et de même pour celle qu'il exerce sur ses enfants et sur ses serviteurs, de sorte qu'il en résulte pour notre sujet[88] que ceux qui sont libres, dans le régime domestique, sont le mari, le père et le maître et que ceux qui servent sont la femme, l'enfant[89] et le serviteur mais que, dans la mesure où chacun d'eux fait ce qui lui incombe et où celui qui exerce sur eux l'autorité vise ce qui est bien et ce qui est droit, leur service n'est pas comparable à la servitude[90] de ceux qui ne sont pas dans ce cadre.

הכללי, והעובד לזה המלך: אם שכפי הבחינה ההיא הוא עובד ומשועבד לאחר, הוא יותר בן חורין מן העריץ ואיש תרומות המשתרר בחזקה שלא ברצון עמו. וכמו שאמר **הוי זנב לאריות ואל תהי ראש לשועלים** [אבות 4, 15].

[11. הנהגת הבית]

והנה בהביטנו גם כן אל הנהגת הבית המתחברת מרבים דורשים מבקשים תכלית מה ביתיי אי זה שיהיה, מצאנו בו שלשה מיני ממשלות: אחד, ממשלת הבעל על אשתו, והשני, ממשלת האב על בניו והשלישי, ממשלת האדון על עבדיו. כי הבית השלם ימצאו בו אלה השלשה מינים, וידוע שאין ממשלת הבעל על אשתו ממין ממשלתו על בניו ולא ממשלתו על בניו כממשלתו על עבדיו, ונכון שאמר הכתוב **אם אב אני איה כבודי ואם אדונים אני איה מוראי** [מלאכי 1, 6], ובאשה אמר **והוא ימשול בך** [בר' 3, 16] וכן אמר **אם כבנים רחמנו** וכו' **אם כעבדים עינינו לך תלויות** [מחזור, ר"ה], וידוע שכונת הבעל בהשתררו על אשתו צריך שתהיה לתועלת וטוב הבית, וכן בהשתררו על בניו ובהשתררו על עבדיו, באופן שעלה לנו מזה כי הבני חורין בהנהגת הבית הם הבעל, האב והאדון, והעבדים הם האשה, הבן והעבד, אלא שבהיות כל אחד מאלה עושה המוטל עליו והמושל עליהם דורש התכלית שהוא הטוב והישר, אין עבדותם כעבדות היוצאים מהכלל הזה.

12. *Résumé : est libre, celui qui fait le bien*

Il ressort de tout ce que nous avons dit que la liberté de l'homme ne consiste pas à ce qu'il fasse tout ce qui se présente à son esprit et à sa volonté, sans frein, car à cette aune il n'y aurait de libre dans le monde que le tyran oppresseur. Bien plutôt, l'homme libre est celui qui accomplit toujours ce qui est bien et ce qui est droit, [un homme] sûr, à l'intégrité reconnue aux yeux de Dieu et des hommes[91] ; celui dont les désirs nés de l'imaginative sont soumis à l'empire de l'intellect. En effet, cette liberté-là est celle qui est propre et spécifique à l'homme en tant qu'homme, non parce qu'il se trouverait dans tout homme[92] comme une propriété inséparable (*segullāh*), mais parce que ce caractère ne se trouve qu'en lui et dans nul autre animal. Connaissant la liberté qui sied à l'homme dans sa vie particulière, nous apprenons de là celle qui lui convient dans les autres modes de sa vie, quels qu'ils soient. Car toujours [s]a liberté consistera à agir conformément à l'intellect qui le gouverne et le régit dans tout ce qui le concerne, selon sa situation (f. 6), son importance et sa valeur. Qu'il soit célibataire ou père de famille, marié, maître de serviteurs, roi de peuples, toujours il agira de façon appropriée et en fonction de l'intellect qui le régit.

Et ceux qui sont en position de servir dans ces régimes, à savoir politique et domestique, ne laisseront pas de pouvoir vivre la vie libre propre à l'homme en tant qu'homme [à titre] individuel, pourvu que leur intellect gouverne leurs désirs et qu'ils agissent comme ils le doivent suivant leur situation (*maṣṣāḇ*) et leur importance (*'ereḵ*). Ce qui fait le prix de la prudence (*teḇūnāh*) est, comme l'a expliqué l'Investigateur au l. VI de l'*Éthique*, la bonne délibération (*ṭūḇ ṭa'am*)[93] et la sagacité (*dā'at*)[94] dans les

[12. סוף דבר: איזהו בן חורין? מי שפועל לפי הטוב]

העולה מכל דברינו הוא שאין חיי החירות והחפשיות באדם תלוים ועומדים בהיות האדם עושה כל אשר יעלה על לבבו ורצונו כאין אומר השב, כי כפי זה לא היה בן חורין וחפשי בעולם, רק המלך העריץ ואיש תרומות. אלא הבן חורין הוא אשר עושה ופועל תמיד הטוב והישר, מאושר, יכשר בעיני פני אלקים ואדם, ואשר תאותיו ותשוקותיו הדמיוניות נכנעות ומשועבדות תחת מלכות השכל. כי החירות הזה הוא המיוחד ומסוגל לאדם במה שהוא אדם: לא שהוא נמצא בכלו כדרך הסגולה, אלא שנמצא בו לבדו ולא לזולתו מכל הבעלי חיים. ובהיותנו יודעים החירות והחפשיות אשר לאדם בחייו היחידיים, מכאן נלמוד החירות והחפשיות אשר לו בשאר אופני מיני החיים, מאי זה מין שיהיו, כי לעולם החירות והחפשיות יעמדו בהיותו פועל ועושה פעולותיו כפי השכל הגובר בו והמולך בכל אשר לו כפי מצבו [ע' 6א] וכפי ערכו וכפי מדרגתו, אם בעומדו יחידי ואם בהיותו אב לבנים, בעל אשה, אדון עבדים, מלך לאומים, לעולם יפעל ויעשה עלילות ופעולות נאותות ומתיחסות אל השכל המולך בו

והעבדים בכל אלה ההנהגות, כגון בהנהגת המדינה ובהנהגת הבית, לא ימלטו מהיותם יכולים לחיות חיי החירות והחפשיות המיוחדות לאדם במה שהוא אדם יחידי, והוא בהיות שכלם גובר בהם על תאותיהם ותשוקותיהם ופועלים ועושים המוטל עליהם כפי מצבם וערכם, ובהיות מעלת התבונה, כפי מה שביאר אותה החוקר בו' מהמדות, טוב טעם ודעת

choses que nous faisons ou nous préparons à faire, et la mesure convenable et juste dans toutes les actions humaines[95]; il s'ensuit nécessairement que celui dont la prudence, en son intellect, se réalise entièrement, vit une vie libre, car cette prudence est une balance droite et juste pour toutes les actions en tout temps, en toute situation et à propos de tous les sujets, puisqu'[alors] l'intellect gouverne et que les désirs bestiaux lui sont soumis. Si bien que, quand un serviteur sert [son maître] selon la prudence, qu'un fils honore [ses parents] selon la prudence, qu'une femme assiste (*mešāretet*) [son mari] selon la prudence, qu'un peuple obéit selon la prudence, et de même dans toutes les autres situations humaines avec tous leurs cas particuliers, ils ne vivent pas une vie servile, mais bien la vie libre propre à l'homme en tant qu'homme, qui se conduit selon le conseil de la prudence, laquelle indique la voie droite et pèse, discerne, scrute, observe tous les détails, et qui agit de façon convenable, appropriée et ordonnée à chacun [de ces détails], selon l'intellect. Le roi Salomon a dit à ce propos : « par la sagesse se construit une maison, par la prudence elle se consolide; par la sagacité [les chambres s'emplissent, etc.] » (Prv 24,3-4) et « celui qui observe la prudence trouve le bien » (Prv 19, 8), pour nous enseigner que celui qui dispose de la prudence atteint le bien que désire l'intellect et qui est le bonheur (*ošer*)[96] et la liberté.

13. *La bonne pauvreté et le bon usage de la richesse*

Il apparaît de là que l'homme peut vivre pauvrement tout en étant libre, pourvu qu'il vive dans la pauvreté selon le jugement de la droite règle[97] et de la prudence. Une telle pauvreté est louée par les sages et les écrits saints quand ils disent « j'ai été pauvre et Il m'a porté secours »

הדברים אשר אנו פועלים או אשר אנו עתידים לפעול, ושיעור ומדה ישרה ומצודקת לכל הפעולות האנושיות. יתחייב מזה שמי שמעלת התבונה אשר בשכלו יצאה לפועל גמור הוא החי חיי החירות והחפשיות, כי התבונה היא איזון ישר ומתוקן לכל הפעולות בכל הזמנים ובכל המצבים ובכל הנושאים, בהיות השכל הוא הגובר והתאוות והתשוקות הבהמיות, נכנעות אליו באופן שבהיות העבד עובד כפי התבונה, והבן מכבד כפי התבונה, והאשה משרתת כפי התבונה, והעם משתעבד כפי התבונה, וכן כל שאר מצבי האנשים בכל חלקיהם, אינם חיים חיי השעבוד והעבדות, רק חיי החירות המיוחד לאדם במה שהוא אדם המתנהג על פי עצת התבונה שהיא נוהגת דרך ישר ומאוזן, בוחן ומביט, משקיף ומשגיח בכל הפרטים ופועל פעולה נאותה מתיחסת ונערכת לכלם כפי השכל. ולזה אמר שלמה **בחכמה יבנה בית ובתבונה יתכונן. ובדעת** כו' [משלי 24, 4-3] ואמר **שומר תבונה למצוא טוב** [משלי 19, 8], להורותנו כי מי שבידו התבונה ישיג הטוב שהכל יכספוהו והוא האושר והחירות.

[13. חיים טובים בעניות ובעושר]

ומזה יראה שאיפשר לאדם שיחיה בעניות ודלות, ועם כל זה יהי חפשי ובן חורין, בהיותו חי בדלות כפי מה שישפטהו השכל הישר והתבונה, והדלות אשר כזה הוא אשר שובח בפי החכמים ומקראי קדש, באומרם **דלותי ולי יהושיע**

(Ps 116,6), « il y a de l'espoir pour le pauvre » (Jb 5,16), « un pauvre qui fait preuve de prudence[98] le perce à jour » (Prv 28,11). [Mais] il ne s'agit pas d'une pauvreté due à la négligence et à la mollesse, à la poursuite des caprices mauvais de son cœur et à la perte de sa fortune par quelque mauvaise conduite, la débauche, le vin ou la prodigalité et autres causes honteuses de ce genre. Le roi Salomon a dit à ce sujet[99] : « qui se moque du pauvre outrage son créateur » (Prv 17, 5) et « Mieux vaut le pauvre marchant dans sa droiture » (Prv 19, 1 ; 28, 6). Il ressort encore de là que si la richesse et les biens sont dans les mains d'un homme prudent, il vivra grâce à eux une vie libre, parce qu'il ne recherche pas la richesse pour elle-même ni non plus pour satisfaire ses désirs et se donner un surcroît de plaisirs terrestres[100], mais qu'elle est dans sa main un instrument pour faire ce qui est grand, juste et droit, se montrer bienfaisant envers les pauvres de la terre et agir en homme magnanime, libéral[101] et qui n'oublie rien[102] : telle est la richesse louable selon les sages, et toute autre est honteuse. Les commentateurs ont dit, à propos de cette richesse, « Il a beau se féliciter durant sa vie et être reconnu heureux par autrui » (Ps 49,19)[103], c'est-à-dire, avec la richesse dont il a été question d'abord ; et combien est grande sa formule : « le riche et le pauvre se rencontrent, Dieu a fait l'un et l'autre » (*cf.* Prv 22,2), qui signifie selon moi qu'en un seul homme se rencontrent la richesse et la pauvreté, étant donné qu'elles ne sont que relativement à leur usage pour l'action voulue par Dieu et à leur but qui est le service du créateur. Qui dépense pour cela, est riche, qui ne le fait pas, est pauvre. C'est aussi cela que veut dire selon moi le verset « Dieu appauvrit et enrichit », etc. (1 Sam 2,7) ; et c'est de cette bonne et louable richesse

[תה' 6,116], **ותהי לדל תקוה** [איוב 5, 16], **ודל מבין יחקרנו** [משלי 28, 11]: שאינו דלות מפאת העצלה והרפיון ומפאת היותו רודף אחרי שרירת לבו הרע ושאבד עושרו בענין רע כזנות, יין ותירוש, או שיצא בהוצאותיו לפנים משורת התבונה, וכיוצה באלה הסבות המגונות. ולזה אמר המלך שלמה **לועג לרש חרף עושהו** [משלי 17, 5] **וטוב רש הולך בתומו** [משלי 19, 1. משלי 28, 6]. וכן גם יראה מזה שהעושר והקנינים, בהיותם ביד האיש תבונה, יחיה בהם חיי החירות והחפשיות לפי שהוא לא ידרוש העושר בעבור עצמו ולא גם כן כדי למלאת תאותיו ולהוסיף בתענוגות בני אדם, אלא להיותו כלי בידו לפעול פעולות המעלה והצדק והיושר, לחונן דלים ולהטיב לעניי הארץ ולעשות מעשי השוע והנדיב כפי הסכמת הפרטים בו, וזהו העושר המשובח בפי החכמים, וכל זולתו הוא מגונה. ועל זה העושר אמרו המפרשים שאמר **כי נפשו בחייו יברך ויודוך כי הטיב לך** [תה' 49, 19], רצונו לומר, עם העושר הנזכר תחלה. ומה נכבר אומרו **עשיר ורש נפגשו עושה שניהם ה'** [ר' משלי 22, 2], שהכונה לדעתי שבאיש אחד יהיו נפגשים ונמצאים העושר והדלות, לפי שאין העושר והדלות אלא כפי פעולותיו במעשה ה' וכפי תכליתו אל עבודת קונו: כי אם יוציא הממון בזה, הוא עשיר, ואם לאו, הוא רש. וכן לזה כיון לדעתי אומרו **ה' מוריש ומעשיר** וגו' [שמואל א' 2, 7]. ועל העושר הטוב והמשובח הזה,

qu'il a été dit : « la richesse et l'honneur proviennent de toi » (1 Chr 29,12) et « la richesse et l'honneur sont avec moi » (Prv 8,18). Quant à la richesse honteuse, il en est dit : « une richesse thésaurisée par son propriétaire pour son malheur » (Eccl 5,12), « les riches sont assis en bas » (*ibid.* 10,6), « que le riche ne se vante pas de sa richesse » (Jr 9,22), et bien d'autres.

14. *La vie solitaire, consacrée à la spéculation*

Ceux également qui vivent la vie de solitude, parce que la prudence (*teḇūnāh*) et la droite règle, qui les gouvernent, les y incitent, sont libres car, selon ce que nous avons dit, la liberté ne dépend pas de la liberté de la réflexion (*haśkālāh*) à moins que celle-ci et la spéculation ne soient ordonnées par la prudence et la droite règle qui font le choix (*gāmar*) de la pensée et de la réflexion[104] : alors la vie libre est dans la réflexion. Et il n'y a pas de doute que la réflexion et la spéculation sont bien plus faciles et se trouvent davantage dans la solitude et l'isolement que dans la société (*yīšūḇ*) ; à condition que la séparation ne soit pas radicale au point que manquent les nécessités naturelles et que la solitude ne soit pas totale, mais dans la compagnie de deux ou trois [autres] contemplatifs semblables à [ces solitaires][105]. À ce qu'il semble, cette vie d'isolement appartient à l'homme en tant qu'homme seulement, sans autre condition ou détermination (*to'ar*) ; qui plus est, il est plus aisé de parvenir à la liberté dans ce type de vie que dans un autre, en tant que membre d'une maisonnée ou d'une cité avec ce qui s'ensuit. Car alors s'ajoutent, dans l'ordre des points qu'a à juger la prudence, d'autres points difficiles, avec de grandes gênes, en particulier quand les membres de la maisonnée et de la société auxquels on se trouve associé sont éloignés de la

אמר **והעושר והכבוד מלפניך** [דה"י א, 29, 12] ואמר **עושר וכבוד אתי** [משלי 8, 18], ועל העושר המגונה נאמר **עושר שמור לבעליו לרעתו** [קה' 5, 12], **ועשירים בשפל ישבו** [קה' 10, 6] **ואל יתהלל עשיר בעושרו** [יר' 9, 22] והרבה כאלה.

[14. חיי ההתבודדות והעיון]

גם החיים חיי הפרידה וההתבודדות בהיותם מתעוררים אל זה מן התבונה והשכל הישר הגובר ומולך בהם, הם בני חורין וחפשיים, כי כפי דברינו אין החירות תלוי בחירות ההשכלה אלא אם זאת ההשכלה והעיון מסודרים מן התבונה והשכל הישר הגמר להבין ולהשכיל, אז חיי החירות הם בהשכלה, ואין ספק שההשכלה והעיון יקלו מאד וימצאו יותר במתבודדים והנפרדים מן הישוב, ובלבד שלא תהיה הפרדתם כל כך קשה שיחסרו מהם הצרכים הטבעיים, וגם שלא יהיו מתבודדים לגמרי, אלא בחברת שנים או שלשה מעיינים בני גילם. וכפי הנראה, בהיות החיים האלה היחידיים מיוחסים אל האדם כפי מה שהוא אדם לבד מבלי תנאי ותאר אחר נוסף עליו, יותר קלי ההשגה הם חיי החירות והחפשיות באלה החיים מבמין אחר מהחיים, כמו החיים אשר לאדם כפי היותו בן בית או חלק מדינה וכיוצא בזה, שאז יתוספו כפי משפטי התבונה משפטים אחרים קשי ההשגה ומעיקים גדולים, ובפרט כשבני הבית ובני המדינה אשר עמהם יתחבר, הם רחוקים מן

perfection. On est obligé, alors au moins, de s'isoler en quittant la maisonnée et la cité. – Et si l'on ne trouve pas, dans la solitude, de semblables, on choisira l'isolement [complet] et l'on « restera solitaire et muet, car cela lui est imposé » (Lm 3,28). D'un tel homme[106] il est dit : « qui me donnera au désert une auberge ? Je laisserais mon peuple, je les quitterais, car tous sont dissolus, une assemblée de traîtres » (Jr 9, 1).

15. *La vie de la cité et la vie domestique, réglées par la prudence*

Cependant nous ne nions pas que la liberté (f. 6v) se trouve aussi dans la vie politique et dans la vie domestique. En effet le roi, le gouverneur (*śar*), le juge et ceux qui se conduisent selon la prudence et selon les décrets de la droite règle, sans rien oublier[107], nul doute qu'ils soient libres. Au sujet de tels gens, il a été dit : « Heureux pays, dont le roi est libre et dont les gouverneurs mangent au temps assigné et avec maîtrise de soi, sans orgie[108] » (Eccl 10,17). C'est-à-dire que ses gouverneurs ne sont pas mus par leurs désirs, que l'intellect en eux régit, puisque la liberté des rois et des gouverneurs ne provient pas de leur royauté ou de leur position de gouvernement sur un peuple nombreux mais du même point que pour tous les autres hommes, à savoir de ce que la prudence et l'intellect droit soient leurs souverains et qu'ils n'agissent pas selon les caprices de leur cœur mais selon ce que juge la prudence. Qu'ainsi, comme les autres, ils réfrènent la faculté concupiscible, l'irascible et la volonté, les dirigent et acquièrent la maîtrise de soi et la sobriété[109], la générosité et la magnificence[110], la magnanimité (*gedullat ha-nefeš*)[111], l'éloignement de la gloire (*harᵉḥāqāh min ha-kāḇōd*)[112],

השלמות: שאז על כל פנים הוא מוכרח להתפרד ולהתבודד ולעזוב הבית והמדינה. ואם לא ימצא בהתבודדות מי שיהיה בן גילו, יבחר להיות יחידי **וישב בדד וידום כי נטל עליו** [איכה 3, 28]. ועל זה נאמר **מי יתנני מלון אורחים ואעזבה את עמי ואלכה מאתם כי כלם מנאפים עצרת בוגדים** [ירמיהו 9, 1].

[15. חיי המדינה וחיי הבית מסודרים על ידי התבונה]

אבל אין אנו מכחישים שחיי החירות [ע' 6ב] והחפשיות נמצאים כמו כן בחיים המדיניים והביתיים, כי המלך והשר והשופט והמתנהגים כפי התבונה וכפי מה שיגזור השכל הישר בהסכמת הפרטים, אין ספק שהם בני חורין וחפשים, ועל כיוצא בזה נאמר **אשרך ארץ שמלכך בן חורין ושריך בעת יאכלו בגבורה ולא בשתי** [קה' 10, 17], רצונו לומר שהשרים אינם מונהגים מהתאוות והתשוקות, כי השכל גובר בהם על התאוות, לפי שהחירות והחפשיות במלכים והשרים לא בא להם מצד מלכותם וממשלתם על עם רב, אלא מן המקום שבא החירות והחפשיות לכל שאר בני האדם, והוא כשהתבונה והשכל הישר הם המולכים והשולטים בהם ואינם פועלים ועושים מה שיעלה בשרירות לבם אלא מה שתשפטהו התבונה. והם כמו כן עם האחרים מרסנים הכח התאוני והכעסני והרצון ומישירים אותם, וקונים קניני הגבורה וההסתפקות והנדיבות והשועות וגדולת הנפש וההרחקה מן הכבוד

la patience (*saḇᵉlānūt*)[113], la confraternité[114], le bon voisinage (*rēʿūt*)[115], la sincérité[116], la justice[117], l'amitié (*ahaḇāh*)[118] et toutes les vertus morales dont il est question dans l'*Éthique*. La source de toutes ces vertus est la prudence, vertu de l'intellect pratique dont font partie la juste mesure (*izzūn*) et le jugement droit pour ne rien oublier et pour déterminer l'action de la vertu véritable, comme il a été dit : c'est elle qui peut diriger le parcours de l'homme dans toutes ses situations et en tout temps car elle a le coup d'œil et l'envergure qu'il faut pour observer et embrasser les relations entre tous les détails. Et comme je l'ai écrit moi-même, « le sentier du juste est droit, tu aplanis sa voie » etc.[119]; de même, les versets : « Que tes yeux regardent en face, que tes paupières soient ouvertes vers l'avant. Équilibre le cours de tes pas pour cheminer avec sûreté. N'incline ni à droite ni à gauche, pour éloigner tes pas du mal » (Prv 4, 25-27), toutes maximes inspirées par la prudence, comme il est démontré en son lieu.

Si à présent tu cherches dans les livres saints et dans les histoires, tu trouveras qu'ont vécu libres bien des gens de toutes conditions : des solitaires, des maîtres de maison, des gens impliqués dans la vie de la cité, des pauvres et des riches, des enfants, des adultes et des vieillards, des étudiants et des savants, des serviteurs, des ministres, des juges, des gardes[120], « des rois et des arbitres de la terre » (*cf.* Jb 3,14), des malades et des bien portants ; tous étaient heureux et parfaits, vivant libres, comme s'en rendra compte celui qui médite les écrits saints et les leçons de leurs récits, s'il approfondit leurs allusions et accède aux contenus, sans se contenter des écorces en les parcourant à la hâte à ses heures perdues[121].

והסבלנות והחברה והרעות והאמת והצדק והאהבה, וכל המעלות המדותיות אשר סופר ענינם בספר המדות, יבוקשו שם. ומקור כל אלה המעלות היא מעלת התבונה, שהיא מעלת השכל המעשי אשר לה האיזון והמשפט הישר להשקיף בפרטים ולגזור איזהו פעל המעלה האמיתית, כמו שנאמר, והיא אשר לה כח לישר מעגלי האדם בכל מצביו ובכל זמניו, כי לה השקפות והקפות להשקיף ולהקיף יחסי הפרטים כלם, כמו שכתבתי אני באומרי **אורח לצדיק מישרים ישר מעגל צדיק תפלס** וכו' וכן בפסוקי **עיניך לנכח יביטו ועפעפיך יישירו נגדך פלס מעגל רגליך וכל דרכיך יכונו אל תט ימין ושמאל הסר רגלך מרע** [משלי 4, 25-27], שכל זה נאמר ברושם התבונה, כמבואר במקומו.

ועתה אם אתה תבקש בספרי הקדש והספורים, תמצא חיים חיי החירות הרבה שהיו בכל מיני אופני מצבי בני האדם: מהם תמצא שהיו מתבודדים ומהם תמצא ביתיים ומהם תמצא מדיניים, מהים תמצא רשים ומהם עשירים, מהם ילדים ומהם בחורים ומהם זקנים, מהם תלמידים ומהם חכמים, מהם עבדים ומהם שרים שופטים ושוטרים, **מלכים ויועצי ארץ** [ר' איוב 3, 14], חולים ובריאים. וכלם הם מאושרים ושלמים, חיים חיי החירות והחפשיות, כאשר יעלה בלבב האיש המעיין בהתבוננו בספרי הקדש ובתועלות ספוריהם, ורדתו למעמקי רמיזותיהם בקחתו התוכות ולא יסתפק בקליפות בעוברו עליהם בעתות הפנאי כחותה על הגחלים.

### 16. *Impuissance de l'homme à se régler par soi-même*

Cependant, s'il est vrai que nous avons établi que l'homme peut vivre une vie libre une partie de ses jours en se conduisant et en s'examinant selon les bons conseils de la prudence et de la droite règle dans toutes ses actions humaines ; toutefois, c'est par la miséricorde de Dieu envers l'espèce humaine, voyant « que l'homme naît comme un ânon, le cerveau creux » (*cf.* Jb 11,12[122]), dépourvu de perfections, et que, quand bien même s'uniraient tous les sages conseillers du monde pour décider des ordonnances et des conduites à tenir, ils ne pourraient en cela aller au-delà de la limite de la nature basse et obscure qui est la nôtre ; car si [l'homme] pénètre dans le jardin des sciences et dans la mer des connaissances, il tombe dans les précipices de l'erreur et « échoue de façon irrémédiable » (*cf.* Lv 26,37)[123], trompé « par la vue de ses yeux et la perception de ses oreilles » (Is 11,3) ; et plus que par cela, parce qu'il n'en est pas « un seul dans une ville ou deux dans une famille » (Jr 3,14) qui soient capables de faire partie de ceux qui connaissent le haut savoir[124] et atteignent la sagesse cachée aux yeux de tous vivants ; et s'ils consacrent leur cœur à agencer une législation (*nīmūs*) et une règle de conduite pratique, ils sont déficients en cela aussi, parce que la prudence de l'homme ne peut saisir les détails du possible et des situations [qui se présentent] à lui, les variations des conjonctures toujours changeantes, et le bien et le mal, parce que ce sont des notions relatives aux points de vue sans nombre[125] que les gens ont sur elles. Les législations varient selon les législateurs, les temps et les lieux ; les disputes et querelles sont nombreuses parce que les uns veulent suivre telle loi et les autres, telle autre. Nombreux sont les obstacles et les précipices de ce genre

[16. אי יכולת האדם להישר את דרכו]

אמנה [! צ"ל: אמנם], עם היות שעלה בידינו היות החירות והחפשיות אפשריים לעלות ביד האדם מספר ימי חייו בהיותו מתנהג ונשפט בעצת מליצי התבונה והשכל הישר בכל הנהגותיו ומעשין האנושיים, בחמלת ה' על מין האדם ובראותו **שעיר פרא אדם יולד נבוב** [ר' איוב 11, 12], ור[י]ק מן השלמיות כלם. וכי אף שיתחברו כל חכמי יועצי המציאות לתקן תקונים והנהגות, לא יוכלו בהנה לעבור מגבולי הטבע השפל האפל אשר אנו בו, כי אם יכנס בפרדס החכמות וים הידיעות יפול במהמורות הטעיות ויכשל **כשלון אין תקומה לו** [ר' ויקרא 26, 37] בהיותו נפתה **למראה עיניו ולמשמע אזניו** [ר' יש' 11, 3], ויותר מהמה, כי **אחד מעיר או שנים ממשפחה** [יר' 3, 14] לא יספיקו להיות מן **היודעים חן** [ר' קה' 9, 11] והמשיגים החכמה נעלמה מעיני כל חי, וכי יתנו לבם לסדר נימוס והנהגה מעשית, יהיו גם בזה חסרים, לפי שתבונת האדם לא תוכל להקיף פרטי האיפשר ומצבי האדם וחלקי הזמן המתחלפים בתמידות והנאה והמגונה, להיותם ענינים צרופיים כפי בחינות האנשים בהמה **יכלה הזמן והמה לא יכלו** [מחזור יה"כ], ויתהפכו הנמוסים לפי התחלפות מניחיהם זמניהם ומקומיהם, וירבה המחלוקת והריב והקטטה בהיות קצתם רוצים להמשך אחר נימוס מיוחד ואחרים אחר אחר. וכאלה רבות מן המכשולות והמהמרות

dans lesquels tomberait l'espèce humaine si elle était laissée à la conduite d'elle-même, suivant sa nature et son intellect. C'est pourquoi, dans sa miséricorde, du haut des cieux de sa providence, Dieu a pourvu à nous donner une droite règle de conduite et un [critère de] jugement général en fait de mœurs et d'opinions, incluant toutes les sortes d'activités de l'espèce humaine, dans toutes les situations qu'elle peut rencontrer, inscrivant durablement toutes les croyances et opinions concernant les natures des choses et les profondeurs des sciences, que les savants chercheurs renoncent à atteindre [même] au prix d'un long temps et d'un surcroît d'efforts[126].

### 17. *Une loi humaine ne peut conduire à la perfection divine*

Plus que cela, Dieu a été [pour ainsi dire] contraint de donner sa Loi à l'homme depuis les cieux, parce que la législation naturelle et la science issue de la recherche, assurément, suffisent à peine[127] à assurer à l'homme la perfection humaine qui lui est naturelle en tant qu'homme terrestre; mais quant à la perfection divine, supérieure à la nature et à ce monde bas et obscur, il ne se peut que ses législations et ses recherches suffisent à s'élever jusqu'à elle[128]. Cause en est que les législations naturelles ne peuvent faire acquérir qu'une perfection naturelle et que les recherches humaines ne procurent qu'un bonheur (*ošer*) humain, (f. 7) parce qu'il n'y a rien [dans la nature ?] de plus élevé que ce bonheur. Cependant la Torah et la législation divine, supérieures à la nature, qui nous donnent des croyances plus élevées que la recherche humaine et des vertus parfaites au-delà des contraintes du tempérament humain, nous font entrer en possession d'un bien supérieur, divin, une union avec le monde d'en haut et avec Dieu.

אשר היה נופל המין האנושי אם היה נעזב אל הנהגהת עצמו כפי טבעו ושכלו. ולזה ברחמיו ית' ממעון שמי השגחתו השגיח לתת לנו הנהגה ישרה ומשפט כולל במדות ובדעות, מאחזת כל אופני מיני תקוני המין האינושי בכל מצביו, ורושמת ומקיימת כל האמונות והדעות במהיות הדברים וסודות החכמות אשר נלאו חכמי המחקר להשיגם בזמן גדול ובטרחה יתירה.

[17. נימוס אנושי לא יביא לשלמות אלהית]

ויותר מזה, הוצרך האל ית' לתת תורה אל האדם מן השמים, לפי שהנימוס הטבעי והחכמה המחקריית בלי ספק לא יספיקו רק לקיים ביד האדם השלמות האנושי והטבעי לו כפי מה שהוא אדם ארציי. ואמנם השלמות האלהי אשר הוא למעלה מן הטבע ולמעלה ממדרגת העולם האפל והשפל, אי אפשר שיספיקו נימוסיו והקירותיו להעלותו אליו. וסבת זה, לפי שהנימוסים הטבעיים, אי אפשר שיורשו רק שלי[מו]ת טבעי, והחקירות האנושיות לא ינחילו רק אושר אנושי [ע' 7א], לפי שאין דבר מעלה לזולתו יותר ממעלת עצמו. אכן, התורה והנימוס האלהי, שהיא למעלה מן הטבע שנותנת לנו אמונות עליונות מן החקירה האנושית ומדות שלמות ממה שיחייבהו המזג האנושי, תוריש ותנחיל לנו טוב עליון אלהי ודבקות במלא העליון ובשם יתברך.

### 18. *La loi divine ne saurait convenir à toute l'espèce humaine*

Or, l'espèce humaine, en raison de son grand nombre, ne pouvait être tout entière du [bon] grain[129], car, par la nécessité de la mauvaise matière[130] qui est en elle il n'existe rien où ne se trouve plus d'écorce que de fruit, puisque la matière est plus abondante que la forme[131]. C'est pourquoi il n'était pas possible que toute l'espèce se laissât bien discipliner par le régime de vie divin dont il a été question, lequel ne prend effet que sur ceux qui y sont disposés par eux-mêmes. Dieu a donc choisi son peuple Israël d'entre toutes les familles qui sont sur la face de la terre et c'est lui qui est comme l'intérieur du fruit, tandis que les autres peuples en sont comme l'écorce[132].

Quant à « cette Torah que Moïse a placée devant les enfants d'Israël » (Dt 4,44 et rituel[133]), divine, venue du ciel, elle fait entrer en possession de la liberté toutes les espèces d'hommes, dans chaque situation et dans chaque cas particulier. Comme l'ont interprété les Rabbins à propos du verset « gravé (*ḥārūt*) sur les tables » (Ex 32,16), il n'y a de libre (*ben ḥōrīn*) que celui qui se consacre à la Torah[134] : car la prudence et la droite règle dont j'ai parlé plus haut, chez nous, le peuple « que Dieu s'est choisi » (Ps 135,4), c'est « cette Torah »[135] dans toutes ses composantes[136], et comme il est dit au même endroit, « elle lui donne [à Israël] la royauté et le gouvernement » etc. (*Pirᵉqēy Āḇōt* 6,1). Et le roi David a fondé son « grand alphabet » (Ps 119[137]) sur la base de la louange de « cette Torah », en faisant connaître le besoin que nous en avons, comme l'observera celui qui prête attention à ses paroles. Et si Dieu me laisse en vie, moi aussi j'en écrirai le commentaire, selon ma manière. Et qu'avons-nous à chercher d'autres preuves de cela, dont tous les écrits saints et toutes les paroles des rabbins sont

[18. התורה האלהית לא מתאימה לכל המין האנושי]

ולפי שהמין האנושי לרבוייו וגדלו לא היה אפשר שיהיה כלו תוך, כי, להכרח החומר הרע אשר בקרבו, אין דבר במציאות שלא ימצאו בו קליפות רבות על הפרי כאשר החומר ירבה על הצורה, ולפי זה, היה בלתי אפשר שיהיה המין כלו מיושר ונכשר בהנהגה האלהית הנזכרת אשר לא תחול רק במוכנים אליה מצד עצמם, לזה בחר ה' יתברך בעמו ישראל מבכל המשפחות אשר על פני האדמה, והיו הם כדמות תוכיות הפרי, ויתר האומות כדמות הקליפות.

**וזאת התורה אשר שם משה לפני בני ישראל** [דב' 4, 44] אלהית מן השמים, היא המורישה ומנחלת אליהם החירות והחפשיות אל כל מיני בני האדם בכל מצביו ובכל נושאי פרטיו, וכמו שדרשו ז"ל על אומרו **חרות על הלוחות** [שמ' 32, 16] שאין לך בן חורין אלא מי שעוסק בתורה, כי התבונה והשכל הישר שאמרתי למעלה, אצלנו העם **אשר בחר לו יה** [תה' 135, 4], הוא **התורה הזאת** [דב' 27, 26. דב' 31, 9] בכל חלקיה, וכאומרם שם שהיא **נותנת לו מלכות וממשלה** וכו' [אבות 6, 1]. דוד המלך עליו השלום יסד וחבר האלפא ביתא הגדולה על קבע שבח התורה הזאת ועל הוראת צרכה אלינו, כמו שיתבונן המעיין בדבריו שם, ואם ה' יגזור בחיים גם אנכי אחבר עליה פר[ו]שה כפי דרכי, זה בעזרת ה'. ומה לנו לבקש עוד ראיות לזה אשר כל ספרי הקדש ומאמרי רבותינו, זכרונם לברכה,

remplis, outre ce que nous avons constaté nous-mêmes : tant que les fils de notre peuple observèrent cette Torah ils étaient libres [comme] des rois, sans intendants ni maîtres petits, moyens ou grands[138]; et, sitôt qu'ils s'en furent détournés, ils furent livrés en esclaves à tous les peuples les plus bas, comme il est dit : « parce que tu n'auras pas servi Dieu [avec joie et contentement de cœur, au sein de l'abondance], vous servirez [*scil.* : tu serviras] » [tes ennemis], etc. (Dt 28, 47-48).

19. *Les trois facultés de l'homme*

En vue d'élargir la compréhension, il faut savoir que nous avons établi que la vie libre, pour l'homme, dépend de ce que sa forme règne sur sa matière, son âme sur son corps et son intellect sur son imagination, puisque, quant à la matière, au corps et à l'imagination, il est semblable aux animaux de la terre et, quant à sa forme, son âme et son intellect, il est semblable aux anges. L'homme se distinguant des bêtes sauvages, il conviendrait donc, puisque son bonheur et tout son bien dépendent de son intellect, qu'il inventorie et scrute toutes les propriétés de son intellect et ce qui s'y rapporte, afin de ne se montrer négligent en rien de cela. Et, parce que l'âme et l'intellect nous sont cachés et que nous ne pouvons les atteindre en eux-mêmes, nous sommes obligés d'en rechercher la connaissance à travers leurs actions. C'est pourquoi les savants (*ḥakāmīm*) ont énoncé que « par les actions sont connues les facultés »[139] : en effet, en constatant que l'homme voit par les yeux, que, par les oreilles, il entend, et que son cœur comprend, nous jugeons qu'il y a dans l'âme une faculté qui voit, une qui entend et une qui comprend. Et parce que la droite règle juge que l'âme est unique en réalité (*be-'ēynāh*) et que nous constatons que ses actions sont

מלאים ממנו, לבד מה שמצאנו ראינו: כל ימי היות בני עמנו שומרים זאת התורה, היו מלכים חפשיים ובני חורין ואין עליהם שוטר ומושל, לא במלא התחתון ולא בתיכון ולא בעליון. ותכף אשר יסורו משמירתה, נמסרו לעבדים לכל האומות השפלות אשר במציאות, וכמו שאמר **תחת אשר לא עבדת** כו' **ועבדתם** וכו' [ר' דב' 28, 48-47].

[19. שלשה כחות נפש האדם]

וליותר הרחבת ההבנה והעיון, צריך שתדע שאחר אשר מצאנו שחיי החפשיות והחירות לאדם תלויים ועומדים בהיותו ממליך ומגביר צורתו על חמרו ונפשו על גופו ושכלו על דמיונו, הואיל שמצד החומר והגוף והדמיון הוא משתתף ודומה אל הבעלי חיים הארציים, ומצד צורתו ונפשו ושכלו דומה אל המלאכים, והיה האדם נפרד ונבדל מן חיות השדה והיה ראוי שאחר שאושרו וכל טובו תלויים בשכלו, שהוא יחפש ויפשפש כל סגולות שכלו ועניניו, כדי שלא יתרשל ויתעצל בשום דבר נוגע אליו. ולפי שהנפש והשכל הם נסתרים ונעלמים מאתנו ואין אנו יכולים להשיג אותם מצד עצמם, הוכרחנו לחפש ידיעתם מצד פעולותיהם. ולזה גזרו החכמים אומר ואמרו שמהפעולות יָדעו הכחות, כי בראותנו שהאדם רואה בעיניו ובאזניו ישמע לבבו יבין, אנו גוזרים שיש בנפש כח רואה וכח שומע וכח מבין. ולפי שהשכל הישר גוזר שהנפש היא אחת בעינה ומצאנו שפעולותיה הן

multiples, nous jugeons qu'encore qu'elle soit une nous [pouvons] dire que ses facultés sont multiples, puisque ses actions sont multiples : car puisque l'objet[140] de la faculté visuelle est la couleur et que celui de la faculté auditive est le son, il n'est pas difficile de dire que les facultés qui les concernent sont différentes et que, selon que diffère ce qui est reçu, diffèrent les récepteurs[141]. De là vient que nous posions en l'âme l'existence d'une pluralité de facultés différentes, encore qu'elle soit, elle-même, invisible pour nous. De cette façon, nous constatons[142] que l'intellect quelquefois connaît intellectuellement (*yaśkīl*) des choses nécessaires par elles-mêmes sans que la connaissance qu'il en a les modifie, et qu'ainsi il ne fait que connaître la façon dont elles existent hors de l'âme : ainsi, lorsqu'il cherche à connaître si la sphère est ronde ou carrée, ce n'est pas parce qu'il connaît qu'elle est carrée, qu'elle sera carrée, son but n'étant que de savoir comment elle est hors de l'âme. Et quelquefois, il intellige des choses possibles et déterminables (*sōḇᵉlīm*[143]) et son but en cherchant à les connaître est que la volonté lui dicte d'aviser comment il convient qu'elles soient ; dès lors, suivant ce qu'il aura reconnu être convenable qu'elles soient, la volonté les exécutera, puisqu'elles ont la possibilité d'être telles ou telles. Par exemple, si un homme considère s'il convient de faire le bien ou le mal, si sa réflexion conclut que le bien est ce qui convient, il fera le bien ; et si elle conclut que la force convienne, il agira par la force. Ainsi, du fait que les objets [des actes d'intellection] sont très différents, puisque l'objet[144] de l'un est de savoir et le but de l'autre, d'agir, pour cette raison [les penseurs] ont jugé qu'encore que l'intellect soit un en lui-même, nous pouvons le dire double, de ces points de vue : un intellect spéculatif et un intellect pratique[145].

רבות, גזרנו אומר שעם היות שהנפש היא אחת, אנחנו אומרים שכחותיה רבות מצד שפעולותיה הן רבות. כי אחר שמובט הכח הרואה הוא הגוון ומובט הכח השומע הוא הקול, אינו דחוק שנאמר שכחותיהם מתחלפים, כי **כפי התחלפות המקובל** כן נאמר **שיתחלפו המקבלים** [אולי ר' ס' הסבות 23 (24)]. ומזה בא לנו הניחנו בנפש כחות מתחלפות ורבות, עם היותה היא מצד עצמה נעלמת ונסתרה מאתנו. וכפי זה, בעבור שמצאנו שהשכל פעם ישכיל ויעיין בדברים שהם מחוייבים ומוכרחיים בעצמם ושאין השכלתו בהם יכולה לשנות אותם ממה שהם עליו באמת, ולכן לא יבין וישכיל רק לדעת איך הם במציאות חוץ לנפש: כמו בהשכילו אם הגלגל עגול או מרובע, שלא בשביל שישכיל הוא שהוא מרובע יהיה מרובע, וכונתו אינה אלא לדעת באמת איך הוא חוץ לנפש. ופעם, ישכיל בדברים האפשריים והסובלים, וכונתו בהשכלתם שהרצון יצוהו לראות איך ראוי שיהיו. ולכן, כפי מה שיעלה מהשכלתו שכן ראוי שיהיו, כן יוציאם הרצון לפועל, אחר שהם אפשריים להיות כך או כך: כמו בהיות האדם מעיין ומשכיל אם ראוי לעשות צדק או עול: שאם יעלה בעיונו שהצדק הוא הראוי, יעשה הצדק, ואם יעלה שהחמס הוא הראוי, יעשה חמס. הנה, מצד שנמצאו המובטים מתחלפים מאד, אחר שהמובט והמקובל האחד הוא לדעת, ותכלית השני לפעול, לזה, גזרו אומרים שהשכל, עם היותו אחד בעינו, נוכל לקוראו שנים כפי הבחינות הנזכרות, האחד שכל עיוני והשני שכל מעשי.

Cet[146] intellect spéculatif [fait trois choses] : [1] il comprend les principes et les éléments qui sont évidents par eux-mêmes sans qu'il soit besoin de preuves et d'arguments, se trouvant par nature dans l'intellect de l'homme : comme de savoir que le tout est plus grand que la partie ou que deux choses égales à une même troisième sont égales entre elles, et autres principes qu'on nomme intelligibles premiers ; ce genre de spéculation est appelée intellect parce qu'elle est par nature le fondement de l'intellect. (f. 7v) [2] Il comprend et forme les syllogismes et les démonstrations à partir de ces principes afin d'en tirer des intelligibles seconds, cette seconde espèce étant appelée science[147] car elle vise la science de la vérité des choses dans leurs causes et leurs principes premiers jusqu'à ce que l'on atteigne[148] les intelligibles premiers qui sont dans l'intellect. [3] Enfin il comprend le fruit de toutes les sciences[149], qui est [de remonter par induction aux] causes premières générales et, en particulier, à la cause première de toutes, qui est l'existence de la Divinité, en tant qu'agent, forme et fin de tous les autres existants, cette espèce [d'intellection] s'appelant simplement la science par excellence[150].

Quant à l'intellect pratique, [1] soit il intellige les choses humaines à caractère pratique qui, bien qu'accomplies avec justice, droiture et bon ordre[151], ne sont pourtant pas accomplies à cause de la perfection de celui qui les réalise mais à cause de la perfection de l'acte accompli. Cette espèce [d'intelligence qui y préside] est appelée art (*mel'āḵāh*) et il en sort tous les arts d'exercice (*melā'ḵōt ha-immūn*) dans lesquels l'homme entend perfectionner ses gestes afin de faire sortir de ses mains un acte parfait en lui-même et approprié au but recherché : par exemple l'art de l'écriture, de la construction, etc. [2] Soit l'intellect

ולפי שהשכל העיוני הזה, אם שיהיה בהשכילו ועיינו ההתחלות והיסודות המתבארות בעצמן מבלי צורך אל מופתים וראיות זולתן, כי הן בעצמן נמצאות בטבע בשכל האדם, כמו ידיעת היות הכל גדול מן החלק וידיעת היות הדברים השוים לשוים שוים בעצמם, וכיוצא באלה ההתחלות הנקראות מושכלות ראשונות, והמין הזה מהעיון קראוהו שכל, להיותו עצמו יסודיי בשכל מטבעו. [ע' 7ב] ואם שהשכל ישכיל וי[בין וי?]קיש הקשים ומופתים עם אלה ההתחלות כדי להוציא מהנה מושכלות שניות, והמין הזה מהעיון נקרא דעת, שהוא לדעת אמתות הדברים בסבותיהם והתחלותיהם הראשונות עד שיכלה אל המושכלות הראשונות אשר בשכל. ואם שהוא משכיל ומבין בפרי החכמות כלן, שהוא בסבות הראשונות הכוללות ובפרט בסבה הראשונה לכלן שהוא מציאות האלוה יתברך שמו, כפי מה שהוא פועל וצורה ותכלית לכל הנמצאות זולתו, וזה המין נקרא חכמה בסתם והחלט.

ואמנם השכל המעשי, אם שמשכיל בדברים האנושיים שהם מעשים, שעם שהם נעשים במשפט ישר וסדר מתוקן, עם כל זה, אינם נעשים בעבור שלמות העושה אותם אלא בעבור שלמות המעשה החצוני ההוא אשר יעשה, והמין הזה נקרא מלאכה, ויצאו ממנו כל מלאכות האימון אשר אשר יכוין האדם בהנה לסדר מעשיו בתיקון מסודר, להוציא מתחת ידו מעשה חצוני נשלם בעצמו והגון לתכלית הנרצה מן המעשה ההוא, כמו מלאכת הכתיבה והבנין וכיוצא בזה. ואם שהשכל

pratique intellige et réfléchit à propos des actions humaines qui, lorsqu'elles sont accomplies avec dessein et volontairement, ne le sont pas en vue d'un autre but que le perfectionnement de celui qui les accomplit ou de son prochain. Cette espèce est appelée prudence, qui est une droite règle dans la conduite, une rectitude dans les actes humains qui se fixent en l'âme de celui qui les pratique. En effet, la conduite de l'homme prudent ne consiste pas seulement à délibérer, choisir et agir droitement dans toutes les affaires humaines et à juguler, conduire et corriger ses facultés irascible et concupiscible[152] et sa volonté. Afin qu'elles n'inclinent pas vers les extrêmes qui sont pour l'homme une honte et une déchéance, mais de manière à les diriger dans la voie moyenne, louable et décente et à élever bien haut la [vertu] acquise de courage qui tient le milieu de la lâcheté et de la témérité, celle de la sobriété qui est à mi-chemin entre l'insensibilité et la poursuite des plaisirs, celle de la libéralité intermédiaire entre l'avarice et la prodigalité, celles de l'indulgence, de la magnanimité, de la confraternité (*ḥeḇrāh*) et du bon voisinage (*rē'ūt*), de la patience, de la vérité, de la justice et de l'amitié qui sont toutes, de la même façon, des moyens termes entre des extrêmes qu'il serait [trop] long d'énumérer. Les uns [procèdent] de la faculté concupiscible, les autres de l'irascible et les autres [encore, à savoir, les moyens termes ?] de la volonté, bien que chacun de ces traits de caractère puisse être dirigé. Tout cela, c'est la prudence qui le dirige afin que l'homme se conduise. Ainsi la perfection de l'homme considéré isolément comporte deux parties, une spéculative et une pratique, l'objet de la première étant la vérité et l'erreur et celui de la seconde, le bien et le mal. Il faut savoir que, de même qu'en morale[153] l'homme doit être retenu par la prudence, qui est pour tous

המעשי ישכיל ויעיין בפעולות האנושיות באותן שכשהן נפעלות בעצה ובבחירה, אינן נפעלות לתכלית אחר אלא לשלמות הפועל אותן לא זולת, והמין הזה נקרא תבונה שהיא שיעור ומדה ישרה בהנהגה והישרה מהפעולות האנושיות ששלמותן נשאר קבוע בנפש הפועל אותן. כי פעולת הנבון אינה רק להתייעץ ולבחור ולפעול כפי היושר בכל פעולות האדם, ולהיות מרסן ומישיר ומתקן כחותיו הכעסני והתאוני ורצונו, שלא יהיו נוטים אל הקצוות, שהם גנות ופחיתות אל האדם, אלא שיודרכו בדרך האמצעי המשובח והנאה, ולהעלות בידו קנין הגבורה שהיא אמצעית בין המורך לב וההסתכנות, וקנין ההסתפקות שהוא אמצעי בין הבלתי מרגיש ובין הרודף אחר התענוגים, וקנין הנדיבות שהוא אמצעי בין הכילות והפזור, וקנין הותרנות וקנין גודל לבב וקנין החברה והרעות והסבלנות והאמת והצדק והאהבה, שכל אלה כמו כן אמצעיים בין שתי קצוות יארך ספורם, הנה מהם בכח התאוני ומהם בכעסני ומהם ברצון, ואם שבכלם יש הישרה. וכל זה תישירהו התבונה להנהיג בו האדם את צעמו, באופן שבשלמות העומד אצל האדם בעצמו בהיותו לבדו, יש שני חלקים, חלק עיוני וחלק מעשי, שמובט החלק העיוני הוא האמת והשקר, ומובט החלק המעשי הוא הנאה והמגונה. ויש לך לדעת שכמו שצריך שבמעלות המדותיות יהיה מרוסן האדם מן התבונה שהיא

la balance équitable permettant de trouver le juste milieu et de ne pas incliner vers l'un des extrêmes, de même dans les vertus intellectuelles[154] l'intellect droit doit rechercher le moyen terme et ne pas incliner vers l'un des extrêmes[155] ; [mais] ce n'est pas le lieu d'expliquer [ces questions], comme le dit le verset : « je ne m'aventure pas dans les hauteurs et les merveilles trop grandes pour moi » (Ps 131,1).

Cependant, l'homme étant un animal social (*ba'al ḥebrāh*) qui par nature et par espèce n'est pas né pour être seul mais pour s'associer à d'autres[156], il s'ajoute une troisième perfection supplémentaire aux deux que nous avons dites, à savoir la perfection de la politique (*ha-medīniyyūt*), qui correspond au bon ordre et à la correction de sa conduite envers les autres, qu'il s'agisse de sa maisonnée ou de la cité ; cette partie se nomme politique[157]. Il y a ainsi trois parties du bonheur et de la perfection[158] humains grâce auxquelles il [peut] vivre selon la liberté, à savoir la spéculation, l'action et la politique ; et toutes trois se trouvent ensemble au [plus] haut degré dans « cette Torah » (Dt 4,44) divine qui est entre nos mains, ainsi que c'est expliqué dans tout le traité *Āḇōt* dont l'intention est d'exposer comment se procurer les trois parties de la perfection [humaine][159] grâce à la Torah divine qui conduit tout droit à les atteindre. Pourtant, en vérité, nous avons toujours lieu de nous demander laquelle de ces parties est la plus fondamentale dans le bonheur humain ; à ce sujet existe une grande querelle parmi les anciens, qui durera jusqu'aux derniers [penseurs][160] et qu'il n'y a pas à rappeler ici.

הפלס ומאזני משפט בכלן למצוא המצוע ולבלתי נטות אל קצה מן הקצוות, כן במעלות השכליות צריך שהשכל הישר יבקש המיצוע ולא יטה אל קצה מן הקצוות ואין זה מקום ביאורם, כמו שרמז אומרו **ולא הלכתי בגדולות ובנפלאות ממני** וכו' [תה' 131, 1].

ואמנם, כפי היות האדם בעל חברה ובעל חי שכפי טבעו ומינו, לא נולד להיות יחידי לבדו אלא להתחברו עם אחרים, נוסף לו שלמות אחר יותר על השנים הנזכרים, והוא שלמות המדיניות שהוא סדר ותיקון התנהגו עם זולתו, עם בית יהיה או עם מדינה, וזה החלק נקרא מדיניות, והיו א"כ חלקי אושר האדם ושלמותו אשר עמהם הוא יחיה חיי החירות והחפשיות, שלשה, והם: העיון והמעשה והמדיניות. ושלשתם יחד נמצאים במעלה גדולה ותהלה בזאת התורה [דב' 4, 44] האלהית אשר בידינו, כמו שיתבאר בכל מסכת אבות אשר זאת היא כונתה לבאר המצא והתרצה שלשה חלקי השלמות בתורה האלהית ונוהגת דרך ישר להשיג אותם. הן, אמת שלעולם ישאר אצלנו מקום מבוכה ועיון אי זה מאלה החלקים הוא היותר עקרי ושרשי אצל האושר האנושי, ועל זה נפל מחלוקת גדול בין הראשונים לאחרונים שיהיו, אין לזה זכרון הנה.

## III.A. Le bien véritable : conceptions diverses

### 20. *Les fins de la liberté ne sont autres que (celles de) la conduite vertueuse*

Salomon le-beit ha-Lévi a dit : après avoir constaté que la liberté est possible à l'homme, il convient que nous cherchions le but de cette liberté : s'il s'agit de la liberté elle-même, ou si celle-ci possède une autre fin hors d'elle-même. Or l'Investigateur a expliqué dans l'*Éthique* que la vertu doit exister pour elle-même, faute de quoi elle n'est pas la vertu[161] ; il n'y a aucune des vertus qui ne soit vaine sans la prudence, car celle-ci est la mère et la source des vertus ainsi que nous l'avons dit, comme l'énonce le verset : « tu es appelée mère de la sagesse » (Prv 2,3) ; en effet, n'est appelé généreux celui qui donne ou reçoit l'argent que s'il est dirigé en cela par la prudence, et de même n'est appelé courageux celui qui [tantôt] recherche ou fuit les dangers que s'il le fait avec prudence, de même celui qui répartit ou échange avec justice n'est juste que s'il agit avec prudence, et ainsi de toutes les autres vertus. Et puisque c'est l'exercice de la vertu que nous désirons, puisqu'ainsi la disposition (*qinᵉyān*) de choix passe de la potentialité à l'actualité, il s'ensuit pour nous que puisque la vie libre consiste pour l'homme à vivre et agir conformément à la prudence, dès lors, puisque (f. 8) les vertus sont leur propre fin, à plus forte raison la vertu des vertus qui est la prudence doit-elle être sa propre fin, sans autre but. Et Sénèque, dans ses *Lettres*, l'établit à maintes reprises, lui qui pense qu'après la mort il n'est pas de bonheur ni de perfection puisque, selon lui, il n'y a pas d'autre bonheur pour l'homme que de pratiquer la vertu et de faire le bien de son vivant[162]. Et Tullius (Cicéron),

### [III.A. חילופי דעות על הטוב האמיתי]

### [20. תכלית החירות היא חיים לפי המעלה]

אמר שלמה לבית הלוי: אחר אשר מצאנו החירות וההפשיות איפשריים אל האדם, ראוי לנו שנבקש תכלית חירותו זה, אם הוא החירות עצמו או אם נמצא לו תכלית אחר חוץ ממנו. והנה בהיות שהחוקר ביאר בס' המדות שהמעלה צריכה שתהיה בעבור עצמה, כי זולת זה אינה מעלה, ואחר שאין מעלה מן המעלות ריקה מן התבונה, כי התבונה היא אם ומקור המעלות כלן כמו שאמרנו, ועל דרך רמז **כי אם לבינה תקרא** [משלי 2, 3]: כי לא יקרא נדיב הנותן והמקבל הממונות אם לא יהיה מונהג בזה מן התבונה, וכן לא יקרא גבור הרודף או הבורח מן הסכנות אם לא יעשה זה בתבונה, וגם המחלק או המחליף בצדק לא תעלה בידו מעלת הצדק אם אין מעשיו בתבונה, ועל דרך זה, כל שאר המעלות. ואחר אשר פעולת המעלה הוא הנרצה לנו ממנה, כי אז יצא הקנין הנבחר מן הכח אל הפועל, – יעלה לנו מזה שבהיות חיי החירות היות האדם חי ופועל כפי התבונה, אם כן איפה, הואיל [ע' 8א] והמעלות הן בעבור עצמן, כל שכן מעלת המעלות שהיא התבונה צריכה שתהיה בעבור עצמה ואין לה תכלית אחר. ושיניקה באגרותיו מאמת זה פעמים הרבה, החושב שאין אחר המות אושר ושלמות כלל, כי לדעתו אין שם אושר לאדם רק פעולת המעלה ולעשות טוב בחייו. וטוליאו

qui doutait de la survie de l'âme après la mort[163], a lui aussi prodigué d'abondance le conseil de pratiquer les vertus, dans la même idée, et beaucoup avec eux.

21. *La vie éternelle*

Je dis quant à moi que nul parmi notre peuple ne nierait, à Dieu ne plaise, la survie de l'âme. Mais il s'en trouve un grand nombre pour soutenir qu'il ne faut [s']assigner nul autre but que la vertu, selon le dit de nos maîtres, que « le salaire d'une bonne action (*miṣwāh*) est une bonne action et celui d'une transgression, une transgression » (*Pirᵉqēy Āḇōt* 4,2), et d'innombrables autres lieux de ce genre. Cependant, bien d'autres parmi les investigateurs (*anᵉšēy ha-ḥaqīrāh*), considérant la chose, ont vu que les vertus morales qui procèdent du gouvernement de la prudence, dont nous avons établi qu'il donnait à l'homme la liberté, meurent et disparaissent à sa mort. Aussi était-il difficile à leurs yeux que l'homme supporte les mortifications de la vertu, qu'il est très malaisé d'atteindre : ainsi de la vertu de courage, par laquelle l'homme se met en danger et supporte de pénibles tourments, pour la vertu ; et [quand il ?[164]] subit par exemple la pauvreté, la mort de ses enfants et des maladies avec égalité d'âme, pour la vertu, n'ayant pas d'autre but à espérer que cette vertu même. En outre, la vertu étant ce qui est recherché pour soi-même et en elle consistant le bien auquel tous aspirent[165], il aurait convenu qu'un tel bien fût permanent ; or, ils voyaient que la vertu périssait à la mort de l'homme, caractère éloigné de ce qu'il convient d'attribuer au but suprême espéré. C'est pourquoi de nombreux philosophes ont soutenu que le but recherché devait être permanent et l'ont fait consister pour cela en la survie de l'âme après la mort, déclarant qu'en

אשר היה מספק בהשארות הנפשיי אחר המות הרבה כמו כן ליעץ לפעול המעלות לחושבו זה גם כן, ורבים עמהם.

[21. חיי העולם]

ואני אומר שלא נמצא באומתנו מי שיכחיש ההשארות הנפשיי חלילה, אבל נמצאו רבים אומרים שאין להניח תכלית אחר זולת המעלה, וכמו ש[אמרו ז"ל] **ששכר מצוה מצוה ושכר עבירה עבירה** [אבות 4, 2], וכיוצא באלה המקומות עצמו מספר. אמנם אחרים רבים מן אנשי החקירה גם כן שתו לבם וראו כי המעלות המדותיות המתחדשות משולטנות התבונה אשר גזרנו היותה נותנת לאדם החירות והחפשיות הם מתות ואובדות במתתו. ולזה, היה קשה אצלם שיהיה האדם סובל ענויי וסגופי המעלה אשר השגתה קשה מאד, ומה גם בהיות המעלה בגבורה שבה יסתכן האדם ויסבול יסורים קשים ורעים בעד המעלה ויסבול דרך משל עוני ומיתת בנים וחולאים משונים בשמחה ובטוב לבב בעד המעלה ושלא יהיה לו תכלית אחר מקווה מן המעלה ההיא עצמה. ועוד, שאחר שהמעלה היא הנדרשת מצד עצמה והוא [!] הטוב שהכל יכספוהו, היה ראוי שטוב אשר כזה יהיה קיים ועומד, והם ראו שהמעלה תפסד ותכלה במיתת האדם, שהוא דבר רחוק מן מה שראוי שייוחס אל תכלית עליון ומקווה. ולזה, הרבה מן הפלוסופים אמרו שהתכלית הנדרש והמבוקש צריך שיהיה קיים ועומד, ושמוהו בעבור זה בהשארות הנפשיי וקיומו אחר המות, ואמרו שבעבור

raison de cette survie, il n'était pas hors de propos que l'homme supporte des épreuves et de grands tourments, puisque par là il échangeait l'éphémère contre le permanent et le vil contre l'honorable. À propos de ce bien désirable, le roi David a dit : « Qu'il est grand, ton bien que tu as réservé pour ceux qui craignent, que tu accomplis pour ceux qui espèrent en toi, aux yeux des hommes ! » (Ps 31,20), et bien d'autres versets vénérables.

22. *La gloire*

Il en est d'autres qui ont assigné comme but à la vie libre, la gloire (*kāḇōd*)[166], en voyant que le Philosophe avait dit que l'honneur était le salaire de la vertu ; et qu'il n'y a rien de plus haut que nous rapportions à Dieu pour avoir donné vie à notre âme, que la gloire ; ainsi ont-ils estimé que la fin de la vertu était la gloire, comme on l'a dit. Et nombre de versets en font l'éloge, comme « jubilez, homme pieux, dans la gloire » (Ps 149,5), « [Dieu] donne grâce et gloire, ne prive pas du bien ceux qui marchent avec droiture » (Ps 84,12), « les sages hériteront la gloire » (Prv 3,35) et bien d'autres.

Pourtant il n'est pas difficile de réfuter cette opinion. En effet, l'Investigateur, dans l'*Éthique* (I, 3, 1095b24-25), et tous ceux qui l'ont suivi ont objecté que, la gloire dépendant davantage de celui qui glorifie que de celui qui est glorifié, il se peut qu'on l'accorde à quelqu'un qui n'en est pas digne et que parfois on ne l'accorde pas à celui qui en est digne. Choses bien éloignées de la fin recherchée, à savoir qu'il faut qu'elle s'attache en permanence à celui qui possède le bonheur et la liberté et non à un autre, et qu'il la possède tant qu'il en est digne, et qu'il ne se peut qu'elle soit possédée par celui qui n'en est pas digne,

זה ההשארות אינו רחוק שיסבול האדם טרחים וטרדות ויסורים קשים, הואיל והוא בזה ממיר ומחליף החולף בעד הקיים והנקלה בנכבד. ועל הטוב הנכסף הזה אמר דוד **מה רב טובך אשר צפנת ליריאיך, פעלת לחוסים בך נגד בני אדם** [תה' 31, 20] ופסוקים אחרים רבים ונכבדים.

[22. הכבוד]

ויש אחרים ששמו תכלית חיי החירות והחפשיות בכבוד וההוד, בחזותם שהפלוסוף אמר שהכבוד הוא שכר המעלה ושאין בידינו ענין יותר עליון אשר נתנהו לה' יתברך על אשר שם נפשנו בחיים, אלא הכבוד. ולזה, חשבו שתכלית המעלה הוא הכבוד, כמדובר. והרבה פסוקים משבחים אותו, כאומרו **יעלזו חסידים בכבוד** [תה' 149, 5], ואמר **חן וכבוד יתן** כו' **לא ימנע טוב להולכים בתמים** [תה' 84, 12], ואמר **כבוד חכמים ינחלו** [משלי 3, 35], והרבה כיוצא בזה.

אך ביטול זה הדעת אינו ממה שיקשה, כי החוקר בספר המדות וכל הנמשכים אחריו הוכיחו שאחר שהכבוד הוא יותר ביד המכבד מביד המכובד ושהכבוד איפשר שינתן למי שאינו ראוי לו ואיפשר שפעמים לא ינתן למי שהוא ראוי, הדברים האלה הם רחוקים מאד מן התכלית המבוקש הנה, שצריך שיהיה קיים עומד ביד המאושר והבן חורין ולא ביד זולתו, ושיהיה נמצא בידו על כל פנים בהיותו ראוי אליו, ובלתי איפשר שימצא ביד הבלתי ראוי.

distinction faite dans le verset : « car j'honorerai ceux qui m'honorent et je ferai honte à ceux qui me dédaignent » (I Sm 2,30).

23. *Le sentiment d'avoir bien agi*

Je trouve une autre opinion à ce sujet, selon moi proche de la première, à savoir que le but de la liberté et celui de la vertu sont seulement que l'homme vertueux lui-même reconnaisse en son cœur qu'il a fait ce qu'il convenait de faire et ce qui lui incombait selon la vertu, qu'il se réjouisse de toute la peine qu'il a prise en sachant qu'il ne sortira pas du cadre (*merkāz*) de la perfection et, se rappelant ses actes et ses vertus d'antan, qu'il ajoute à la joie de son cœur. On trouve un appui à cette opinion dans les Écrits saints, comme « rien que se réjouir et faire le bien » (Eccl 3,12), « c'est une joie pour le juste que d'agir selon le droit » (Prv 21,15), « l'attente des justes est la joie » (Prv 10,28), « joie pour les conseillers de paix » (Prv 12,20) et bien d'autres, et « le souvenir du juste est une bénédiction » (Prv 10,7), d'après lequel le juste, en se souvenant de ses exploits et de ses vertus de naguère, ajoutera en son cœur à sa bénédiction et à sa joie. Tandis que le décri qui s'attache aux méchants est cause que leur nom se décompose et périt à cause de leur mauvaiseté et de leurs fautes, car le souvenir des fautes passées est très affligeant, de même que celui des vertus [mises en œuvre] réjouit ; comme le dit le verset : « à ce souvenir mon âme s'affaisse en moi » (Lm 3, 20).

Pourtant, cette opinion aussi est fausse en elle-même[167], car nous trouvons bien des gens qui ne sont pas parvenus à la compréhension du caractère de la vertu et qui néanmoins se réjouissent de leurs hauts faits et de leurs exploits, au plus haut point ; au souvenir de ce qu'ils ont fait, ils exultent

וכאשר דקדק באומרו **כי מכבדי אכבד ובוזי יקלו** [א' שמ' 2, 30].

[23. הכרת מעלת עצמו]

והנה דעת אחרת אני מוצא בזה, בעיני הוא קרוב אל הראשון, והוא, כי תכלית החירות והחפשיות ותכלית המעלה אינה רק היות המעולה עצמו מכיר ויודע שעשה מה שראוי לעשות ומה שמוטל עליו כפי המעלה בלבו, שמח בכל עמלו שעמל בדעתו שלא יצא ממרכז השלמות, ובזוכרו מעשיו ומעלותיו הקודמות מוסיף בשמחת לבו. ונמצא סעד לדעת הזה במקראי קדש, באומרו **כי אם לשמוח ולעשות טוב** [קה' 3, 12], ואמר **שמחה לצדיק עשות משפט** [משלי 21, 15], ואמר **תוחלת צדיקים שמחה** [תה' 10, 28], **וליועצי שלום שמחה** [משלי 12, 20], ורבים כאלה, ואומרו **זכר צדיק לברכה** [משלי 10, 7]. יהיה כפי זה כי מה שזוכר הצדיק מעלילותיו ומעלותיו הקודמות, יהיה להוסיף לו בלבו ברכה ושמחה. אך השם היוצא על הרשעים הוא סבה שירקב ויפסד שמם מצד רעתם וחטאתם, כי זכרון החטאים הקודמים מעציב מאד, כמו שזכרון המעלות משמח, וכמו שאמר **זכור תזכור ותשוח עלי נפשי** וגו' [איכה 3, 20].

ואמנם גם הדעת הזה נפסד בעצמו, לפי שמצאנו ראינו הרבה אנשים שלא הגיעו עד תבונת תכונת המעלה והם שמחים בעלילותיהם ופעולותיהם הרבה מאד, וכן בזוכרם מה שפעלו ועשו יגילו וישמחו בזה

et pensent en leur cœur qu'il n'est pas de plus grande vertu que la leur. Si donc il en est ainsi[168], celui qui n'est pas vertueux parvient au sommet du bonheur tout comme le vertueux et l'avisé, ce qui est [nécessairement] faux[169]. En outre, il ne convient pas que le souvenir de la chose passée apporte un surcroît de bonheur et de plaisir par rapport à l'existence de la chose elle-même au moment où elle s'est produite : preuve en est qu'un homme se réjouit davantage au moment où il mange des mets onctueux et où il absorbe des boissons suaves que lorsqu'il se souvient qu'il les a mangés et bues ; (f. 8v) dans ces conditions, comment se réjouirait-il davantage du souvenir de la vertu que de la vertu elle-même ? En outre, l'exercice de la vertu est ce que veut l'homme parfait (*šālēm*) et il est heureux lorsqu'il l'exerce, ainsi que l'a établi l'Investigateur dans l'*Éthique*[170] ; comment donc penser qu'il atteindrait son but lorsqu'il ne l'exerce pas mais se souvient seulement de l'avoir exercée, et qu'il serait heureux dans cet état ? C'est pourquoi nous trouvons que le sage [Salomon] tantôt fait l'éloge de la joie et tantôt la blâme, lui qui a dit : « J'ai fait l'éloge de la joie » (Eccl 8,15) et « [J'ai dit] à la joie : “à quoi sers-tu” ? » (Eccl 2,2). Les rabbins ont déjà été attentifs à cela, selon ce que nous avons compris de leurs paroles en étudiant ce sujet.

### 24. *La puissance et la richesse en tant que moyens de faire le bien*

Il y a lieu aussi de rappeler l'opinion de ceux qui disent que le but de tout est la fortune, combinée avec le pouvoir : car nous avons trouvé quelqu'un pour avoir soutenu que l'homme heureux est celui qui est comblé de tous les biens en même temps[171]. Mais nous avons [aussi] trouvé que l'Investigateur, dans l'*Éthique*[172], a avancé que les hommes

ויחשבו בלבם שאין מעלה גדולה ממעלתם. ויהיה אם כן הבלתי מעולה מגיע אל תכלית האושר כאשר יגיע אליו המעולה והנבון, וזה בטל. ועוד, שאין ראוי שיהיה זכרון הדבר הקודם מוסיף אושר ותענוג על מציאות הדבר עצמו בעת המצאו, וראיה לזה כי יותר יתענג האדם בעת אכלו משמנים והיותו שותה ממתקים שבעת שהוא זוכר שאכל ושתה אותם. [ע' 8ב] ואם כן, איך יתענג יותר עם זכרון המעלה מבמעלה בעצמה? ועוד, שפעולת המעלה הוא הנרצה אצל השלם ובהיותו פועל אותה הוא מאושר, כמו שנתיסד זה מאת החוקר בספר המדות, ואיך יחשב שתכליתה יהיה עומד בעת שאינו פועל אותה, רק זוכר שכבר פעלה ושמח עם זה? ולכן מצאנו שהחכם פעם ישבח השמחה ופעם מגנה אותה, כי אמר **ושבחתי אני את השמחה** [קה' 8, 15], ואמר **ולשמחה מה זאת עושה** [קה' 2, 2]. וכבר נתעוררו על זה חכמנו, זכרונם לברכה, במה שעם דרושנו זה יובנו דבריהם.

[24. העושר והשלטון כאמצעים אל הטוב]

גם ראוי לזכור דעת האומרים שתכלית הכל הוא העושר בהתחברו עם ממשלה ויכולת, כי מצאנו מי שאמר שהמאושר הוא השלם בכל הטובות יחד. ומצאנו שהחוקר בספר המדות אמר

ont introduit la monnaie (*ha-maṭ$^{e}$be‘ōt*) afin que, lorsqu'ils l'auraient entre les mains, ils possédassent ainsi toutes choses qu'ils voudraient et que, puisque l'abondance de richesse, avec le pouvoir, étaient des moyens pour faire le bien, ils ont pensé que la richesse et le pouvoir étaient le point ultime de la liberté et de toutes les vertus (*ma‘$^{a}$lōt*).

Cependant, il semble que cette opinion puisse se réfuter d'elle-même : la richesse étant un bien extérieur, elle ne saurait rendre heureux et parfaire l'homme lui-même, [ce que ne peut] qu'un bien intérieur et inséparable. De plus, la richesse n'est pas recherchée pour elle-même mais en vue d'autres choses, de sorte qu'il est évident qu'elle n'est pas une fin mais un moyen. Davantage, le plaisir que procure la richesse vient de ce que nous la dépensions, et il ne convient pas que la perfection consiste en quelque chose dont la propre perfection dépend de sa diminution. En outre, la richesse peut s'obtenir par hasard et se perdre de même. Il serait bien honteux que tous ces caractères se rencontrent au point ultime de la liberté et de la vertu, dans le bonheur de l'homme et dans sa perfection. Il s'y ajoute que celui qui atteint sa fin est en repos, satisfait ; or, « qui aime l'argent n'est jamais rassasié d'argent[173] » [*cf.* Eccl 5,9] ni du désir de s'enrichir. Bien d'autres réfutations sont appelées par cette opinion dommageable, il serait [inutilement] long de les rappeler. C'est pourquoi [l'Écrivain inspiré] a dit : « ne te fatigue pas pour t'enrichir ; renonce à ton art » [Prv 23,4] et « Ne t'émeus pas si quelqu'un s'enrichit et que s'accroît la pompe de sa maison » [Ps 49,17].

שהמטבעות המציאום האנשים כדי שבהיותם נמצאים בידיהם יהיו נמצאים אצלם כל הדברים אשר ירצו, ואחר שרבוי העושר והממון והממשלה עמהם הם כלים לפעול בהם הטובות, חשבו אלה שהעושר והממשלה הם תכלית החירות והחפשיות והמעלות כלם.

ואמנם ביטול זה הדעת נראה מותר להיות בטל בעצמו: כי אחר שהעושר הוא טוב חצוני, אי אפשר שיהיה מאשר ומשלם האדם בעצמו, רק טוב פנימי ודבק לו. ועוד, שהעושר הוא נדרש לא בעבור עצמו אלא בעבור דברים אחרים, ואם כן נראה שאינו תכלית אלא אמצעי. ועוד, שהתענוג הבא מן העושר הוא בהוציאנו ובפזרנו אותו, ואין ראוי שהשלמות יעמוד במה ששלמותו תלוי בהוצאתו. ועוד, שהעושר איפשר שיהיה נקנה במקרה והזדמן, וגם יהיה אובד במקרה והזדמן. וכל אלה הם דברים מגונים מאד לשימצאו בתכלית חיי החירות והמעלה ובאושר והשלמות האנושי. ועוד, שמי שהשיג תכליתו, הוא נח ושקט ומסתפק: **ואוהב כסף לא ישבע כוסף** [ר' קה' 5, 9] ותשוקת ממון. וביטולים אחרים רבים נמשכים אל הדעת הזה הנפסד, יארך זכרונם, ולזה אמר **אל תיגע להעשיר, מבינתך חדל** [משלי 23, 4], ואמר **אל תירא כי יעשיר איש כי ירבה כבוד ביתו** [תה' 49, 17].

## 25. *Le sentiment de paix, plaisir qui résulte de l'exercice de la vertu*

Il en est d'autres qui assignent le point ultime de la vertu et de la liberté dans le plaisir, dans l'idée que l'homme vertueux n'accomplirait pas l'acte vertueux à moins d'en tirer du plaisir : l'homme courageux qui part pour la guerre et qui endure des souffrances, l'homme continent qui jugule ses désirs à grand-peine, s'ils ne tiraient du plaisir de ces conduites, les éviteraient et renonceraient à acquérir la vertu [en question], car il n'est rien qu'accomplisse l'homme de lui-même, si ce n'est par plaisir ; en effet, celui qui s'afflige et qui souffre se nuit à lui-même et ne veut pas que dure son état. C'est pourquoi le point ultime du bien et de la vertu serait l'agréable et, comme l'a dit [le Psalmiste], « fais plaisir en bien à ton serviteur, que des arrogants ne m'accablent pas » [Ps 119,122].

Et du fait que le plaisir qui résulte de la vertu est permanent et complet, qu'il est le véritable agrément et qu'hormis lui il n'en est pas [à proprement parler], pour cette raison le guerrier courageux endure des blessures graves aux séquelles durables sans tenir compte de la souffrance qu'elles lui causent, en vue du plaisir vrai que procure à son âme cette vertu [du courage]. Au contraire, il tient pour plus grave la douleur qui naîtrait dans son âme du fait du manque de courage, s'il penchait vers cet extrême[174] dont elle est susceptible sous l'effet de la douleur endurée dans les tourments [de la guerre]. C'est pourquoi le roi Salomon a énoncé : « Un désir se transforme en joie pour l'âme » [Prv 13,19] ; c'est-à-dire, que lorsque le désir du plaisir physique est brisé, alors naît le plaisir de l'âme[175] ; et encore, « si le cœur souffre, l'esprit est abattu » [Prv 15,13], où il veut dire que c'est du fait que l'intellect[176] est mis en souffrance, que l'esprit est abattu et souffrant [à son tour], et non du fait de la souffrance du corps.

[25. התענוג הנולד מפעולות המעלה]

ויש אחרים שמים ומניחים תכלית המעלות וחיי החירות בתענוג, כי הנעלה לא היה פועל פעולות המעלה אם לא בעבור התענוג הנמשך לו מהן, והגבור הנכנס במלחמות וסובל כאבים ויסורים, וכן המסתפק המרסן תאותיו בקושי גדול, אם לא היה מתענג בזה, היה בורח ומניח קנין המעלה. כי אין דבר מתקיים מן האדם בעצמו אלא בתענוג וערבות, כי העצב והכאב הוא מפסיד את עצמו ובלתי רוצה בקיום נושאו. ולכן, תכלית הטוב והמעלה הוא הערבות, וכמו שאמר **ערוב עבדך לטוב בל יעשקוני זדים** [תה' 119, 122]. ולפי שהתענוג הנמשך מן המעלה הוא התענוג הקיים והשלם והוא הערבות האמתי, וזולתו אינו ערבות ותענוג, לזה הגבור הסובל מכות גדולות ונאמנות, אינו מחשיב הכאב הנמשך לו מהן אל התענוג האמיתי הבא לנפשו מן המעלה ההיא. ואדרבה, יותר הוא מחשיב הכאב והעצב אשר היו מתחדשים לנפשו מן פחיתות וחסרון מעלת הגבורה אם היה נוטה אל קצה מן הקצות אשר לה מן הכאב והעצב אשר סובל ביסורים ההם. ולזה אמר שלמה המלך, עליו השלום, **תאוה נהיה תערב לנפש** [משלי 13, 19], כלומר שבהיות התאוה שהוא התענוג הגופיי נשבר ונפסד, אז יתחדש הערבות הנפשיי. וכן אמר **ובעצבת לב רוח נכאה** [משלי 15, 13], שרצה לומר שממה שמעציב השכל, מזה הוא שהרוח הוא נכאה ועצב, אך לא מעצבת הגוף.

De façon générale, sache que le plaisir dont il s'agit est un sentiment de paix que procure ce qui plaît, ce qui ne se produit pleinement que lorsque l'on atteint son ultime perfection. En effet, l'Investigateur a montré au l. X de l'*Éthique*[177] que le plaisir [en question] n'est pas dans le temps parce que ce plaisir-là est une complétude et une forme, non un mouvement, et qu'il se produit quand ce qui est éprouvé est approprié, ordonné selon la vertu et la perfection. Et cela a lieu lorsque l'homme vertueux a accompli l'acte vertueux selon toutes ses conditions ; il en résulte alors pour lui un plaisir soudain et un agrément puissant (*'arēḇūt nimᵉrāṣ*), parce que, nous l'avons dit, [c]e plaisir coïncide avec la complétude de la forme.

### 26. *Toutefois l'homme vertueux ne trouvera pas le plaisir dans le repos, mais dans l'action*

Si tu considères la nature du plaisir que je t'ai rappelée, en particulier si tu l'étudies d'après le livre X de l'*Éthique*, il se trouve (*nimṣā'*) que le but des hommes vertueux et libres n'est pas le plaisir en question – encore qu'il n'existe pas de liberté vertueuse sans plaisir et pas de plaisir décent sans liberté vertueuse. En effet, l'homme prudent (*nāḇōn*) n'aspirera pas à la cessation de ce dont il estime et connaît qu'il lui est convenable ; puis donc que la vertu et l'action vertueuses lui sont convenables, il n'y a pas apparence que son but, en ce qui les concerne, soit de cesser de les pratiquer, car l'action qui procure du plaisir, dans la mesure où elle lui est convenable, il apparaît qu'elle est désirée (f. 9) à cause de quelque chose d'intérieur – et d'antérieur au plaisir, lequel survient ensuite –, qui s'y trouve ; et l'on forme le raisonnement[178] suivant : la chose désirée pour elle-même est celle qui est désirée en premier ; or, l'action

ובכלל, דע שהתענוג בכאן נרצה בו הרגשת מנוחה והשקט עם הדבר המענג, וזה לא ישלם רק כשיהיה על שלמותו האחרון, כי כמו שביאר החוקר בי' מהמדות, אין התענוג בזמן, לפי שהתענוג הזה הוא תמימות וצורה, לא תנועה, ויתחדש זה התענוג בהיות המורגש נאות ונכון ומסודר ומתוקן כפי המעלה והשלמות, וזה יהיה אחר שהמעולה פעל פעולת המעלה בכל תנאיה, ותחדש לו ממנה אז בפתע תענוג וערבות נמרץ, כי, כמו שאמרנו, התענוג הוא עם תמימות הצורה והשלמתה.

[26. אך איש המעולה לא ימצא תענוג במנוחה אלא בפעולה]

והנה בהתבונך על מהות התענוג אשר זכרתי לך, ובפרט בדרשך אותו מעל המאמר העשירי מן המדות, נמצא שאין תכלית האנשים המעולים החיים בחירות וחפשיות התענוג הנזכר, עם היות שלא ימצאו חיי החירות שהם כפי המעלה זולת התענוג, ולא תענוג הגון בלתי חיי החירות והמעלה. וזה, שהאיש הנבון לא ית[או]ה ויכסוף המנוחה מן הדבר שהוא משער ויודע שהוא נאות אליו והגון. ואחר שהמעלה ופעולתה נאותה והגונה אליו, לא יתכן שיהיה תכליתו בה לנוח ולשקוט ממנה, וזה כי הפעולה המענגת, כפי היותה נאותה והגונה אליו, נראה שהיא נכספת [ע' 9א] בעבור דבר מה פנימי שהוא קודם אל התענוג שבא אחר כך, אשר הוא מצוי לה. ויוקש על זה האופן: הדבר הוא נכסף בעבור עצמו אשר הוא נכסף בקדימה, אבל פעולת

vertueuse est désirée avant le plaisir qui la suit [et qui] lui est extérieur. Donc, il convient que l'action vertueuse soit désirée plus que le plaisir [qui en découle]. En outre, si les actions vertueuses sont accomplies en vue du plaisir, elles ne le seront pas parce qu'il convient qu'elles soient accomplies pour elles-mêmes ; et cela est faux[179]. De plus, si nous accomplissons les choses convenables et bienséantes pour le plaisir, il s'en accomplira aussi de honteuses, si nous atteignons par elles un plaisir puissant ; une telle proposition se détruit elle-même. Et [même] si vous dites que nous ne nommons plaisir que le plaisir de l'âme, alors [il reste que] le plaisir ne sera pas parfait par lui-même, mais seulement du fait de [l'exercice de] la vertu ; dès lors, la vertu est plus parfaite que lui.

Qu'elle est noble (*nik̠ᵉbād*), cette parole de nos rabbins ! « Les disciples des sages n'ont pas de repos, ni dans ce monde-ci ni dans le monde à venir, etc. » (TB *Berāk̠ōt*, 64a ; *cf.* *Mō'ēd qāṭan* 29a). En effet, outre l'explication de ses commentateurs[180], conforme (*nāk̠ōn*) à [leur] intention, ils ont voulu dire que [les disciples des sages], en exerçant leur intelligence, ne recherchent pas la cessation de ce mouvement, ni en ce qui concerne ce monde, ni en ce qui concerne le monde futur, parce qu'ils n'ont en vue que le service de Dieu. À la manière des sphères [célestes] : parce qu'elles ne connaissent pas le repos, nous concluons (*nigᵉzor*) que leur mouvement est intellectuel et non physique et qu'il est destiné à accomplir la volonté de leur créateur. Et comme [les rabbins] en ont apporté la preuve suffisante à partir du verset qui énonce : « Ils vont d'une armée à l'autre pour paraître devant Dieu à Sion » (Ps 84,8[181]), voulant dire que ceux qui « vont d'une armée à l'autre » et d'une école[182] à l'autre, qui sont les disciples

המעלה היא הנכספת קודם התענוג הבא אחר כך, חצוני לה. אם כן, פעולת המעלה ראוי שתהיה נכספת יותר מן התענוג. ועוד,שאם פעולות המעלה הן נפעלות בעבור התענוג, לא יהיו נפעלות בעבור שראוי שיהיו נפעלות מצד עצמן, וזה שקר. ועוד, שאם הדברים ההגונים והנאים, נפעלם בעבור התענוג, נבא לפעול גם המגונים כשבהם יושג מאתנו תענוג נמרץ, והוא בטל מצד עצמו. ואם תאמר שאין אנו קוראים תענוג אלא הנפשיי, אם כן התענוג לא היה שלם מצד עצמו, אלא מצד המעלה, ואם כן המעלה שלימה ממנו.

ומה נכבד אומרם, זכרונם לברכה: **תלמידי חכמים אין להם מנוחה לא בעולם הזה ולא בעולם הבא** כו' [בר' 64א. מ"ק 29א]! שמלבד פירוש המפרשים בו שהוא נכון אל הכוונה, ירצו שהם בפעולת השכלתם לא ידרשו ויבקשו מנוחה לזאת התנועה, לא בענין נמצא בעולם הזה ולא בענין נמצא בעולם הבא, לפי שכונתם אינה רק העבודה לאל יתברך, כמו הגלגלים אשר, מבלתי היות להם מנוחה, נגזור שתנועתם השכליית [! <u>צ"ל</u> שכלית] לא טבעית ושהיא לעשות בזה רצון קונם, וכמו שהביאו ראיה ראויה מן הפסוק האומר **ילכו מחיל אל חיל יראה אל אלקים בציון** [תה' 84, 8], ירצה שאותם ההולכים מחיל אל חיל ומישיבה אל ישיבה שהם התלמידי

des sages, n'ont d'autre intention que ce que cela soit jugé bon et droit aux yeux de Dieu qui fait séjourner[183] sa présence à Sion.

### 27. *La fin de la vertu selon Aristote est la vie selon l'intellect, dans ce monde-ci*

Il est encore une autre opinion, elle aussi en cours chez les sectateurs de la doctrine de l'Investigateur et de ses disciples, qui pensent que tout le but de la liberté, des vertus et de la prudence n'est rien d'autre que l'intelligence des choses saintes de la métaphysique[184] ; et que la métaphysique ne convient qu'à une âme en paix, exempte de l'éréthisme (*hit'orerūt*) des traits de caractère honteux (*ha-middōt ha-megunnōt*[185]), comme le disent [les versets] : « le commencement de la sagesse est la crainte de Dieu » [Ps 111,10 et Prv 9,10] et « Sois circonspect dans ta démarche quand tu te rends dans la maison de Dieu, etc. » [Eccl 4,17]. C'est-à-dire qu'il faut être parfait par ses mœurs et sa conduite vertueuse avant d'accéder à la spéculation métaphysique : dès lors, les vertus et la liberté selon la prudence [ne] seraient [qu']un chemin vers l'intelligence des sujets métaphysiques. Or, on sait que le but est plus parfait que ce qui y conduit. De la sorte, s'il est vrai que la pratique des vertus serait une perfection, une plus grande perfection est l'intelligence de la métaphysique, comme on peut l'observer à partir des propos de l'Investigateur au livre X de l'*Éthique*[186]. En effet, cette intelligence est parfaite tant du côté de la faculté réceptrice, à savoir l'intellect de l'homme, la plus parfaite de ses facultés, que du côté de l'objet reçu, à savoir les matières de la métaphysique, au-dessus desquelles il n'y a rien. En outre, cette intelligence serait plus durable, parce que nous pouvons plus longtemps intelliger qu'agir,

חכמים, אין כונתם ותכליתם רק שיראה הענין הזה טוב וישר בעיני האלקים המשרה שכינתו בציון.

[27. תכלית המעלה לפי אריסטו' היא השכלת החכמה הלהית (מטפיסיקה)]

עוד, יש סברא אחרת גם אצל הרודפים אחר למוד החוקר וסייעתו, החושבים שכל תכלית חיי החירות והמעלות והתבונה היא ההשכלה והעיון בדברים הקדושים האלהיים. ולפי שהחכמה האלהית לא תכון ותאות רק אצל נפש הנח והשקט מהתעוררות המדות המגונות והפחותות, וכמו שאמר **ראשית חכמה יראת ה'** [תה' 111, 10. משלי 9, 10], ואמר **שמור רגליך כאשר תלך אל בית האלקים** וכו' [קה' 4, 17], כלומר שצריך שיהיה שלם במדות ובפעולות המעולות קודם שיכנס בעיון האלהיות: ואם כן, היו המעלות וחיי חירות התבונה דרך אל השכלת הענינים האלהיים. וידוע שהתכלית הוא שלם מן המביא אל התכלית, ולזה, עם היות שפעולת המעלות היא שלימה ,יותר שלימה היא השכלת האלהות, כמו שאיפשר להתבונן מדברי החוקר בי' מן המדות. וזה, כי זאת ההשכלה היא שלימה, אם מצד הכח המקבל שהוא השכל השלם מכל כחות האדם, ומצד המקובל והמובט שהם העניינים האלהיים אשר אין למעלה מהם במציאות. ועוד, לפי שזאת ההשכלה היא יותר מתמדת, כי יותר זמן נוכל להשכיל מהם שנוכל לפעול,

l'intelligence ne causant pas autant de peine que les travaux du corps. Que si l'intellect peine, ce n'est qu'à cause des imaginations sensibles qui tourmentent nos émotions et nos sens[187].

En outre, cette intelligence est davantage source de bonheur que l'action, tant du fait de son caractère séparé que de sa permanence. Son caractère séparé, parce qu'elle porte sur des objets séparés de la corporéité (*gaš$^e$mūt*), rien n'étant plus radicalement séparé de la corporéité que le monde métaphysique (*elahūt*). Sa permanence, parce que les sujets métaphysiques sont immuables à tout jamais. Tandis que celui qui s'occupe de choses corporelles, terrestres et changeantes semble n'être ni pur ni saint, puisqu'il s'occupe d'objets qui ne sont ni purs ni séparés[188] ; en outre il apparaît comme de volonté et de goût changeants en fonction du changement de la chose qu'il voulait et goûtait au départ, et qui parfois lui procurera de l'affliction au lieu de la joie qu'elle lui procurait auparavant.

D'autre part encore, dans l'intelligence se trouve davantage de sobriété (*histap$^e$qūt*) et de retenue (*'amīdāh*) proprement dites que dans la conduite vertueuse, car l'homme prudent, le juste, le généreux et les autres types d'hommes vertueux ont besoin de ces biens temporels à l'aide desquels ils mettent en œuvre leur conduite vertueuse ; en outre, ils ont besoin de se trouver dans une société humaine. En revanche, celui qui intellige, même s'il est seul, pourra d'autant mieux se suffire à lui-même et subsister dans la solitude qu'il sera plus sage ; et peut-être sera-t-il alors plus à même d'intelliger que s'il était en société. Et, encore, celui qui intellige ne le fait, en général (*'al ha-roḇ*), qu'en vue de l'intelligence en elle-même (*'eṣem*) de ces sujets métaphysiques, puisqu'aucune fin n'est plus élevée, même s'il s'ensuit incidemment d'autres choses ; alors que

כי לא ישיג אל השכל העמל אשר ישיג לפעולות הגופיות. ואם ישיג עמל אל השכל, אינו אלא מצד הדמיונים החושיים אשר מטריחים אל הרגשותינו וחושינו.

ועוד, שזאת ההשכלה והעיון הם יותר משמחים מן הפעולות, אם לפשיטותם ואם לקיומם: [1] אם הפשיטות, לפי שהם עוסקים בדברים המופשטים מן הגשמות, כי אין דבר יותר מופשט בהחלט מן הגשמות מהאלהות. [2] ואם קיומם, לפי שהעניינים האלהיים הם בלתי משתנים לעד. ואמנם, העוסק אצל הדברים הגופיים הארציים המשתנים, נראה שהוא בלתי טהור וקדוש, אחר שעוסק אצל הדברים הבלתי טהורים ומופשטים, וגם נראה משתנה ברצונו ותענוגו בהשתנותו הדבר שהיה רוצה בו ומענגו תחלה, ולפעמים יהיה מוליד לו עצב ודאגה חלף התענוג והשמחה שהיה מוליד לו מקדם.

ועוד, כי בהשכלה ובעיון נמצא יותר הסתפקות ועמידה בעצמם מבפעולות המעלות, כי הנבון והצדיק והנדיב ושאר המעולים, הם צריכים לאותם הדברים והטובות הזמניות אשר עמהם יוציאו פעולתם ומעלתם אל הפועל, וצריכים להמצא בחברת בני אדם. אך המשכיל והמעיין, גם אם יהיה יחידי לבדו, כל מה שיהיה יותר חכם, יוכל להסתפק בעצמו ולעמוד יחידי, ואולי יהיה אז יותר משכיל ומעיין מבהיותו בחברת אחרים. ועוד, שהמעיין והמשכיל לא יעשה זה על הרוב אלא בעבור עצם ההשכלה באותם הדברים האלהיים, כי אין תכלית למעלה מזה, ואם שימשכו לו ענינים אחרים במקרה,

ceux qui agissent vertueusement quelquefois le feront pour la gloire, la louange, la faveur et autres avantages de ce genre. Celui qui examine les propos des investigateurs[189] et l'*Éthique à Nicomaque*[190] sait et comprend toute la différence qui existe entre le bien de la société (*medīnī*), [pratique], et le bien métaphysique (*elohī*), spéculatif. C'est que les plus parfaites de toutes les vertus sont les plus communes et les mieux partagées par un grand nombre, car le bien est d'autant plus parfait qu'il est plus répandu. C'est pourquoi le courage de combattre pour sa cité et pour son peuple est une grande vertu[191], et de même celles qui lui ressemblent[192] (f. 9v). Et l'on sait bien que cette vertu n'est pas recherchée pour elle-même, parce qu'il est invraisemblable que l'homme courageux se mette en danger de mort et s'expose aux coups et aux blessures à moins d'avoir en vue la paix ; et il est notoire que dans la paix se renforce l'intelligence ; c'est peut-être pourquoi les hommes aspirent à la paix : afin d'être dispos pour la spéculation, laquelle est recherchée pour elle-même et non pour autre chose. Dès lors, puisque toutes les vertus sont recherchées afin qu'elles[193] assurent le fonctionnement de la société, et qu'il semble que le but de celle-ci tende à la paix et à la stabilité, conditions dans lesquelles pourront se multiplier le savoir et la science, à la façon dont nous voyons que c'est dans les États paisibles que croît la sagesse (*ḥoḵmāh*) et qu'augmente la science (*dāʿat*) – comme le dit le verset, « Dès son jeune âge Moab vivait dans la quiétude et reposait en paix sur ses lies ; il n'a pas été transvasé d'un récipient dans un autre et n'a pas connu le chemin de l'exil. Aussi son goût a-t-il persisté et son parfum ne s'est-il pas altéré » (Jr 48, 11) : pour cette raison, je l'affirme, se manifeste la providence divine attachée à notre peuple : « la journée

והפועלים פעולות המעלה יותר פעמים יפעלום בעבור הכבוד והמהלל והחן ויותר דברים כיוצא בזה. והמתבונן בדברי החוקרים ובספר המדות ידע ויבין כמה הפרש יש בין הטוב המדיני לטוב האלהי העיוני, וזה כי, הנה השלמות שבכל מעלות המדות הן אותן שהן יותר כוללות ומשתתפות אל רבים, כי **הטוב כל מה שהוא יותר כללי הוא יותר שלם**, ולזה היתה מעלת הגבורה ללחום מלחמת המדינה והעם היא מעלה גדולה, וכן כל כיוצא בם, [ע' 9ב] וידוע שזאת המעלה אינה [נד]רשת בעבור עצמה, כי לא יתכן שהגבור יהיה מכניס עצמו בסכנת המות ויסורי המכות והחבורות פצע אלא לתכלית השלום והמנוחה, וידוע שבמנוחה ובשלום, אז תתחזק ההשכלה והעיון, ואולי לכך מקוים האנשים השלום וההשקט, כדי להיותם מוכנים אל העיון שהוא נדרש בעבור עצמו ולא בעבור דבר אחר. ואם כן, אחר שכל מעלות המדות נדרשות בעבור אותן שמעמידות הנהגת המדינה והקיבוץ ואותן שאצל הנהגת המדינה והקבוץ נראה שתכליתן השלום והישוב, אשר אצל השלום והישוב תרבה הידיעה והעיון והחכמה, כמו שאנו רואים שהמדינות השאננות הן אשר בתוכן תגדל החכמה ותרבה הדעת, וכמו שאמר הפסוק **שאנן מואב מנעוריו ושקט הוא על שמריו ולא הורק מכלי אל כלי ובגולה לא הלך, על כן עמד טעמו בו וריחו לא נמר** [יר' 48, 11]. אשר לזה אני אומר שמזה תושקף ותובט ההשגחה האלהית הדבקה עמנו, **עוד היום**

est encore longue » (Gn 29,7[194]) ; et, en dépit de l'oppression des exils, des persécutions, des tribulations et des errances, il n'a pas manqué de demeurer parmi nous des hommes de savoir et d'intelligence dans toutes les sciences, peut-être plus que dans tous les autres peuples[195].

De tout cela ressort que, de même que la mère de toutes les vertus éthiques est la prudence, de même celle de toutes les vertus intellectuelles est la sagesse (*ḥoḵmāh*) dont le but est l'intelligence de la métaphysique et en particulier la connaissance de Dieu, selon les capacités humaines ; et là elle trouve sa paix. On sait que cette connaissance peut être quant à ses œuvres, et des auteurs récents l'ont nommée nocturne, ou quant à ce qu'il est, ils l'ont alors appelée diurne[196]. Mais quant à ce qu'il est, elle nous échappe, et quant à ses œuvres, elle est de modes divers et multiples dont il serait long de traiter, et ce n'est pas le lieu ; disons seulement que selon nos propos toutes les vertus éthiques et toute la liberté se trouvent dans les sociétés ordonnées et orientées vers l'intelligence comme leur but.

## III.B. Interprétations de la doctrine d'Aristote

### 28. *La vertu ne suffit pas à atteindre les intelligibles*

Dès lors il se présente une grande difficulté : car, s'il en allait ainsi, il s'ensuivrait que celui qui atteint cette vie-là au moyen de la louable vertu de prudence et des autres vertus qui en découlent atteindrait du même coup (*tēḵef*) l'intelligence en question, car celui qui a atteint tous les moyens, assurément, atteindra la fin en vue de laquelle ceux-ci ont été ordonnés. Or c'est faux, car nous voyons bien des gens qui ont atteint la liberté que procurent la prudence, les autres vertus éthiques et la [bonne] conduite

**גדול** [בר' 29, 7], כי עם תוקף הגליות, השמדות והטלטולים והנדנודים, לא נעזבנו מהיות בתוכנו יודעי דעת ומביני מדע ומשכילים בכל חכמה, ואולי יותר מבכל שאר האומות.

מכל זה נראה שכמו שאם כל המעלות המדותיות היא התבונה, כן אם כל המעלות השכליות היא **החכמה** שתכליתה לעיין ולהשכיל באלהות, ובפרט בהכרת האל יתברך כפי כח האדם, ובזה תנוח ותשקוט. וידוע שזאת ההכרה, אשפר שתהיה אם מצד פעולותיו, וקראוה האחרונים הכרה לילית, ואם מצד מהותו וקראוה יומיית. אבל צד מהותו נעלם ונסתר מאתנו וצד פעולותיו יהיה בהרבה פנים יארך ספורם הנה, ואין זה מקומם. לבד נאמר כי, כפי דברינו, יהיו כל המעלות המדותיות וחיי החירות והחפשיות העומדות במדיניות מסודרות ומיושרות לתכלית ההשכלה והעיון.

[III.B. פירושי משנת אריסטו']

[28. המעלה לבדה לא לא מספקת להגעת המושכלות]

ולזה יקשה מאד, שאם היה זה כן, יתחייב שמי שיגיע אל החיים הנזכרים באמצעות מעלת תהלת התבונה ויתר המעלות הנולדות ממנה היה ראוי שתכף תהיה נמצאת בידו ההשכלה הנזכרת. כי מי שהשיג האמצעיים כלם על כל פנים ישיג התכלית אשר בעבורם [! צ"ל: בעבורו] סודרו. וזה שקר, כי אנחנו רואים הרבה אנשים השיגו חיי החירות והחפשיות אשר אצל מעלת התבונה ושאר המעלות המדותיות וההנהגה המדינית,

sociale, sans rien atteindre du tout de cette intelligence métaphysique, laquelle ne s'atteint qu'à grand-peine et par de grands efforts dans son ordre propre : comme si [la vertu et l'intelligence] étaient des choses séparées dont l'une ne serait nullement ordonnée à l'autre.

### 29. *Le bonheur dans ce monde et dans l'autre*

D'autres encore pensent autrement : il y aurait deux espèces de bonheur, l'une pratique, propre à l'homme dans ce monde, dont ont parlé l'Investigateur et les philosophes, qui consiste en l'acquisition de la vertu de prudence et des autres vertus éthiques et en leur pratique selon les facultés et la situation de [chaque] homme ; l'autre de rétribution, propre à l'homme dans le monde futur, duquel n'ont pas parlé Aristote et ses sectateurs parce qu'ils pensaient que l'âme périssait avec le corps ou bien, s'ils n'étaient pas d'accord à ce sujet, ne s'accordaient pas non plus sur la position contraire et restaient dans le doute, comme il ressort de certains passages de ses livres[197].

### 30. *Bonheur de l'homme comme composé d'âme et de corps et béatitude de l'âme seule*

Cependant il en est d'autres pour soutenir que l'Investigateur lui aussi admet le bonheur de rétribution, parce que le mérite et la rétribution sont liés et qu'il n'y aurait pas de mérite sans rétribution. Ils disent qu'il a longuement traité du bonheur de rétribution dans le livre X de l'*Éthique à Nicomaque*, lorsqu'il a exposé qu'il est deux sortes de bonheurs, l'un humain, qui appartient à l'homme en tant qu'il possède un corps et une âme, et l'autre seulement métaphysique, convenant uniquement à l'âme[198] ; il est vrai qu'il n'a pas qualifié ce bonheur métaphysique

ולא השיגו כלל מן זאת ההשכלה והעיון האלהי, אשר זה לא יושג רק בטורח וטרדה גדולה בפני עצמה, כאלו הם דברים מחולקים, אין זה מסודר בעבור זה כלל.

[29. האושר בעולם הזה ובעולם הבא]

ויש אחרים מחלקים ואומרים כי האושר, ממנו שני מינים: אחד הוא אושר המעשה, המיוחד לאדם בעולם הזה, אשר ממנו דבר החוקר והפלוסופים, שהוא עומד בקנין מעלת התבונה ושאר המעלות המדותיות ולפעול אותן כפי כח האדם ומצבו. והשני, הוא אושר הגמול, שהוא מיוחד אל העולם הבא, שלא דבר ממנו ארסטו וסייעתו, לפי שהיו חושבים שהנפש אובדת באבוד הגוף, או, אם לא היו מוסכמים בזה, גם לא היו מוסכמים בהפכו, רק מסופקים, כנראה בקצת מקומות מספריו.

[30. אושר האדם והצלחת הנפש]

אמנם, אחרים יש שאומרים שגם החוקר מודה באושר הגמוליי, כי הזכות והגמול הם מן המצטרף, ואם לא היה שם תגמול, לא היה שם זכות. ואמרו, שמן האושר התגמוליי דבר הרבה בעשירי מן המדות, שאמר שם שיש שני מיני אושרים, אחד אנושי שהוא לאדם כפי היותו בעל גוף ונפש, ושני פשוט אלהי, שלא יאות ויכון רק לנפש לבד. הן אמת שהאושר הזה האלהי לא יקראהו הוא

de bonheur de rétribution, mais de bonheur qui est le terme et la perfection du bonheur humain. Ce qui l'empêche (*niš$^e$mar be-zeh hū'*), c'est que si ce bonheur était une rétribution, il se trouverait nécessairement chez celui qui aurait atteint le bonheur humain méritoire (*zeḵūtiī*[199]) ; or nous en voyons beaucoup qui possèdent l'un sans l'autre. Dès lors, selon lui, ce bonheur ultime, terme de la perfection, consiste à atteindre le divin[200] selon l'atteinte nocturne possible à l'homme en fonction de son étude de la [science] naturelle et de ses investigations portant sur tous les existants, à partir desquelles il s'élève à Celui qui les fait exister. Quant à la difficulté que nous avons soulevée, que si cette béatitude[201] est le terme de la béatitude humaine et de la liberté, il aurait convenu que de la présence des moyens s'ensuivît aussitôt celle de la fin, nous la résolvons ainsi : ce raisonnement ne se vérifie que dans les choses naturelles où, quand tous les moyens sont en place, le mouvement prend fin et le but est atteint ; mais dans les choses qui dépendent de la volonté il n'en va pas de même, car ce n'est pas parce que tous les moyens nécessaires à la construction de la maison sont présents que la maison existera, si le constructeur ne les met pas en œuvre. Aussi faut-il considérer qu'il y a deux espèces de fins, la première qui advient nécessairement une fois présents tous les moyens, telle la fin des choses naturelles, et la seconde qui ne saurait exister sans les moyens, et qui à ce titre est leur fin, mais qui ne résulte pas nécessairement de leur présence ; et telle est cette béatitude ultime (f. 10) qui consiste en l'intelligence de Dieu selon les possibilités humaines. Car celui qui veut l'atteindre et s'y établir solidement doit s'être fortifié d'abord dans les vertus éthiques qui assagissent et stabilisent son âme et ses facultés[202] ; cependant, comme

גמוליי, רק אושר שהוא תכלית ושלמות אושר האדם. ונשמר בזה הוא, לפי שאם היה האושר ההוא גמול, היה מוכרח שימצא למי שימצא האנושי שהוא האושר הזכותיי, ואנו רואים שיש רבים שעלה בידם אחד מזולת האחר. ואם כן, לדעתו, האושר הזה האחרון ותכלית השלמיות הוא הצדת והשגת האלהות כפי ההשגה הליליית האפשרית לאדם כפי למודיו הטבעיים וכפי חקירותיו בנמצאות כלם, ומהם יעלה אל ממציאים. ולקושיא שהקשינו, שאם זאת ההצלחה היא תכלית ההצלחה האנושית וחיי החירות, היה ראוי שבהמצא האמצעיים יתחייב מיד מציאות התכלית, נתרץ שזאת ההקדמה לא תתאמת רק בדברים הטבעיים אשר בהמצא כל האמצעיים תנוח התנועה ויושג התכלית. אמנם, בדברים הרצוניים, אינו כן, כי לא בשביל שימצאו כל האמצעיים הצריכים לבנין הבית ימצא הבית אם לא יפעלהו הבנאי. ולזה, צריך שנתבונן שיש שני מיני תכלית, אחד הוא שהוא נמשך ומתחייב אחר המצא כל האמצעיים, כתכלית הדברים הטבעיים, ושני, הוא שאי אפשר שימצא בזולת האמצעיים, ולזה הוא תכליתם, אך לא בשביל שאם ימצאו הם, יתחייב מציאותו, וכן הוא ההצלחה הזאת האחרונה [ע' 10א] שהיא בהשכלת האל יתברך כפי כח האדם. כי הרוצה להשיג אותה ולהחזיק במבצרה, צריך שיהיה מוחזק תחלה במעלות המדותיות והמשקיטות והמישבות נפשו וכחותיו, אמנם שהחוקר

l'Investigateur, dans ses traités, n'a pas mentionné le bonheur propre à l'homme après la mort et n'en a rien dit, nous ne saurions établir d'après ses propos si, selon lui, l'âme de l'homme subsiste après la mort et si elle connaît une béatitude de rétribution en fonction de son bonheur humain [terrestre], ou non; car cet homme n'a parlé que du [monde] sensible et atteignable par l'expérience et la connaissance concrète.

31. *Platon et la vie éternelle*

Or, son maître [Platon[203]] a fait mention dans nombre de ses livres de la béatitude qui advient à l'homme après la mort et a exprimé son opinion regardant la survie de l'âme[204]. Nous trouvons en effet que les opinions de son maître sont plus proches de la foi que les siennes, au point que l'on dit de lui qu'il a appris d'arrière-disciples de Jérémie[205], et qu'il ne s'est pas tant laissé entraîner (*nim$^{e}$šaḵ*) dans ses réflexions par le sensible, l'empirique et le raisonnement intellectuel seuls, que son disciple[206]. Et encore que j'aie vu bien des auteurs récents qui se sont évertués à trouver des passages dans les livres de l'Investigateur sur l'éthique, sur les animaux, sur la politique et l'économique et ailleurs, à partir desquels il semble qu'il admette la survie de l'âme et la béatitude de l'homme après la mort[207], j'estime que ce qu'ils disent n'est pas péremptoirement démonstratif, mais douteux. Je dirais plus : ce n'est pas parce que l'investigateur grec y aurait cru que nous y croyons, et ce n'est pas parce qu'il n'y croirait pas que nous la nierions, à Dieu ne plaise ! Car il nous suffit qu'y aient cru nos pères saints et que nous y soyons enracinés par les écrits saints et en particulier par le Talmud, éloignés de toute erreur. Quant à nous, d'Aristote

בספריו וחבוריו לא זכר האושר המיוחד לאדם אחר המות ולא דבר בו מאומה, ולא נוכל להתקיים מדבריו אם לדעתו נפש האדם נשארת אחר המות ואם יש לה הצלחה תגמוליית כפי אושרו האינושי, אם לאו, לפי שהאיש הזה לא דבר רק במורגש ומושג בנסיון ובידיעה ממוששת.

[31. אפלטון וחיי עולם]

אכן רבו בהרבה מספריו הזכיר ההצלחה הבאה לאדם אחר המות והודיע דעתו בהשארות הנפשיי, וזה היה לפי שמצאנו דעות רבו הם יותר קרובות אל האמונה מדעותיו, עד שנאמר עליו שקבל ולמד מתלמידי תלמידיו של ירמיהו, ולא נמשך בסברותיו כל כך אחר המוחש והמנוסה וההקשה השכלית לבד, כאשר עשה תלמידו. ועם היות שראיתי רבים מן האחרונים טרחו לבקש מקומות בספרי החוקר במדות ובנפש ובס[פרי] בעלי חיים, ובספרי הנהגת המדינה והנהגת הבית, ומקומות אחרים, שמהם נראה היותו מודה בהשארות הנפש ובהצלחת האדם אשר לו אחר המות, אין דבריהם בעיני מחוייבים, רק מסופקים. ויותר מזה, כי לא מצד שיאמין בזה החוקר היוני נאמינהו אנחנו, ואם לא יאמינהו, נכחישהו, חס ושלום! כי די לנו שהאמינו בזה אבותינו הקדושים והושרשנו עליו בספרי הקדש ובפרט בתלמוד, הרחוקים מכל טעות ושגיאה: ומה לנו

et ses sectateurs, n'acceptons que le bon et omettons le reste qui sera la pâture des philosophes grecs et de ceux qui veulent leur ressembler.

### 32. *Les objets respectifs du l. I et du l. X de l'*Éthique à Nicomaque

À la vérité, il est clair, pour qui a étudié l'*Éthique à Nicomaque*, qu'au livre I Aristote n'est à la recherche, et ne parle, de rien d'autre que du bonheur de l'homme qui lui convient selon sa vie en société, le fait qu'il soit composé de corps et d'âme et « social par nature[208] », lié à la communauté des hommes ; il a recherché ce bonheur-là que [l'homme] obtiendra s'il atteint la vertu de prudence et celles qui en découlent. Mais, dans le livre X, il a laissé voir qu'il estimait qu'il y avait pour l'homme une autre béatitude, plus élevée que ce bonheur, qui lui revient du fait de son intellect et de son âme seuls, qui est la glorieuse vertu d'intelligence et qui est [aussi] la béatitude métaphysique de l'âme à laquelle le corps n'a pas accès, la béatitude qui revient aux parfaits, aux hommes de spéculation, en petit nombre[209], dès la vie présente ; car [Aristote] ne parle pas de l'autre vie qui vient après la mort, sa recherche [purement] humaine n'ayant rien pu en atteindre. C'est seulement que, [d'après lui], il y a dans la vie présente elle-même un régime qui correspond à la composition de l'homme faite de corps et d'âme, à savoir la vie de prudence et d'[autres] vertus, et un régime[210] qui correspond à l'âme seule et à l'intellect dépouillé du corps, à savoir le régime de l'intelligence qu'on appelle régime de dépouillement, de sainteté[211] et de retranchement. En effet, dans la vie présente, l'homme [qui se soumet à ce régime] se retranche et se dépouille entièrement de tous les divertissements (*penuyōt*) et attraits du corps afin de

אצל ארסטו וסיעתו, רק את הטוב נקבל ואת היותר נחדי[ל] והיה למאכל לפלוסופי יון ולרוצים לדמות אליהם.

[32. הנושאים השונים של מאמר א' ומאמר י' של ס' המדות]

הן אמת שדבר זה מבואר ומבורר למי שעיין בספר המדות, כי הוא, במאמר הא', אינו דורש ומבקש שם ולא מדבר רק באושר האינושי אשר יאות ויכון לו כפי חייו המדיניים וכפי היותו מורכב מגוף ונפש וכפי היותו **מדיני בטבע** [אריסטו', חכמת המדיניות, א', 2, 1253a, התחלה] מתחבר בחברת בני אדם, וחקר ודרש באושר הזה אשר יעלה בידו עם השגת מעלת התבונה והמדות הנולדות ממנה. אבל בעשירי מן המדות גלה דעתו שיש לאדם הצלחה אחרת עליונה מזו, נאותה אליו מצד חלק שכלו ונפשו לבד, והיא מעלת תהלת ההשכלה והעיון, והיא הצלחה אלהית שכלית שאין מבוא לגוף אצלה, והיא הצלחה נאותה לשלמים, אנשי העיון, **אחד מעיר ושנים ממשפחה** [יר' 3, 14], באלו החיים: כי לא ידבר מהחיים האחרים הבאים אחר המות ולא השיגה יד חקירתו האנושית לדבר מהם כלל. רק שבאלה החיים עצמם יש הנהגת חיים מתייחסת אל הרכבת האדם שהיא מגוף ונפש והם חיי התבונה והמעלות המדותיות, וחיים מתיחסים אל הנפש לבדה והשכל שהוא מופשט מן הגוף, והם חיי ההשכלה והעיון ונקראים חיי ההפשטה והקדושה וההתפרדות, כי באלה החיים מתפרד האדם ומפשיט עצמו מכל פניות ותשוקות הגוף לגמרי,

poursuivre uniquement ce qui concerne l'intellect. Si bien que, encore que la liberté humaine dans la vie présente dépende de, et repose sur, les vertus éthiques et l'acquisition de la prudence, toutefois, ce que nous avons investigué ici, c'est que tout cela est ordonné en vue d'atteindre la vie intellectuelle, une vie intellectuelle de l'âme [seule], semblable[212] à celle qui vient après la mort, en laquelle on atteint un plaisir profond qui ne s'accompagne d'aucune peine[213].

## IV. La supériorité de la Torah sur la doctrine d'Aristote

### 33. *Promesses scripturaires à tout Israël*

Nous, cependant, sommes les enfants d'Israël, le peuple que l'Éternel notre Dieu a choisi comme sa part ; dont la liberté et la vie intellectuelle dépendent de, et reposent sur, « cette Torah » (Nb 19,14 ; Dt 4,44 ; etc.) qui se trouve au milieu de nous, écrite et orale[214]. Car elle est le régime qui inclut toutes les sortes de vertus, non en tant qu'ordonnées de la sorte du fait de l'humanité et de la nature, mais seulement du fait qu'elles sont ordonnées et données par Dieu très haut ; ce régime de la Torah est la prudence sûre qui enquête avec discernement sur tous les aspects du possible et des situations des particuliers. Elle nous fait aussi hériter de la connaissance de tous les intelligibles qu'il est possible d'atteindre par la capacité d'investigation véridique et [aussi bien] de ceux que l'intellect de l'homme ne peut recevoir. Davantage, elle prolonge en nous les pensées vraies au moyen des impressions [produites] par des actions extérieures[215] qui les enseignent et les fixent solidement dans le cœur de ceux qui les accomplissent :

ורודף אחר ענייני השכל לבד, באופן שעם היות החירות והחפשיות האנושיים בחיים האלה תלויים ועומדים במעלות המדות ובקנין התבונה, הנה זאת חקרנוה כן היא, שכל זה הוא מסודר כדי להשיג חיי העיון וההשכלה שהם חיים שכליים נפשיים, דומים לבאים אחרי המות, שבם יושג התענוג הנמרץ ולא יוסיף עצב עמו.

[IV. משנת התורה עליונה על משנת אריסטו']

[33. הבטחות כתבי הקדש לכלל ישראל]

ואולם אנחנו בני ישראל, העם אשר בחר בו ה' אלהינו לנחלה וחירותינו וחפשיותינו וחיי השכלתנו ועיוננו תלויים ועומדים **בזאת התורה** [במד' 19, 14. דב' 4, 44. ועוד] המצויה בינותינו בכתב ובעל פה. כי היא סדר והנהגה כוללת לכל אופני ענייני מיני המעלות המדותיות, לא כפי היותן מסודרות כן מפאת האנושות והטבע, רק במה שהן מסודרות ונתונות מאת האל יתברך ויתעלה. וזאת ההנהגה התוריית היא התבונה הנאמנה החוקרת ומבחנת כל צדדי האפשר ומצבי הפרטים. והיא גם כן תורישנו ותודיענו כל ההשכלות והעיונים שאפשר בכח החקירה האמיתית להשיגם ואשר אין ביד השכל האנושי לקבלם. ויותר מזה, כי העיונים האמתיים תקיימם בידנו על ידי רשמי הפעולות החצוניות המורות עליהם והמקנות קנין חזק בלב עושיהן.

comme a dit à ce propos le Psalmiste, « une bonne intelligence pour tous ceux qui les accomplissent – la gloire [de Dieu] subsiste à jamais » (Ps 111,10)[216]. Qui pénètre dans ses portes sait qu'ainsi elle dispose celui qui vient vers elle, d'abord, à progresser dans l'observance de ses commandements, la compréhension de son sens obvie et l'accomplissement de ses règles, témoignages et lois[217]; une fois qu'il se sera lesté d'aliments délectables, il descendra dans ses profondeurs, recueillera ses secrets cachés[218], intelligera les sujets métaphysiques et en particulier atteindra le fruit que n'atteint aucun investigateur scientifique, à savoir l'adhésion au divin[219] dès la vie présente, selon le verset : « Vous qui adhérez à Dieu », alors que « vous êtes tous en vie » (Dt 4,4), c'est-à-dire non seulement par l'âme ou l'intellect mais par tous vos composants[220]. Celui qui atteindra [la Torah dans sa profondeur] connaîtra la force du plaisir et de l'agrément que procurent l'utile (*mōʿīl*), l'agréable et le bon ; tout est donné en elle. Ainsi, [le Psalmiste] a dit de l'utile : « Dans le chemin de tes lois (litt. : témoignages) je me réjouis comme de toute richesse » (Ps 119,14) (f. 10v) ; de l'agréable, que d'habitude on dédaigne une fois qu'on l'a atteint, on le prend en dégoût et en mépris, [au contraire, dans ce cas] : « Je me plais à tes règles et je n'oublie pas tes paroles » (*ibid.*, 16) ; du bien, qui est le conseiller véridique : « tes lois (litt. : témoignages) sont mes délices [et mes meilleurs conseillers][221] » (*ibid.*, 24). Du plaisir qu'entraîne l'amour qui suit la contemplation[222], il a dit : « Je fais mes délices de tes commandements, que j'aime » (*ibid.*, 47) ; parce que « cette Torah » aide l'homme et le perfectionne même aux heures de tourment, et lui donne de la joie même alors, il a dit : « Tes règles sont pour moi

וכמו שאמר על זה המשורר, **שכל טוב לכל עושיהם, תהלתו עומדת לעד** [תה' 111, 10]. והבא בשעריה יודע שכמו כן תסדר היא להיות הבא אליה תחלה מתדרג והולך בקיום מצותיה והבנת פשטיה ועשיית חוקותיה עדותיה ותורותיה. ואחר שנתמלא כריסו ממעדנים, יבא לרדת אל מעמקיה ולאסוף פניניה, סודותיה ותעלומותיה, ויבין וישכיל באלהיות, ובפרט שיבא להשיג הפרי אשר לא השיגו כל חכמי המחקר, שהוא הדבקות האלהי, בעוד היותו באלו החיים, וכמו שאמר **ואתם הדבקים בה' אלהיכם**, בהיותכם **חיים כלכם** [דב' 4, 4]: רצונו לומר, לא לבד לנפש או לשכל לבדו, אלא לכל חלקיכם. וישיג המשיג אותה חוזק התענוג והערבות המושג מהמועיל והערב והטוב, וכולהו איתנהו בה. וכמו שאמר על המועיל, **בדרך עדותיך ששתי כעל כל הון** [תה' 119, 14]. [ע' 10ב] ועל הערב אשר מדרכו שחנף אחר שהוא מושג, הוא מתועב ונמאס, אמר **בחוקותיך אשתעשע, לא אשכח דבריך** [תה' 119, 16]. ועל הטוב שהוא היועץ האמתי אמר **גם עדותיך שעשועי** וכו' [תה' 119, 24]. ועל התענוג הנמשך מן האהבה הבאה אחר העיון אמר **ואשתעשע במצותיך אשר אהבתי** [תה' 119, 47]. ועל היות זאת התורה עוזרת אל האדם ומשלימה אותו גם בעת הצרה ונותנת לו גם בעת ההיא שמחה אמר **זמירות היו לי חקיך**

des chants [même] dans ma demeure d'anxiété[223] » (*ibid.*, 54), *megūray* signifiant [ma] crainte et [ma] frayeur, et « Je me rappelle ton nom dans la nuit, ô Dieu, et j'observe [ta Loi] », la nuit étant le temps voué (*lāqūaḥ ʿal*) aux tourments. De l'agréable il a dit encore : « le cœur [des arrogants] est bouché comme [par] la graisse » (*ibid.*, 70), à cause de l'abondance des jouissances et plaisirs corporels, alors que « moi, ta loi fait mes délices » (*ibid.*) et, au contraire, « Tant mieux si je suis pauvre, pour pouvoir étudier tes préceptes » (*ibid.*, 71). [Sur ce] que « cette Torah » est bonne même avec la richesse, il a dit : « Meilleure est pour moi la Loi de ta bouche que des milliers [de pièces] d'or et d'argent » (*ibid.*, 72), c'est-à-dire, alors que je possède ces milliers, à la façon du verset « Mon fruit est meilleur que l'or et les métaux précieux ; ma récolte, que l'argent fin » (Prv 8,19), parce que je [peux] les dépenser et m'en servir selon les enseignements et les préceptes de la Torah. Et parce que la sagesse[224] se trouve davantage dans « cette Torah » que dans les livres des Grecs et des philosophes, [le Psalmiste] a dit : « Tes préceptes me rendent plus sage que mes ennemis, car [la sagesse] m'appartient pour toujours » (Ps 119, 98), c'est-à-dire que ta Torah me rend plus sage que mes ennemis les Grecs[225], parce que la sagesse que j'apprends avec elle est éternelle, et non comme la sagesse[226] de l'investigation [scientifique] qui subit de nombreux changements au gré de ceux des difficultés[227] de l'investigation qui se présentent à l'homme[228]. Et sur ce que [la sagesse de la Torah] est la mère de toute discipline et redresse tous les caractères déficients, il a dit : « De tout mauvais chemin j'ai retenu mon pas afin d'observer tes paroles » (*ibid.*, 101) ; quant à la perfection sur le plan social qui en découle

**בבית מגורי** [תה' 119, 54], ויהיה מגורי מלשון פחד ואימה, ואמר **זכרתי בלילה שמך ה' ואשמרה** וכו' [תה' 119, 55], כי לילה הוא זמן לקוות על הצרות. ועוד על הערב אמר **טפש כחלב לבם** [תה' 119, 70], מרוב ההנאות והתענוגים הגשמיים, אבל **אני תורתך שעשעתי** [תה' 119, 70] ואדרבה, **טוב לי כי עונתי למען אלמד חקיך** [תה' 119, 71]. ועל היות זאת התורה טובה גם עם העושר אמר **טוב לי תורת פיך מאלפי זהב וכסף** [תה' 119, 72], ר"ל בהיות לי אלפי זהב וכסף, על דרך **טוב פריי מחרוץ ומפז ותבואתי מכסף נבחר** [משלי 8, 19]: לפי שאני מוציא אותם ומשתמש בהם כפי דברי התורה ומצותיה. ועל היות בתורה הזאת החכמה מצויה יותר מבספרי היונים והפלוסופים אמר **מאויבי תחכמני מצותיך, כי לעולם היא לי** [תה' 119, 98], יר[צה], שיותר **מאויבי** היונים תחכם אותי תורתך, לפי שהחכמה שאני מתחכם עם התורה היא נצחית ותמידית, ולא כחכמת החקירה שהיא מקבלת שנויים רבים כפי שנויי הקושיות המחקריות המתרגשות באדם. ועל היותה אם כל המוסרים והישרת כל המדות הפחותות אמר **מכל אורח רע כליתי רגלי, למען אשמור דבריך** [תה' 119, 101]. ועל שלמות המדיניות המתחייב ממנה

nécessairement, il a dit [encore] : « Ceux qui aiment ta loi jouissent d'une grande paix et ils ne trébuchent pas » (*ibid.*, 165) ; quant au bonheur qui touche l'âme après la mort à cause du plaisir spirituel qu'elle a éprouvé en observant « cette Torah »[229], il a dit : « Que ta main me secoure, puisque j'ai choisi tes préceptes » (*ibid.*, 173) ; à la suite du choix de l'observance des commandements vient le plaisir qui découle de la [bonne] conduite, comme il le dit : « Je désire le salut qui vient de toi et ta loi fait mes délices » (*ibid.*, 174), et encore : « Que vive mon âme afin de te louer et que tes décrets » eux-mêmes, que j'ai observés[230], « me soient en aide ! » (*ibid.*, 175) : ainsi, bien qu'il semble que la conduite vertueuse ne donne pas [à elle seule] accès au bonheur exclusivement spirituel[231] après la mort[232], néanmoins, parce qu'ils sont « tes décrets » et[233] qu'ils produisent une impression sur l'âme, comme il a été dit plus haut, ils me sont en aide pour cela [à savoir, que vive mon âme, après la mort].

### 34. *La vertu du repentir, propre à la doctrine de la Torah*

Il y a encore dans « cette Torah » quelque chose qui n'est pas dans les sciences, à savoir la vertu de repentir. En effet, même si « je me suis égaré comme une brebis perdue », tu « recherches ton serviteur » pour me ramener dans le bon chemin, puisque « je n'ai pas oublié » encore tout à fait « tes commandements » (cf. *ibid.*, 176) ; en disant « comme une brebis perdue », il fait allusion à ce que l'égarement n'est pas seulement une erreur d'itinéraire comme chez la brebis, mais une perte absolue[234].

אמר **שלום רב לאוהבי תורתיך ואין למו מכשול** [תה' 119, 165] . ועל האושר המגיע לנפש אחר המות בסבת התענוג הנפשיי שהיה לה עם קיום זאת התורה אמר **תהי ידך לעזרני כי פקודיך בחרתי** [תה' 119, 173]. ואחר הבחירה ועשיית המצוות, בא התענוג ונמשך מן הפעולות, וזה אומרו **תאבתי לישועתך ה' ותורתך שעשועי** [תה' 119, 174]. ועוד אמר **תחי נפשי ותהללך ומשפטיך** – עצמם אשר שמרתי – **יעזרוני** [תה' 119, 175], כי עם שנראה שהפעולות המדותיות אין להן מבא באושר הנפשיי המופשט אחר המות, עם כל זה אלה, מצד שהם **משפטיך** ועושים רשימה נפשיית, כמדובר למעלה, יהיו עוזרים אותי על זה.

[34. מעלת התשובה מיוחדת למשנת התורה]

ועוד יש בזאת התורה מה שאין בחכמות, והיא מעלת התשובה. כי גם אם **תעיתי כשה אובד** אתה תבקש את **עבדך** להחזירני למוטב, הואיל ו**לא שכחתי** עדין לגמרי ובהחלט אל [!] **מצותיך** [ר' תה' 119, 176]. ובאומרו **כשה אובד**, רומז שאין התעייה תעיית הדרך לבד כמו אצל השה, אלא אבדה גמורה.

### 35. *Le régime de la Torah vécu par amour exclusif de Dieu permet d'atteindre dès cette vie une liberté et une intelligence proches de celles de la vie future*

Outre ceux-là, il est un nombre considérable de versets saints qui enracinent [l'idée] que la Torah divine [pénètre] en nous-mêmes et nous parfait en fait de spéculation, d'action, de conduite sociale et dans ce qui commande chaque partie du bonheur (*ošer*) et de la perfection tant humains (*scil.*, terrestres) que métaphysiques, pour toutes les situations humaines et leur détail en tout temps. Ainsi que l'a dit notre maître Moïse, « Vous vous tenez aujourd'hui, vous tous, vos chefs, vos phylarques, vos anciens et vos gardiens, tout homme d'Israël » (*cf.* Dt 29,9), « Il s'agit pour toi d'entrer dans l'alliance », etc. (Dt 29,11). Ainsi, nous avons obtenu pour résultat, à partir de ce que nous avons dit, que l'homme a la possibilité d'atteindre la liberté en vivant selon le régime de la Torah, qui a dit le bien en toutes choses et qui perfectionne le corps, l'âme et leur composé en fait d'action, de spéculation et de conduite sociale, qu'elle inclut. Une fois [l'homme] perfectionné dans sa compréhension littérale et son étude (approfondie), il en arrive à vivre la liberté de l'esprit et de l'intellect par l'intelligence des sujets métaphysiques auxquels elle fait allusion. C'est là une vie qui se relie à, et se rapproche de[235], celle qui l'attend après la mort, dans laquelle il aura l'intelligence des secrets cachés de « cette Torah », dépouillée du vêtement qu'elle porte en cette vie corporelle. Tout cela, l'homme ne le fera pas dans un autre but mais seulement par amour de Dieu et [en vertu] de la force de son désir ardent d'adhérer à lui, résultant de la grandeur de son amour ; non pour un autre profit et une autre aspiration

[35. הנהגה לפי התורה לשם שמים מביאה לחיי החירות ולהשכלה קרובים לאלו של חיי העולם]

ויותר מאלה, עצמו מספר מקראי קדש המשרישים היות תורת ה' בקרבנו, משלימה אותנו בעיון ובמעשה ובמדיניות ובכל חקי חלקי האושר והשלמות, אם אנושי ואם אלהי, לכל מצבי האנשים ופרטיהם, בכל זמניהם. וכמו שאמר אדוננו משה, **אתם נצבים היום כלכם, ראשיכם, שבטיכם, זקניכם ושטריכם, כל איש ישראל** [ר' דב' 29, 9], **לעברך בברית** וכו' [דב' 29, 11]. אם כן, איפה, עלה בידנו מן הנאמר שהאדם איפשרי השגת החירות והחפשיות בהיותו חי כפי הנהגת התורה וסדריה, בכל דברה הטוב, המשלמת הגוף והנפש והמורכב משניהם, במעשה והעיון והמדיניות הכלולים בה. ואחר שהוא נשלם בפשוטה ותלמודה, יבא לחיות חירות וחפשיות הנפש והשכל בהשכלה ועיון הענינים האלהיים הרמוזים ברמיזותיה, שהם חיים מתיחסים וקרובים אל החיים המזומנים לו אחר המות, שבהם יבין וישכיל סודות ותעלומות התורה הזאת במה שהיא מופשטת מן המלבוש אשר לה אצל אלו החיים הגשמיים. וכל זה יעשה האדם לא לתכלית אחר, רק באהבת ה' וחוזק חשקו ותשוקתו להתדבק בו מרוב אהבתו אותו, לא בשביל תועלת ותוחלת אחר

que d'adhérer à celui qui est la source de l'existence, du bien et de la perfection, qui sont prédiqués de sujets divers (*mithafekīm be-maśśā'*) tout en existant [en lui] comme dans leur source, à l'infini[236]. Donc, la voie droite, courte et bien tracée par laquelle l'homme cheminera vers la liberté dont il s'agit, puis vers le bonheur spirituel et, pour finir, vers l'adhésion dont il a été question[237], est exposée ici, dans ce traité[238] rassemblé d'après la Torah divine et recueilli de ses fleurs ; grâce à quoi « Heureux est l'homme qui [lui] obéit, assidu à [ses] portes chaque jour, gardant les montants de [ses] portes » (v. Prv 8,34)[239]. Veuille Dieu notre berger nous mettre [au nombre] de ceux qui trouvent la vie éternelle et réalisent la volonté de l'Éternel notre Dieu. Amen, que ce soit sa volonté.

36. *Le titre de ce traité*

J'ai intitulé ce texte[240] « Porte de l'espérance » (Os 2,17) parce qu'il est une introduction pour atteindre le bonheur espéré[241], auquel on parvient à partir [des enseignements] de ce traité [des *Pirᵉqēy Āḇōt*, dont suivent le texte et le commentaire].

זולת התדבקו עם מי שהוא מקור המציאות והטוב והשלימות המתהפכים במשא ונמצאים כבמקורם, לבלתי תכלית. והנה, הדרך הישר וקצר ומתוקן אשר עמו יהיה האדם דורך אל החירות והחפשיות הנזכר, ואחר כך אל האושר הנפשיי ובאחרונה אל הדבקות הנזכר, הונח הנה, במסכתא הזאת, נאסף מן התורה האלהית ונלקט משושניה, אשר לכך, **אשרי אדם שומע לה לשקוד על דלתותיה יום יום, לשמור מזוזות פתחיה** [ר' משלי 8, 34]. האלהים הרועה אותנו ישימנו מן מוצאי החיים הנצחיים ומפיקים רצון ה' אלהינו. אמן וכן יהי רצון.

[36. כותרת המבוא הזה]

והמאמר הזה קראתיהו **פתח תקוה** [הושע 2, 17], להיותו פתח, שער ומבא להשגת האושר המקווה להיות מושג מן המסכתא הזאת.

## NOTES DE LA TRADUCTION

1. La titulature employée, *ha-raḇ ha-gādōl, mōrēnū*, renvoie conventionnellement à Maïmonide ; les chapitres qu'il a placés en tête du Traité des principes sont les *Huit chapitres*, pour l'essentiel un exposé de psychologie aristotélicienne et farabienne et d'orientation thérapeutique de l'âme vers le service de Dieu : voir, Maïmonide, *Traité d'éthique, « Huit chapitres »*, trad. fr. R. Brague, Paris, Desclée de Brouwer, 2001.

2. Image elle-même quelque peu obscure : *le-hāqīm sukkāh*, « relever la tente, le pavillon » (rituel, grâces après le repas, intercalation des jours de demi-fête de la fête des Cabanes [d'après Amos 9, 11]), c'est rétablir une puissance perdue ; le « pavillon » de l'homme de pensée n'est pas voué à l'obscurité, mais celle-ci paraît la conséquence de l'état d'affaiblissement dans lequel il est tombé.

3. Littéralement, « dans ce lieu », à savoir le Traité des principes ; parce que leurs enseignements prennent la forme d'exemples et de paraboles, ils demandent à être interprétés.

4. Attestation précoce, semble-t-il, d'un sens du mot *te'ūdāh* surtout connu en hébreu moderne.

5. En donnant à *ḥēleq* le sens de (trait de) caractère, peu fréquent mais attesté dès la littérature talmudique (TJ *Berāḵōt* 7, 4).

6. On reconnaît l'idée de Platon, que l'homme ne vit pas pour lui-même mais pour le bien de la cité ; la référence est peut-être, ici, à *Rép.* II, 369b-c : « Or, selon moi, repris-je, l'État doit sa naissance à l'impuissance où l'individu se trouve de se suffire lui-même [...] dès lors un homme prend un autre homme avec lui en vue de tel besoin, puis un autre en vue de tel autre besoin, et la multiplicité des besoins assemble dans la même résidence plusieurs hommes qui s'associent pour s'entr'aider : c'est à cette

société que nous avons donné le nom d'État » (Platon, « La République, Livres I-III », dans *Œuvres complètes*, t. VI, éd. et trad. É. Chambry, Paris, Les Belles Lettres, 6e tirage, 1970, p. 65). La *République* a été connue en Espagne dès les années 1430 et, cette fois encore, Alphonse de Carthagène, qui correspondait en 1438 avec Pier Candido Decembrio à propos de la traduction latine qu'en avait donnée celui-ci, paraît avoir joué un rôle déterminant : voir. G. Olivetto, « Alfonso de Cartagena en el epistolario de Pier Candido Decembrio. Nuevos apuntes sobre la traducción de la *República* de Platón », *in* L. Ranero Riestra, P. Rodríguez López (eds.), *Patrimonio textual y humanidades digitales*, t. I, *La tradición clásica*, Salamanque, IEMYRhd-SEMYR, 2020, p. 189-205 (193-194).

7. *Yalᵉqūṭ Šimᵉʿonī*, Jérusalem, s.n., 1979/80, p. 1007a.

8. Non identifié.

9. La formule bien connue d'Aristote, *De incessu animalium*, 2, 704b12-18, qui ne met en jeu que la nature, a son pendant dans les sources juives, qui l'appliquent à la providence : TB *Šabbāt* 77b (utilité de toutes sortes de créatures, ne serait-ce que pour annuler les maux dus à telle autre qui, à part cela, entre utilement dans la composition d'un médicament) ; midrachim *Alfā bēytā de-Bēn Sīrā* (éd. M. Steinschneider, *Alphabetum Siracidis utrumque, cum expositione antiqua (narrationes et fabulas continente)*, Berlin, A. Friedlaender, 1858, [Alphabet II], f. 23v : le roi David sauvé par une araignée) et *Yalᵉqūṭ Šimᵉʿonī* [éd. citée, *supra*, n. 7] 961, 27 ; une notion proche, que rien n'est créé ou n'advient que pour le bien (Dt. 32,4 ; TB *Berāḵōt* 60b), devient une norme de pensée (*Šulᵉḥān ʿārūḵ*, *Ōraḥ ḥayyīm*, 130, 5) : « On doit s'accoutumer à dire : "tout ce que fait le Miséricordieux, il le fait pour le bien" ». Salomon ha-Lévi, par sa formule « la nature et Dieu qui règne sur elle », combine les deux inspirations.

10. *Rép.* V, 462b-d, « …Lorsque la plupart des citoyens disent de la même chose sous le même rapport : ceci est à moi, ceci n'est pas à moi, n'est-ce pas la marque du meilleur gouvernement ? … », etc. (*Platon, Œuvres complètes*, t. VII/1, éd. et trad. É. Chambry, Paris, Les Belles Lettres, 7e tirage, 1967, p. 69-70).

11. Respectivement, dans l'*Éthique à Nicomaque* et dans la *Politique*.

12. En donnant à *beḥīnāh* ce sens peu fréquent, mais attesté dans la littérature philosophique médiévale (*cf.* J. Klatzkin, *Thesaurus*..., t. I, *op. cit.*, p. 81, *s.v.*).

13. Autrement dit : riche virtuellement, l'homme est, du même coup, d'abord pauvre en acte.

14. Ce membre de phrase est l'écho de la recherche de la « fonction » (ἔργον) propre à l'homme dans l'*Éthique à Nicomaque*, I, 6, 1097b 24-1098a 20.

15. Telles sont en effet, classées par ordre de dignité croissante, les fonctions qui conditionnent l'activité intellectuelle de l'homme, selon les l. II et III du *De anima* d'Aristote.

16. Dont l'étude en profondeur, selon la tradition rationaliste maïmonidienne muettement convoquée ici, ou plutôt tenue pour un présupposé allant de soi, est de nature spéculative et très proche de, ou identique à, la réflexion scientifique sur la physique et la métaphysique, qui ne seraient autres que les « secrets de la Torah » que les sources rabbiniques anciennes désignent respectivement comme *Ma'aśēh be-rē'šīt* (« Œuvre de la création ») et *Ma'aśēh merkāḇāh* (« Œuvre du char [divin] »).

17. Si l'on veut bien ne pas tenir compte de l'anachronisme du terme, pris en son sens strict, du point de vue de l'histoire de la philosophie, cette traduction paraît plus acceptable sur le plan de la langue que « [les objets] de la spéculation », qui serait plus exact.

18. Voir, sur l'importance de l'accomplissement pratique des commandements pour déterminer l'orientation de la pensée, Maïmonide, *Guide des égarés*, III, 44 trad. cit., t. III, p. 347-348 ; *ibid.*, 51 (p. 440) ; *ibid.*, 52 (p. 443) ; toutefois, il ne formule pas expressément l'idée de l'articulation de la pensée et de la matérialité du corps.

19. Métaphore platonicienne ; si l'idée se laisse tirer de la doctrine rationaliste maïmonidienne (il ne subsiste après la mort que l'intellect acquis, délivré de tous les obstacles mondains, corporels et imaginatifs à la vie de l'esprit), la formule elle-même

ne semble pas maïmonidienne. Elle serait peut-être plus conforme aux métaphores des kabbalistes : ainsi chez Me'ir Ibn Gabbay, né en Espagne en 1480, réfugié dans l'Empire ottoman où il mourut, peut-être en Terre sainte, en 1540, à propos des vêtements de l'âme, plus épais dans ce monde grossier, et des caractéristiques du séjour supérieur des âmes des justes (R. Goetschel, *Meir Ibn Gabbay. Le discours de la kabbale espagnole*, Leuven, Peeters, 1981, p. 241-254).

20. En *Métaph.* A, 981b 23-25 Aristote dit seulement que « l'Égypte fut le berceau des mathématiques, car on y laissait de grands loisirs à la classe sacerdotale » (Aristote, *Métaphysique*, trad. fr. J. Tricot, Paris, Vrin, 1991 p. 5).

21. C'est le sujet de la Lettre 17 à Lucilius (Sénèque, *Lettres à Lucilius*, *(Livres I-IV)*, t. I, éd. Fr. Préchac, trad. fr. H. Noblot Paris, Les Belles Lettres, 7e tirage, 1976, p. 67-71.)

22. Les anecdotes relatives à Diogène ont chance d'avoir été connues de Salomon par l'intermédiaire des *Vies set sentences des philosophes* de Diogène Laërce, traduites en latin par Ambrogio Traversari en 1433 (à la suite d'un va-et-vient remarquable entre l'Orient et l'Occident, puisque le texte grec en avait été apporté de Constantinople par Giovanni Aurispa en 1414) et imprimées en 1472 ; Traversari lui aussi fut en relations d'échanges humanistes avec Alphonse de Carthagène (G. Olivetto, « Alfonso de Cartagena en el epistolario de Pier Candido Decembrio », art. cit., p. 191-192). Le l. VI, où se trouve le chapitre consacré à Diogène, rapporte plusieurs joutes railleuses avec Platon dans lesquelles il prit l'avantage et (selon une version textuelle contestée), un jugement de Platon voyant en Diogène un Socrate devenu fou, ce qui suppose au moins qu'il le créditait d'une parenté intellectuelle avec le fondateur de la philosophie (réflexion plus approfondie chez M. Chapuis, « Diogène, "Socrate devenu fou" ? », *Philosophie antique* 20, 2020, p. 107-139).

23. Au même chapitre de Diogène Laërce figurent plusieurs mots de Diogène au sujet d'Alexandre, leurs deux fameux échanges (« Que puis-je pour toi ? – Ôte-toi de mon soleil » et « Ne me crains-tu pas ? – Es-tu un mal ou un bien ? Dois-je

craindre un bien ? ») et la formule citée d'Alexandre, à laquelle Diogène répondit que s'il n'était, lui, Diogène, il souhaiterait aussi être Diogène. Elle se trouve aussi chez Plutarque, *Vies parallèles*, *Alexandre*, 14 (*Cf.* Plutarque, *Vies*, t. IX, éd. et trad. fr. R. Flacelière et É. Chambry, Paris, Les Belles Lettres, 1975, p. 45).

24. Malgré l'insolence de sa première réponse, qui aurait exigé un châtiment pour l'honneur du roi.

25. Sénèque, *Lettres à Lucilius*, 16 (Livre II, l. 16, 7 ; Sénèque, *Lettres à Lucilius*, t. I, éd. cit., p. 66) : « Si ad naturam uiues, numquam eris pauper : si ad opiniones, numquam eris diues ». Sénèque lui-même rapporte cette formule au nom d'Épicure ; voir *ibid.*, n. 2, les sources grecques. Un auteur juif ne peut se réclamer d'Épicure, dont le Talmud a fait le parangon de l'athéisme, idée qui avait encore cours dans la mouvance ibérique aux XIV$^{e}$-XV$^{e}$ siècles, comme en témoigne l'introduction au commentaire des *Pir$^{e}$qēy Āḇōt* de Simon b. Ṣemaḥ Duran (1361-1444), né à Majorque et réfugié à Alger après 1391 (*Māgēn Āḇōt*, éd. Abraham Ṭubi'anah, Livourne, Abraham Isaac Qašṭilo-Éliézer Sa'adun, [5]545 [1784/5], réimp. Jérusalem, Makor, s.d., f. 3r, bas) ; mais Salomon le-beit ha-Lévi peut aussi avoir recueilli la formule dans un florilège sous le nom seul de Sénèque.

26. *Yāfāh 'an$^{e}$yūtā le-Yiśrā'ēl* est la formulation courante de *yā'āh 'an$^{e}$yūtā l-Īhūdā'ēy*, « la pauvreté convient aux juifs » (TB *Ḥagigāh*, 9b).

27. *Lō'azīm* : « de langue étrangère » ; le contexte (de langue ancienne autre que le grec ; de langue méritant d'être nommée à part, et avant « bien d'autres »), impose de comprendre ici : latins.

28. De ces deux livres entièrement consacrés à l'amitié, les références les plus pertinentes sont l. VIII, 1, 1155a 1-30 (les amis sont nécessaires) ; 3, 1156a 7 (les amis sont en vue du bien, de l'utilité ou de l'agrément) ; l. IX, 4, 1166a 1-8 (définitions de l'ami) ; 9, 1169b 8-1170b 19 (l'homme aussi a besoin d'amis et l'amitié passe pour le plus grand bien) ; 11, 1171a 21-1171b 28 (on a besoin d'amis en toutes circonstances).

29. Où la richesse fait partie d'une liste d'avantages qui siéent aux sages.

30. Littéralement : « bien que j'aie là-dessus » : donc, une interprétation qui contredirait l'usage présentement fait de ce verset. Nous n'avons pas rencontré le lieu où R. Salomon donne cette interprétation.

31. La référence peut être au *De vita solitaria* de Pétrarque, connu bien au-delà de l'Italie. Le marquis de Santillane (1398-1458) possédait dans sa bibliothèque cet ouvrage en espagnol, aujourd'hui Madrid, BN, Ii-56 (copié dans la 1re moitié du XVe siècle) (M. Schiff, *La bibliothèque du marquis de Santillane*, *op. cit.*, p. 323-326) ; et Le pétrarquisme fleurit en Espagne et au Portugal dans la première moitié du XVIe siècle (*cf.* J.-L. Nadone, *Pétrarque et le pétrarquisme*, Paris, P.U.F., 1998, chapitres sur l'Espagne et le Portugal). L'édition du licencié Peña, *Excelencia de la vida solitaria*, Medina del Campo, 1553 (*cf.* G. Mazzocchi, O. Perotti, A. Baldissera, A. Bresadola, « Sulla traduzione del *De vita solitaria* del Licenciado Peña (Medina del Campo, 1553) », *in* L. Secchi Tarugi (ed.), *Francesco Petrarca. L'opera latina. Tradizione e fortuna*, Florence, Franco Cesati, 2007, p. 419-460), peut-être trop récente pour avoir été utilisée par Salomon ha-Lévi, témoigne du moins que l'ouvrage était présent et a suscité de l'intérêt en Espagne au XVIe siècle. Si ces deux dernières références étaient pertinentes, il faudrait supposer la continuation de liens littéraires entre l'élite juive exilée et l'Espagne contemporaine, peut-être simplement du fait de la circulation des livres imprimés.

32. L'allusion peut être, à travers des recueils d'exemples classiques, à l'empereur Dioclétien, qui abdiqua en 305 à l'étonnement de ses contemporains ; un événement d'actualité pourrait être l'abdication de Charles Quint, prononcée en octobre 1555, ce qui supposerait que le texte de cette introduction ait été modifié après sa datation à mai 1553 (voir *supra*, introduction, p. 39-40).

33. Il peut s'agir cette fois de Cicéron dans sa quasi-retraite de Tusculum (entre -46 et -44), moment de rédaction de l'*Hortensius*, la *Consolation*, les *Académiques*, les *Tusculanes*, le *De finibus*, la *Nature des dieux*, la *Divination*, la *Vieillesse*, ouvrages philosophiques qui témoignent plus d'une fois des bienfaits du retrait des affaires, auxquelles le rappellera seulement l'assassinat de Jules César.

34. Voir *supra*, p. 212, n. 14.

35. Le sens du passage d'Aristote paraît d'abord quelque peu éloigné du propos de Salomon le-beit ha-Lévi : pour Aristote, c'est le processus même de l'intellection qui est de nature statique, par opposition au vivant qui relève de la génération et de la corruption, alors que Salomon a en vue les conditions extérieures du travail intellectuel ; 247b10-13 : « Même l'acquisition initiale du savoir n'est pas génération ; car, selon nous, la raison connaît et pense par repos et arrêt ; or il n'y a pas de génération de l'état de repos, vu qu'en général, on l'a dit plus haut, il n'y en a d'aucun changement ». Aristote, *Physique*, t. II, éd. et trad. fr. H. Carteron, 3e éd., Paris, Les Belles Lettres, 1961, p. 82). La suite, en revanche (247b16-17, *ibid.*, p. 82-83), lui donne raison en faisant expressément dépendre la sagesse des conditions de l'âme par rapport au corps : (…) « car c'est par l'apaisement de l'âme après l'agitation qui lui est naturelle, qu'un sujet est engendré prudent et connaissant » ; et de même dans les lignes suivantes.

36. Qui disciplinent les désirs et les mouvements des corps ; a contrario, Aristote (*ibid.*, 4, 17) indique que les enfants sont la proie de trop de mouvements pour bien se livrer à l'intellection.

37. *Hśklyw* (*sic*, sans signe d'élision) : nous lisons *ha-śikliyō[t]*, « les intelligibles », supposant un emploi de l'adjectif substantivé au pluriel neutre qui n'est pas exceptionnel en hébreu (ex. : *šōnōt*, « [des choses] diverses ») ; le sens du passage, en tout cas, ne fait pas de doute.

38. Le corps du premier homme fut fait de poussière, mais son âme procéda d'un souffle divin (Gn 2,7).

39. Gn 2,18, la création de la femme.

40. M *Yādayīm* 3, 5.

41. Nous n'avons pas identifié cette référence de Salomon à un de ses écrits.

42. Réputé l'auteur des Proverbes, du Cantique des cantiques et de l'Ecclésiaste, le roi Salomon s'exprime directement (« pour son propre compte », *hū' be-'aṣmō*) dans le premier et le troisième de ces ouvrages, qui vont être maintenant cités, alors qu'il a composé le second comme le dialogue de deux personnages.

43. Cet hémistiche donne lieu à des traductions et commentaires divergents. En fonction du contexte immédiat, le sens obvie paraît être que tout est subordonné à l'économie. Peu satisfaits sans doute d'un tel énoncé, Rachi entend par allégorie théologique que le roi désigne Dieu qui « est au service de » (*ne'e̱bad*), c'est-à-dire s'active (secrètement) en faveur du champ (au sg. dans le verset), c'est-à-dire de Sion ruinée ; et le commentateur italien du XVIe siècle Obadia Sforno y voit une image politique : le roi est servi (obéi, *ne'e̱bad*) [par le peuple] en vue des champs, puisque la crainte qu'il inspire est la condition de l'ordre et de l'accès de chacun aux nécessités de la vie. Salomon ha-Lévi peut l'entendre de deux façons : « le roi est au service des champs », c'est-à-dire de ceux qui, au désert, vivent une vie selon l'intellect, conformément à la vocation la plus haute de la politique selon d'Aristote (*Éthique à Nicomaque*, X, 10, 1179b 20-1180a 30), de permettre, en enseignant et imposant la vertu à tous, au petit nombre des hommes qui en sont capables de vivre leur activité spécifique d'êtres humains, mener la vie de l'esprit ; c'est selon cette explication que nous avons traduit ; ou, « le roi est assujetti aux champs », c'est-à-dire qu'il dépend du conseil qu'il pourra méditer lui-même dans la solitude ou qu'il recevra de conseillers eux-mêmes adonnés à la vie de l'esprit, hors du fracas du monde.

44. En tout cas, l'auteur de cet ouvrage selon la tradition, R. Simon bar Yoḥay (Ier-II[e] siècle de l'ère chrétienne), l'aurait écrit au cours d'un séjour de treize ans dans une grotte ; non il est vrai par choix d'une vie soustraite à l'agitation du monde mais pour échapper à une sentence de mort prononcée par les Romains (TJ *Šebū'ōt* 9 38d ; TB *Šabbāt* 33b ; *Pesiqtā de-R. Kahanā* 88b).

45. Sentence couramment citée par les Anciens sous le nom d'Épicure : Plutarque, *Moralia*, 1128 a (Plutarch, *Moralia*, t. XIV, éd. et trad. fr. B. Einarson et Ph. H. de Lacy, London, W. Heinemann-Cambridge (Mass.), Harvard University Press, 1948, p. 322-323 et n. a et e), titre de chapitre : Eἰ καλῶς εἴρηται τὸ λάθε βιώσας, « Si cela est bien dit : cache ta vie ». Maxime reformulée sous sa forme la plus connue en français par le fabuliste Florian au XVIIIe siècle : « Pour vivre heureux, vivons cachés ».

46. C'est l'objet du *De generatione et corruptione* d'Aristote, dont les principes généraux sont formulés au l. I, chap. 3 (production absolue et destruction des choses, réciprocité de la production et de la destruction) et chap. 4 (production et altération).

47. Le passage pose une triple difficulté, de mots, de sens et de source. Quant aux mots, l'édition porte *ḥolī nōfēl ō ḥolī širšōm*, incompréhensible à moins de lire : *ḥolī nēfel ō ḥolī širšōn*, « maladie de l'enfant mort-né ou maladie de l'embryon », les deux corrections étant plutôt économiques. Pour le sens, qu'il soit « bon », ou, peut-être, « conforme à la loi religieuse » (*miṣwāh*) « qu'on ne remarque pas [ces] maladies », peut à la rigueur faire référence à l'absence (et même l'interdiction) des pratiques de deuil en cas de fausse couche ou de mort d'un enfant de moins de trente jours (*Šulḥān 'ārūḵ, Yōreh dē'āh*, 374, 8). En fait de source, cette formulation de l'objection contre la vie cachée paraît trop vive et pittoresque pour provenir de Salomon ha-Lévi lui-même ; il y a peut-être là l'écho de la critique d'une forme de mépris de la vie qui pourrait remonter à l'Antiquité (si l'on pense par exemple au l. I du *De officiis* de Cicéron, qui fonde les devoirs d'engagement de l'homme – que refusent les disciples d'Épicure – dans sa dignité) ou aux illustrations de ce thème de la dignité de l'homme à la Renaissance contre ses dépréciations médiévales (qu'illustre l'opposition courante du *De hominis dignitate* de Pic de la Mirandole au *De miseria humanae conditionis* du futur pape Innocent III) ; c'est donc peut-être dans une référence extérieure au corpus juif que se trouve la solution des deux premières difficultés, mais nous n'avons pas identifié cette (éventuelle) source.

48. Un tel énoncé doit peut-être, lui-même, à quelque diatribe grecque : voir I. Lévi, *Le ravissement du Messie à sa naissance et autres essais*, Louvain-Paris, Peeters, 1994, p. 48-71 ; contexte plus large dans A. Tropper, *Wisdom, Politics, and Historiography*, *op. cit.* ; R. Hidary, *Rabbis and Classical Rhetoric*, *op. cit.*

49. TB *Berāḵōt*, 58a ; *Šulḥān ʿārūḵ*, *Ōraḥ ḥayyīm*, 224, 8.

50. Littéralement, « les passions de l'âme » (*ha-hitpaʿaliyōt ha-nafᵉšiyōt*).

51. Maïmonide, *Mišnēh Tōrāh*, *Hilᵉḵōt Sanhedrīn* 2, 7.

52. L'hébreu passe ici au singulier (comprendre : « un de ces rois »), par attraction du verset de Job qui termine la phrase, qui comporte lui-même le singulier.

53. Possible confusion avec Aristippe, philosophe de cour, ou selon d'autres avec Platon, qui invitait Diogène à flatter le roi pour festoyer au lieu de manger des lentilles ; Diogène de lui répondre que s'il savait comme lui se contenter de lentilles, il n'aurait pas besoin de flatter le roi (Diogène Laërce, *Vies*, l. VI, Diogène). Cependant, il existe une tradition politique et philosophie (stoïcienne) qui voit en Alexandre, soumis à l'influence orientale, le jouet des passions et Sénèque, à travers Trogue Pompée, s'y rattache : *cf.* N. Horn, *L'image d'Alexandre le Grand chez Trogue Pompée / Justin. Analyse de la composition historique des* Histoires philippiques *(livres 11 et 12)*, Pessac, Ausonius Éditions, 2021, en part. chap. 5, « Alexandre le tyran », D, « Les passions d'Alexandre », p. 265-273.

54. Bien que Cyrus, réputé le restaurateur du Temple de Jérusalem après le premier exil, soit souvent évoqué et parfois loué dans les sources rabbiniques (midrachim *Šīr ha-šīrīm rabbā* 3,4 et 5,5 ; *Estēr rabbā*, 2,1 ; TB *Roʾš ha-šānāh* 3b-4a), et bien que le gouvernement de soi-même soit une notion, avec sa formulation, connue d'elles (*Pirᵉqēy Āḇōt* 4, 1, d'après le verset du livre des Proverbes que Salomon va citer dans un instant), la maxime ici prêtée à Cyrus rappelle plutôt la *Cyropédie* de Xénophon, l. VIII, 1, 23-33 : Cyrus donne l'exemple du respect des dieux et des convenances et du gouvernement de soi afin que ses sujets se montrent eux-mêmes obéissants, illustration originale

du thème courant de la morale grecque, remontant à Socrate, que celui qui entend gouverner les autres doit d'abord se gouverner soi-même (*cf.* P. Cournarie, « Ἐγκράτεια : politique, morale, subjectivation (IVe siècle av. J.-C.) », *Essais* 11, 2017, p. 147-167). Si le texte même de la *Cyropédie* n'est pas connu pour avoir été disponible en espagnol avant 1552, les idées pédagogiques et politiques et sans doute plus d'une maxime en avaient déjà été popularisées dans la Péninsule dans la première moitié du XVIe siècle, par Juan Luis Vives, Antonio de Guevara, Francisco de Vitoria et Juan Ginés de Sepúlveda (*cf.* M. García Sánchez, « ¿Príncipes o tiranos ? La *Ciropedia* de Jenofonte, la monarquía aqueménida y los *specula principum* de la modernidad (siglo XVI) », *Gerión* 37/2, 2019, p. 399-423 (415-417) ; D. Marsh, « Xenophon », *in* V. Brown, P. O. Kristeller, F. E. Cranz (eds.), *Catalogus Translationum et Commentariorum. Mediaeval and Renaissance Latin Translations and Commentaries*, t. VII, Washington (D.C.), The Catholic University of America Press, 1992, p. 75-196).

55. Il s'agit du débat qui traverse l'Antiquité, le Moyen Âge et la Renaissance regardant le mode de vie préférable, contemplatif, actif ou mixte : l'opposition entre vies active et contemplative remonte à l'*Éthique à Nicomaque*, I, 6-9, 1097b 20 *sq.* et X, 7-9, 1177a 11 *sq.*, la seconde, spéculative, tournée vers la sagesse (σοφία) et la première, pratique et morale, couronnée par la prudence (φρόνησις) ; au Moyen Âge tardif, le primat est volontiers conféré à une vie mixte comme celle des prélats : chez Henri de Gand au XIIIe siècle, Jean Gerson entre XIVe et XVe siècles, s'opère une synthèse que produit aussi la notion de *vita civilis* dans la Renaissance italienne (C. Trottmann, « *Vita activa, vita contemplativa* : enjeux pour le Moyen Âge », dans C. Trottmann (éd.), *Vie active et vie contemplative au Moyen Âge et au seuil de la Renaissance. Actes des rencontres internationales tenues à Rome, les 17 et 18 juin 2005, et à Tours, les 26-28 octobre 2006* (= *Mélanges de l'École française de Rome* 117/1, 2005), p. 7-25).

56. Salomon use ici du néologisme *bāytiit*, « de la maison, économique ».

57. Ouvrage perdu ; voir *supra*, introduction, p. 44. Il n'est pas le premier auteur juif à reprendre cette tripartition, déjà opérée par Alguadez dans la préface de sa traduction de l'*Éthique* (trad. fr. J.-P. Rothschild, « L'appropriation de l'*Éthique à Nicomaque* », art. cit., p. 72).

58. *Šālēm* ; le sens requiert, « celui qui tend vers la perfection » plutôt que, littéralement, « celui qui est parfait ».

59. Cette thèse, avancée sans justification, pourrait s'appuyer tacitement sur l'autorité incontestée de Maïmonide, *Guide des égarés*, III, 54, trad. cit., t. III, p. 466 ; de même, dans le cas particulier du gouverneur d'un corps politique, *ibid.*, I, 54, trad. cit., t. I, p. 221.

60. Peut-être dans le traité d'économie (gouvernement de la maison), perdu, auquel il a fait référence plus haut.

61. Voir par ex. Aristote, *Politique*, I, 1, 1252a 2-3 ; Thomas d'Aquin, *De regno*, I, 1.

62. Voir Aristote, *Politique*, I, 2, 1252a 30-35.

63. Voir plus haut, p. 211, n. 9.

64. Ce n'est le cas dans aucun des deux versets qui vont être allégués. Peut-être faut-il comprendre, des exemples de dépendance mutuelle ?

65. La configuration du rapport des forces dans l'esprit humain est comparée à celle, politique, d'un royaume, sur une base platonicienne (*Rép.* II, 368e-369a : la justice en l'homme analogue de la justice dans la cité ; IV, 440e-441a, il y a trois parties de l'âme comme trois ordres dans la cité) moyennant une conception notable de la liberté politique des monarchies (Aristote, *Pol.* III, 14-15, distingue différents types de monarchie et en 15, 1286b 27-40, disjoint explicitement la royauté de ses éventuels moyens coercitifs). Il paraît toutefois s'agir davantage d'une description des situations politiques que d'une prescription à leur égard, sinon la comparaison ne se soutient pas : la volonté du roi devrait s'imposer toujours à ses sujets, quoique libres, puisque nous voyons bientôt après, dans le membre comparé, les effets

désastreux de la désobéissance des facultés inférieures. Partant, la liberté à laquelle il est fait référence ici est une liberté de fait qui diffère de la liberté bonne dont la recherche fait l'objet de ce traité.

66. Les autres facultés (colère, peur, etc.) peuvent s'opposer à une décision de l'intelligence rationnelle, que celle-ci soit en effet discutable sur le plan rationnel d'un choix prudentiel (s'abstenir de sévir, s'exposer à tel danger, etc.), ou non.

67. Sur cette faculté, sa dénomination et son indépendance relative par rapport à la partie rationnelle, voir Aristote, *Éthique à Nicomaque* I, 13, 1102b 28-35.

68. La référence au l. I de la *Politique* d'Aristote est erronée. Il peut s'agir du l. I de l'*Éthique à Nicomaque*, 13, 1102b 18-24, où se trouve un parallèle entre un paralytique dont les membres ne lui obéissent pas, de manière visible, et un intempérant dont l'âme est, invisiblement, déréglée, avec, implicitement, des effets malheureux dans les deux cas.

69. Voir Aristote, *Éthique à Nicomaque* I, 6, 1098a 1-4 : l'exercice de la rationalité, propre de l'homme qui le distingue des animaux.

70. On reconnaît la théorie aristotélicienne dont toute la philosophie juive médiévale se réclame : « Si donc tout mû est nécessairement mû par quelque chose […] il faut qu'il y ait un premier moteur qui ne soit mû par autre chose […] En effet, il est impossible que la série des moteurs qui sont eux-mêmes mus par autre chose aille à l'infini, puisque dans les séries infinies il n'y a rien qui soit premier » (*Phys.*, l. VIII, 5, 256 a 13-20 ; trad. fr. H. Carteron, *cf.* Aristote, *Physique*, t. II, éd. cit., p. 115) ; voir aussi *Métaph.* Λ, 6-7, 1071b 3-1073a 13 (nécessité et nature du premier moteur) ; un texte juif de référence est la liste des propositions tirées d'Aristote au début du l. II du *Guide des égarés* (en l'espèce, prop. 9, 17 et 25, trad. cit., t. II, p. 10-11, 16-17, 22, et leur développement, *ibid.*, chap. I, trad. cit., p. 28-47). – F. Van Steenberghen, « Le problème philosophique de l'existence de Dieu », *Revue philosophique de Louvain*, 1947, p. 303-304 ; et le traitement de la question chez Simon Duran, introduction du commentaire aux *Pir$^{e}$qēy Āḇōt*, citée *supra*, p. 214, n. 25.

71. Comprendre, évidemment, « nécessaire » en tant qu'inconditionnée, « nécessaire en vertu d'elle-même », « dont l'existence s'impose d'elle-même » ; et non pas comme « contrainte à l'existence » par quelque cause extérieure à elle ; ce qui suppose de disjoindre le plan métaphysique du plan logique, dans lequel nous voyons que cette conclusion est bel et bien rendue nécessaire par le raisonnement.

72. Fondé sur plusieurs injonctions du Deutéronome (Dt 10,12 et 11,22 [sur quoi TB *Sōṭā*, 14a] ; 28, 9), *Mišnēh Tōrāh*, *Sēfer ha-madda'*, *hil^ekōt Dē'ōt*, 1, 5-6 ; *Sēfer ha-miṣwōt*, *Miṣwōt 'aśeh* 8, le thème de la déiconformité chez Maïmonide est des plus célèbres ; voir par exemple H. Kreisel, « *Imitatio Dei* in Maimonides' *Guide of the Perplexed* », *AJS Review* 19/2, 1994, p. 169-212 ; Salomon ha-Lévi peut aussi avoir eu connaissance du traitement récent du même thème par Obadia Sforno (v. 1470-1550, en Italie), qui y a consacré le chap. 13 de son ouvrage de philosophie *Or 'ammim*, imprimé en 1538.

73. Littéralement : d'être mû.

74. Plus haut, f. 4v, bas.

75. Sur la partie qu'Aristote nomme irrationnelle de l'âme et les deux niveaux qu'il y distingue, voir, dans le contexte de la présente enquête, *Éthique à Nicomaque* I, 13, 1102a 28-1103a 3 ; exposé systématique dans *De anima*, II, 5 (l'âme sensitive), III, 1 et 2 (le sens commun), III, 3 (l'imagination).

76. Yed'ayah b. Abraham de Béziers (Bedersi ; v. 1270-1340), dit Penini, « l'homme aux perles », en raison de l'attribution erronée du poème éthique de Salomon ibn Gabirol *Mibḥar penīnīm* (« Perles choisies »).

77. Yed'ayah Penini Bedersi, *Beḥīnat 'ōlām*, I, 5 (éd. A. Dessau, Berlin, 1842, p. 10), « Déploration du dévoiement de l'homme de pensée qui ne prête pas attention à ce qu'il perd des biens éternels ».

78. Maïmonide, *Guide des égarés*, III, 8, trad. cit., t. III, p. 52.

79. *Ibid.*, trad. cit., t. III, p. 47.

80. La référence peut être au débat scolastique omniprésent au Moyen Âge tardif sur le primat de la volonté (éclairée) ou de l'intelligence dans l'exercice du libre arbitre, qui a opposé à la fin du XIIIe siècle des « volontaristes », Henri de Gand, Pierre Olieu, et des « intellectualistes », Godefroid de Fontaines et Gilles de Rome, puis leurs continuateurs, notamment les franciscains d'un côté, les dominicains de l'autre. Mais ce débat n'est pas sans liens avec celui qui a confronté, à partir du début du XVe siècle, à l'intellectualisme maïmonidien, le volontarisme aimant de Hasdaï Crescas (*Ōr ha-Šēm*), en matière de recherche métaphysique.

81. Littéralement, « violent et prédateur (homme de prélèvements) » (*'arīṣ we-īš terūmōt*).

82. Les formes des deux derniers termes grecs trahissent le truchement d'une langue vernaculaire, sans doute ibérique : *ṭīra'nō, pōlīšī'āh.*

83. Le texte de référence de cette typologie à six éléments, trois vertueux et trois vicieux, est Aristote, *Politique*, III, 7, dans lequel les six régimes portent les dénominations qualifiées ici de grecques. Une différence est cependant que Salomon ha-Lévi, qui oppose nettement les deux formes de gouvernement d'un seul (monarchie et tyrannie) aux quatre formes de gouvernements pluriels subdivisées en deux formes de gouvernement d'un petit nombre et deux, d'un grand nombre, emploie le mot de *politeia* comme désignation générique des quatre formes plurielles et nomme *timocratia* la forme bonne du gouvernement par un grand nombre, alors qu'Aristote n'employait pas de terme générique pour les formes plurielles (tout en nommant *politeia* une constitution quelconque) et n'usait pas du mot *timocratia*, nommant à nouveau *politeia* ce que Salomon nomme *timocratia.* En revanche, dans l'*Éthique à Nicomaque*, VIII, 12, 1160a 31-1160b 23, où les régimes sont évoqués plus rapidement en vue d'une mise en rapport de formes d'amitié correspondantes, c'est bien le terme de *timocratia* qui était employé, comme chez Salomon ; de plus, le contraste entre les formes intéressées et désintéressées de gouvernement y était marqué avec plus d'insistance et de symétrie que dans le texte de la *Politique*. Salomon semble donc plutôt

suivre le texte de l'*Éthique* ; cependant, comme la *Politique* III et contrairement à l'*Éthique*, il ne fait pas référence au cens dans la définition du corps élargi de gouvernement des types *timocratia* et *dèmocratia* ; d'autre part, il se démarque d'Aristote en employant *politeia* dans le sens générique restreint de gouvernement pluriel alors qu'Aristote l'applique dans ses deux ouvrages à un type quelconque de gouvernement.

84. Inconnu. Voir *supra*, introduction, p. 44.

85. Et M *Sanhedrīn* 4, 4 ; TJ *Sanhedrīn*, 4, 5. – Entendre ici, qu'on relève davantage de la liberté en étant au service d'un maître qui défend la liberté, qu'en étant le maître d'un régime de servitude.

86. Salomon peut continuer ici de suivre l'*Éthique*, VIII, 12, à présent 1160b 23-35 (argument de plus pour penser qu'il s'en inspirait déjà, auparavant) ; toutefois, alors qu'Aristote met en rapport les relations du maître de maison à ses enfants, ses serviteurs et sa femme, fondamentalement, avec trois formes de gouvernement, monarchique, tyrannique et aristocratique et, dans des cas particuliers (1160b 35-1161a 9), avec les trois autres, Salomon n'en retient que la distinction nette de ces trois types de relations.

87. La fomule appartient au service du jour de l'an (*Ro'š ha-šānāh*), dans la prière *Ha-yōm, harat 'ōlām* (« C'est le jour de la conception du monde ») [voir sur cette notion TB *Ro'š ha-šānāh* 10b-11a] qui suit les sonneries du *šōfār* ; l'alternative entre métaphores du père et du maître est donnée pour inspirée du verset de Malachie que Salomon vient de citer ; la phraséologie, pour tirée de Ps 103,13 (miséricorde du père) et Ps 123,2 (les yeux des serviteurs, attachés à leur maître).

88. Littéralement : « pour nous ».

89. Littéralement : « le fils ».

90. Nous traduisons le mot *'aḇ$^{e}$dūt* successivement par « le service » et par « la servitude », traductions contextuelles destinées à éviter la répétition toujours malheureuse en français et à accentuer le contraste entre les deux formes de sujétion, à un maître qui vise le bien, ou à un qui ne le vise pas.

91. On lit *yikkāšēr* (*nif'al* de KŠR : « être reconnu comme intègre »), où l'on attendrait plutôt *we-kāšēr* (« et intègre ») ; quoique moins naturelle dans la phrase, la tournure verbale n'est pas impossible et le sens n'est pas modifié puisqu'« aux yeux » (*be-'ēynēy*) implique de toute façon un jugement porté de l'extérieur. – Loin de se restreindre au champ de la licéité religieuse, *kāšēr* signifie fondamentalement « approprié, qui convient », avec les spécifications qu'on voudra.

92. Ou, « dans l'homme à tout moment » (littéralement : « dans tout l'homme »).

93. Ce mot ne semble pas appartenir au vocabulaire d'Alguadez, du moins au l. VI ; celui-ci exprime avec constance la bonne délibération par *tūšiyyāh*.

94. Dans un passage correspondant (Aristote, *Éthique à Nicomaque*, l. VI, 10, trad. cit., p. 298), *dā'at* traduit chez Alguadez ce que Tricot a de son côté traduit par « science » ; mais il s'agirait en l'occurrence d'une science pratique, ἐπιστήμη τις selon Platon, contre lequel Aristote polémique ici souterrainement (*ibid.*, p. 298, n. 3) ; d'où notre traduction ; il reste que la science semble généralement traduite chez Alguadez par *dā'at* (*ibid.*, VI, 3, p. 280) ; en revanche, la « sagesse théorique » (*ibid.*, VI, 13, p. 306) est rendue chez Alguadez, comme chez Salomon ha-Lévi, par *ḥoḵmāh*. Cette « sagesse théorique » est la vertu dianoétique qui commande à l'activité scientifique (*haśkālāh*, *'iyyūn*), dont il s'agit, plutôt que de la maîtrise du « contenu » de la science, dans l'introduction de Salomon ha-Lévi.

95. C'est le principal objet du l. VI de l'*Éthique à Nicomaque* que d'établir qu'il faut, pour bien agir, combiner, à différents niveaux, deux capacités, l'une plus proche de la connaissance intellectuelle des principes et l'autre, de la prudence dans les choses contingentes (VI, 2, 1139a 5-10, 31-35 ; 7, 1141a 17-19 ; 8, 1141b 21-22 ; 12, 1143a 33-35 ; 13, 1144b 30-1145a 5 ; etc.) ; mais que la bonne action soit caractérisée par l'équilibre se formule plutôt en VI, 1, 1138b 23-29. *Teḇūnāh* traduit d'habitude chez Alguadez, au l. VI, la « prudence » aristotélicienne et nous

traduirons ainsi ce terme dans ce passage tout imprégné de la pensée et du vocabulaire d'Aristote.

96. Objet de la recherche de tous les hommes, comme l'a établi Aristote en tête de l'*Éthique à Nicomaque.*

97. Littéralement, « l'intellect droit » ; mais ce syntagme traduit chez Alguadez la « droite règle » de l'*Éthique à Nicomaque*, l. VI, qui n'est autre que la prudence (φρόνησις ; 13, 1144b 27).

98. *Mēḇīn* : même racine que *teḇūnāh*, par lequel Me'ir Alguadez traduit « prudence » chez Aristote, et que *nāḇōn*, « prudent ».

99. C'est-à-dire, au sujet de la bonne pauvreté dont nous parlons.

100. Littéralement, « de plaisirs des hommes », (*ta*ᵃ*nūgōt b*ᵉ*nēy ādām*), mais la locution reçoit son sens de son contexte primitif en Eccl 2,8 : « J'amassai aussi de l'argent et de l'or, les trésors des rois et des cités, me procurai chanteurs et chanteuses, les plaisirs des hommes, des odalisques [(Abraham Ibn Ezra) ou : des flacons de vin (Vulg.)] ».

101. Il ne s'agit pas cette fois d'une de ces paires de synonymes ordinaires que nous avons pris le parti de simplifier ; *šōʿa* est le terme employé par Alguadez pour désigner l'homme magnifique d'Aristote (IV, 4, 1122a17 *sq.* New York, JTS 2315, f. 39v *sq.*), soit le degré supérieur de la libéralité, appliqué aux grandes choses ; *nadīḇ* est celui qui désigne l'homme libéral, IV, 1, 1119b20 *sq.* (ms. New York, JTS 2315, f. 36v *sq.*).

102. Donc, de façon équitable : nous traduisons ainsi, avec quelque hésitation, le syntagme *ke-fī haskāmat ha-p*ᵉ*rāṭīm*, apparemment, « selon l'harmonie des détails » ; l'expression se retrouve au début du f. 6v.

103. Ce verset s'explique par son contexte : celui qui accroît le luxe de sa maison n'en emportera rien dans la tombe (v. 17-18) ; « il a beau… » (v. 19), « il rejoindra ses pères qui ne verront plus jamais la lumière » (v. 20), le v. 21 concluant que l'homme sans intelligence dans la richesse est comparable aux animaux.

104. La vie théorétique résulte d'un choix qui appartient à l'intelligence pratique ou à la vertu : voir *Éthique à Nicomaque*,

VI, 6, 1143b 14-1145a 12, sur ce que le choix de telle activité, ordonné au bien suprême, dépend de la vertu de prudence, ce qui ne signifie pas, néanmoins, que la prudence soit supérieure à l'intelligence théorétique.

105. Littéralement, « de leur âge » (*b^e^nēy gīlām*) ; mais on ne voit pas l'intérêt d'une condition d'âge, qui sera réitérée quelques mots plus loin, au sens strict ; il paraît s'agir plutôt de la recommandation d'un état d'avancement intellectuel comparable, donc compatible.

106. Qui ne peut trouver un entourage en rapport avec ses aspirations.

107. Voir *supra*, p. 227, n. 102.

108. Le sens littéral est sans doute : « dont le roi est de noble lignage », « dont les gouverneurs mangent pour entretenir leur force » ; nous traduisons *ben ḥōrīn* dans son sens courant de « libre » et *bi-g^e^ḇūrāh* d'après *Pir^e^qēy Āḇōt* 4, 1 : « Qui est un vaillant guerrier (*gibbōr*) ? Celui qui maîtrise son penchant », conformément à l'intention de Salomon le-beit ha-Lévi.

109. *Histap^e^qūt* ; c'est, chez Alguadez, le terme qui rend la « modération » (σωφροσύνη) d'Aristote (*Éthique à Nicomaque* III, 13, éd. cit., p. 160 et n. 3 ; ms. JTS 2315, f. 34r).

110. *Šō'ūt* : peut-être un néologisme de Salomon ha-Lévi.

111. En IV, 7, 1122a33 *sq.* et Alguadez, ms. JTS 2315, f. 41 *sq.*

112. Le mot de *kāḇōd* (« gloire, honneur ») est celui de la traduction d'Alguadez et d'ailleurs le plus évident, sinon inévitable, pour exprimer la notion en hébreu ; mais la disposition d'éloignement de la gloire n'est pas approuvée par Aristote, IV, 10, 1125b1 *sq.*, partisan d'une position moyenne entre recherche excessive et souci insuffisant de l'honneur ; voir Alguadez, ms. JTS 2315, f. 44v, où l'expression ne se rencontre pas sous cette forme.

113. Ce n'est pas la « douceur », *'anāwāh*, IV, 11, 1125b26, ms. JTS 2315, f. 45 ; c'est peut-être, comme l'éloignement de la gloire, une vertu plus religieuse qu'aristotélicienne, témoin V, 9, 1133b29-34, que la justice consiste en un moyen terme entre commettre et subir (Alguadez, ms., f. 55r : *sāḇal*) l'injustice. Il se peut, ainsi, que Salomon ha-Lévi, peut-être sans s'en rendre

compte, subvertisse en partie la morale aristotélicienne qu'il est en train d'exposer.

114. *Ḥeḇ*ᵉ*rāh* : VIII, 1159b27, « communauté », comme celle de marins, de frères d'armes ; New York, JTS 2315, f. 91v.

115. Ce terme n'est pas, semble-t-il, employé par Alguadez, qui use en revanche de *ḥibbāh*, « l'attachement » (VIII, 1157b28-29 ; ms. JTS 2315, f. 88v) absent chez Salomon ha-Lévi.

116. En IV, 13, 1127b1-5 ; ms. JTS 2315, f. 47r.

117. L. V, f. 49 *sq.* ; mais c'est encore une fois le terme le plus évident, sinon indispensable, en hébreu pour dire cette notion.

118. *Éthique à Nicomaque*, VIII, trad. Alguadez, ms. JTS 2315, f. 84v *sq.* ; c'est du reste le terme le plus courant en hébreu pour désigner l'amitié et son seul usage ne prouverait pas le recours à Alguadez.

119. Vers à rechercher, peut-être, dans un recueil de poèmes de Salomon ha-Lévi, le ms. Oxford, Bodleian Library, Pocoke 74 (catalogue Neubauer, n° 2000), p. 638-685, auquel je n'ai pas eu accès.

120. Plutôt que les « gardiens » de la *République* de Platon, cette énumération des conditions rappelle celle (différente, cependant) des catégories d'hommes libres selon la constitution d'Hippodamos de Milet, chez Aristote, *Pol.* II, 8, 1268a 15-25, qui comprend elle aussi des « gardes » ; le même mot hébreu désigne ceux que Rachi définit comme des « auxiliaires de justice » en Dt 16,18.

121. Possible exhortation à caractère pédagogique, dans le cadre d'une déploration déjà ancienne du trop peu d'attention attachée, dans la formation des jeunes gens, à l'approfondissement direct des Écritures, au bénéfice de l'étude du Talmud. Le modèle de l'approfondissement des textes scripturaires lui est peut-être fourni par le modèle récent des commentaires-fleuves d'Abrabanel, qui ne laissent dans l'ombre aucun aspect, philologique, historique, philosophique, politique, rhétorique.

122. Délibérément ou non, le verset est pris dans un sens bien éloigné du sens obvie, moyennant des soustractions et le déplacement du mot *nāḇūḇ* ; il porte en effet : « L'homme au

cerveau creux peut devenir intelligent, et l'ânon sauvage naître à l'humanité » (*we-īš nāḇūḇ yillāḇēḇ* ; *we-'ayir pere', ādām yiwwālēd*).

123. Mais la référence directe, et plus littérale, pourrait être le *Guide des égarés* III, 16 (trad. cit., t. III, p. 111), où la formule s'applique précisément aux erreurs de la recherche humaine (regardant la providence).

124. « Ceux qui connaissent le haut savoir » (*yōdᵉ'īm ḥēn*) ; dans son contexte initial, Eccl 9,11, ils sont nommés ultimement, après les « savants » et les « prudents » ; peut-être pour cette raison, combinée avec la notion de « gracieux », donc « venu par des moyens non naturels », tirée du mot *ḥēn*, l'expression paraît avoir désigné, au Moyen Âge, un savoir ésotérique, en tout cas hors de la portée du commun, même celui des savants. – L'impossibilité pour l'humanité de concevoir la providence sans « l'autorité traditionnelle » et « l'allégorie » (autrement dit, la Révélation et les textes qui la transmettent) a déjà été exprimée par Maïmonide, *Guide des égarés*, I, 34 (trad. cit., t. I, p. 123), alléguant le même verset de Jérémie.

125. « Sans nombre » : littéralement, « le temps s'épuiserait plus tôt qu'eux [que leur dénombrement] » (*yiḵᵉleh ha-zᵉman we-hēmmāh lo' yiḵᵉlū*) ; formule du « grand *widdūy* (confession) de R. Nissim », inclus dans l'office du matin de *Yōm kippūr* des communautés sefardites.

126. Cet historique rappelle l'introduction de Me'ir Alguadez à sa traduction de l'*Éthique à Nicomaque* (v. notre traduction [J.-P. Rothschild, « L'appropriation de l'*Éthique à Nicomaque* », art. cit., trad. p. 71 *sq.* ; hébreu p. 101 *sq.*], bien que celle-ci n'emploie pas le verset de Job (qui n'est utilisé ici, peut-être pour la coquetterie d'user d'un verset non mobilisé par Alguadez, qu'au prix d'un contresens [délibéré ? ] et d'un déplacement de mot) : l'homme étant naturellement livré à son mauvais penchant, Dieu a pourvu à y obvier ; Alguadez distingue ensuite la Torah donnée par Dieu et les voies suivies par les nations, apparemment de leur propre chef ; Salomon le-beit ha-Lévi n'opère pas cette distinction et suggère que même la recherche humaine a été

guidée par Dieu, sans l'aide duquel elle n'aboutirait pas, en raison des obstacles et des précipices.

127. « Suffisent à peine » : *lo'yaspīqū raq*, dont la traduction la plus naturelle serait « ne suffisent qu'à », ce qui s'accorde bien à la suite, « Cependant, elles ne suffisent pas à la perfection divine » ; ce serait toutefois en contradiction avec la thèse du § 16, précédent, que l'homme, sans aide divine, ne parvient pas même à légiférer de manière durable et incontestable pour ce monde. Cependant, traduire « ne suffisent pas même » serait fausser le sens de la restriction qu'exprime *raq* et rendre difficile l'enchaînement avec la suite, où l'on attendrait dès lors « à plus forte raison » et non « cependant ». Il peut y avoir une légère incohérence de la logique du texte, ou une faute matérielle. Nous optons quant à nous pour une traduction en demi-teinte, qui atténue la contradiction avec le § 16.

128. Capable ou non de parvenir à ses fins humaines par ses propres forces (ce point reste indéterminé au terme du paragraphe précédent), l'homme, en tout cas, n'aurait pu s'élever aux perfections surnaturelles ; pour cela la révélation divine était indispensable ; tout aussi indispensable, qu'elle ne fût donnée qu'à un peuple minoritaire parmi tous les autres, en raison de l'imperfection de la nature humaine liée à la matière, ce qui se donne à saisir dans les lignes qui suivent en termes, à la fois, de philosophie (opposition de la matière et de la forme) et de kabbale (par la métaphore des « écorces »).

129. Littéralement : du contenu, de la pulpe ; intraduisible à moins d'en passer par cet hébraïsme proche, acclimaté en français, mais à travers une autre image et (peut-être) la référence implicite à Mt 13, 24-30.

130. Que la matière soit mauvaise ne résulte ni des enseignements traditionnels, ni de l'aristotélisme. Elle est, en revanche, le principe de toute déficience (« destruction, corruption ou imperfection [...] difformité [...] affaiblissement, interruption, dérangement ») chez les philosophes juifs, de Maïmonide, *Guide des égarés* III, 8 (trad. cit., t. III, p. 44-46) à Sforno, commentaire sur Job, 41,2-3 (texte et trad. J.-P. Rothschild, « Job ou l'insuffisance

du juste. Une critique rationnelle de la révolte de Job, dans le commentaire sur le livre de Job de R. Obadia Sforno », *in* G. Veltri, G. Coppola, F. Dunklau (eds.), *The Literary and Philosophical Canon of Obadiah Sforno*, Leiden-Boston, Brill, 2024, p. 215-266).

131. On croit d'abord à quelque incohérence : si la matière est inévitablement mauvaise, qu'importe le nombre des hommes, allégué au début de la phrase ? Le raisonnement pourrait être qu'il existe pour ainsi dire une forme unique de l'espèce humaine, par rapport à laquelle la multiplication des individus humains n'est qu'une surabondance de matière. Ou (mais cette fois, contre l'expression apparente des rapports de causalité dans la phrase), qu'en raison d'une inévitable surabondance de la matière par rapport à la forme, il fallait que l'humanité fût très nombreuse pour pouvoir receler une petite parcelle qui relevât de la « forme ».

132. La notion de peuple choisi est diversement interprétée par la pensée juive, entre pure responsabilité imposée par Dieu sans raison accessible aux hommes et indice d'une supériorité métaphysique : voir récemment H. Kasher, *High above all nations (Deut 26, 19). Milestones in Jewish philosophy on the issue of the chosen people* (en hébreu), Tel Aviv, Idra, 2018.

133. Au moment de l'ostension de la Torah : dans les communautés sefardites, avant sa lecture.

134. *Pir$^{e}$qēy Āḇōt* 6, 2 (v. *supra*, introduction, p. 55-56). Le rapprochement des mots est plus frappant dans la source, impliquant *ḥārūt* (« gravé ») et *ḥērūt* (« liberté »).

135. Dt 27,26 ; 31,9 ; et rituel, supplications des Jours redoutables (*ēyn lānū šiyyūr raq (ellā) ha-Tōrāh ha-zo't*, « il ne nous reste que cette Torah »).

136. L'argument est renforcé par la référence implicite à Dt 4,6, « car [la Torah] est votre science et votre intelligence aux yeux des nations [...] qui diront : ce grand peuple n'est rien d'autre que savant et prudent » (la traduction « prudence », « prudent », est toujours déterminée ici par la référence antérieure à la terminologie d'Aristote).

137. Dénomination due non seulement à la longueur inusitée (176 versets) de ce psaume de vingt-deux strophes de huit versets commençant tous par la lettre appelée par la succession alphabétique des strophes, mais encore à la valeur particulière de ses enseignements (voir sur ce point les commentaires d'Abraham Ibn Ezra et David Qimḥi).

138. Littéralement « ni dans la zone basse, ni moyenne ou élevée » ; nous avons déjà rencontré plus haut *melo'* dans ce sens peu usité de « monde » ou « zone », littéralement, « la capacité possible ».

139. Lieu commun de la tradition philosophique, qui a peut-être sa source dans le sous-texte affleurant dans ce passage, Aristote, *De anima*, II, 2, 413b29-31, « la quiddité de la faculté sensitive est différente de celle de la faculté opinante, puisque l'acte de sentir est autre que l'acte d'opiner. Et il en est de même pour chacune des autres facultés ci-dessus énumérées » (Aristote, *De l'âme*, trad. fr. J. Tricot, Paris, Vrin, 1982, p. 77).

140. « L'objet » : *mūbaṭ* ; v. J. Klatzkin, *Thesaurus*, *op. cit.*, t. II, p. 137.

141. Possiblement, outre la référence indiquée au lieu commun d'Aristote, aurait-on affaire pour la formulation à un écho inversé du *Livre des causes* 23(24), § 179 : « le recevant est diversifié, et c'est pour cette raison que ce qui est reçu est diversifié » (trad. fr. J.-L. Solère, dans P. Magnard *et alii*, *La demeure de l'être – Autour d'un anonyme*, Paris, Vrin, 1990, p. 75 ; v. aussi 4, § 45, *ibid.*, p. 45) ; il s'agit là de l'influx divin unique dont la diversité apparente tient à celle des receveurs ; dans notre texte, il semble au contraire que la diversité des objets reçus appelle celle des receveurs (et non qu'elle soit causée par elle). Le *Livre des causes* a fait l'objet d'au moins quatre traductions hébraïques : voir J.-P. Rothschild, « Le *Livre des causes* du latin à l'hébreu : textes, problèmes, réception », *in* A. Fidora, H. Hames, Y. Schwartz (eds.), *Latin-into-Hebrew : Texts and Studies*, t. II, *Texts in Contexts*, Leiden-Boston, Brill, 2013, p. 47-84. Dans l'hypothèse de l'utilisation d'une traduction hébraïque, le vocabulaire employé (*meqabbēl*, *mitḥalēf*, *mequbbal*) serait celui de la traduction de

Juda de Rome (début du XIVᵉ siècle), de loin la plus répandue, plutôt que du traducteur espagnol du XVᵉ siècle ʿEli Ḥabilio (*meqabbēl*, *mitḥalēf*, *mašpīʿa*) ; J.-P. Rothschild, « Les traductions hébraïques du *Livre des causes* latin. Édition synoptique », *in* A. Fidora, H. Hames, Y. Schwartz (eds.), *Latin-into-Hebrew*, *op. cit.*, t. II, p. 289-367 (348-349). Mais il faudrait compter avec l'usage possible d'une source non juive. – La référence, ici douteuse, semble confirmée par sa probable réitération à la fin du texte (v. *infra*, p. 248, n. 236).

142. C'est l'un des quelques cas de rupture de la construction ébauchée d'une période : Salomon ha-Lévi écrit « parce que nous constatons » et la proposition subordonnée de cause ainsi formée ne se rattache à nulle principale.

143. *Cf.* J. Klatzkin, *Thesaurus*, *op. cit.*, t. III, p. 87 : « qui sont substrat » (métaphysique ; et par suite, dont les noms « supportent » (sémantiquement, d'être qualifiés de telle ou telle façon).

144. « L'objet » : *ha-mūbaṭ we ha-mequbbal*. Pour le premier terme, voir introduction, section 14/d. Pour le second, J. Klatzkin, *Thesaurus*, *op. cit.*, t. II, p. 263, n'enregistre pas d'autre sens que : « reçu ». Comprendre ici quelque chose comme : « la donnée [du problème] » ? Il ne s'agit d'ailleurs, comme si souvent dans ce texte, que d'un redoublement stylistique du mot qui précède, à comprendre dans un sens proche.

145. On reconnaît une doctrine de fond de l'*Éthique à Nicomaque*, I, 13, 1103a3-7 (vertus intellectuelles distinctes des vertus morales) ; III, 5, 1112a 17-1112b 35 (la délibération et son objet) ; VI, 12, 1143a25 *sq.* ; VI, 13, 1143b14 *sq.* La distinction est aussi exprimée par Joseph b. Shem Tob dans la préface de son commentaire à l'*Éthique* (trad. J.-P. Rothschild, « L'appropriation de l'*Éthique à Nicomaque* », art. cit., p. 91).

146. Le texte porte : « et parce que cet », etc. Soit que le texte soit articulé à longue distance, soit que le rédacteur modifie en cours d'écriture (ou de dictée) sa construction grammaticale initiale, il ne paraît pas indiqué de marquer dans la traduction ce genre de subordination grammaticale qui est pour le lecteur

moderne un embarras à la lecture plutôt qu'une aide. Les rapports logiques des éléments du texte se comprennent sans cela.

147. *Dā'at*; c'est le terme par lequel Alguadez traduit la « science » dans l'*Éthique à Nicomaque*; s'il prend cette fois ce sens, le mot a couramment aussi dans ce texte celui, classique, d'« opinion » (§ 22, etc.).

148. « Atteigne » : littéralement, « épuise » (*yikleh*).

149. Par remontée des sciences aux causes premières. – Le terme employé cette fois est *ḥokmōt*, le pluriel renvoyant à la pluralité des disciplines et interdisant de traduire par « sagesse ».

150. Reconnaître ici, peut-être, le schéma de l'ascension par les degrés de l'étude des sciences jusqu'à l'auteur du monde exposé par Maïmonide, *Guide des égarés*, I, 34 (trad. cit., t. I, p. 121-123) : de la logique (science des principes), [1] chez Salomon ha-Lévi, aux mathématiques (science des raisonnements) qui sont à l'œuvre dans les sciences physiques [2], puis à la métaphysique [3]. – Au singulier cette fois, le mot de *ḥokmāh* admet encore la traduction par « science », d'après le contexte, comme somme(t) des sciences; traduire ici par « sagesse » en sous-entendant un saut qualitatif au-delà des sciences communes serait ajouter au texte.

151. Voir *Éthique à Nicomaque*, VI, 4 et 5 (l'art, la prudence), 1140a1-1140b21. Le vocabulaire des notions clefs est ici celui qu'emploie Alguadez (ms. JTS 2315, ff. 63r *sq.*).

152. Encore qu'il se rencontre dans l'*Éthique à Nicomaque*, I, 13, une distinction dans la concupiscible qui peut s'apparenter à celle de la concupiscible et de l'irascible, et au l. III, 9-12, des modalités du courage qui peuvent s'apparenter à l'irascible, la distinction nette à trois termes dont il s'agit ici rappelle davantage Platon, *Rép.* IV, 440b-441b.

153. Salomon forme ici le nom composé de *ma'alōt ha-middōtiyyūt*, à peu près « la science des traits de caractère », ou la psychologie, non au sens médiéval, mais contemporain pour nous, du terme.

154. *Ma'alōt ha-śikᵉliyyōt.*

155. L'idée d'un moyen terme aussi dans l'exercice des vertus intellectuelles s'exprime en *Éthique à Nicomaque*, VI, 1, 25-30.

156. Selon la célèbre formule d'Aristote, *Politique*, I, 2, 1253a 2-9 ; v. aussi *Éthique à Nicomaque*, I, 5, 1097b 11.

157. Il serait plus juste de dire « sociale », puisque ce qu'Aristote distinguait comme l'économique et le politique (ce qui concerne la famille, ce qui concerne la cité) se trouve traité ensemble. Nous préférons toutefois garder à *medīnī* sa traduction habituelle ; nous avons d'ailleurs déjà traduit par « social » ce qui se rapportait à *ḥeḇrāh*, une communauté quelconque.

158. Le parti pris de l'auteur de l'emploi de paires de para-synonymes amène ici l'emploi conjoint de *ošer* et *š*ᵉ*lēmūt*, de nature à préciser la manière dont il entend le premier terme qui rend chez Alguadez l'εὐδαιμονία du grec : c'est pour lui la notion d'adéquation de l'homme à sa nature qui y prédomine.

159. Cette tripartition scande en effet tout le commentaire de Salomon ha-Lévi sur les *Pir*ᵉ*qēy Āḇōt* : voir J.-P. Rothschild, « Élitisme ou généralité des savoirs », art. cit., p. 463-464.

160. *We-gam lā-aḥ*ᵃ*rōnīm še-yīh*ᵉ*yū*. Il s'agit du débat déjà évoqué touchant les formes de vie active et contemplative qui s'étend de l'*Éthique à Nicomaque* aux auteurs de la Renaissance.

161. Aristote le dit non de la vertu mais du bonheur : *Éthique à Nicomaque*, I, 5, 1097b 1-20, car les vertus sont tout de même ordonnées à autre chose : il regarde, il est vrai (VI, 13, 1144a1-6), la sagesse et la prudence comme « désirables en elles-mêmes, en tant du moins qu'elles sont vertus respectives des deux parties de l'âme » ; mais dans le même temps indique que « ces vertus produisent en réalité quelque chose (…) la sagesse produit le bonheur, car étant une partie de la vertu totale, par sa simple possession et par son exercice elle rend un homme heureux » (Aristote, *Éthique à Nicomaque*, trad. cit., p. 308).

162. C'est aussi le fond de la doctrine du *De vita beata*, que le bonheur consiste à se conduire et à penser selon la raison, ou qu'il est le compagnon de la vertu.

163. Cicéron, *Cato maior* (*De senectute*) 85 : « Quodsi in hoc erro qui animos hominum immortalis esse credem, libenter

erro, nec mihi hunc errorem, quo delector, dum uiuo, extorquari uolo » (Cicéron, *Caton l'Ancien (De la vieillesse)*, éd. et trad. fr. P. Wuilleumier, Paris, Les Belles Lettres, 1961, p. 135) ; *Tusculanes*, I, 26-27 ; l'*Hortensius*, frgm. 93 Ruch, qui confirme la position de Cicéron, n'est évidemment pas connu de Salomon ha-Lévi. Celui-ci a pu avoir accès à l'un des autres textes, ou à un florilège ou une doxographie.

164. Rupture de construction.

165. Voir *supra*, p. 236, n. 161.

166. C'est toujours le terme employé par Alguadez ; v. § 15 et p. 228, n. 112.

167. C'est-à-dire, en tant qu'énoncée comme une thèse philosophique, en dépit des formules scripturaires qui paraissaient la justifier.

168. À savoir, que le bonheur consisterait dans le souvenir des actions vertueuses que l'on a accomplies.

169. Raisonnement par l'absurde.

170. *Éthique à Nicomaque* I, 9, 1099a 15-16 et X, 6, 1177a 1-2 et 9-10.

171. Peut-être ceux qui pensent que le bonheur a pour condition les perfections intérieures jointes à la possession des biens extérieurs, comme le rapporte l'*Éthique à Nicomaque* I, 9, 1099a 31-1099b 8. Mais il ne s'agit plus, à ce point de l'analyse de Salomon ha-Lévi, de la recherche grossière de la richesse dont il a été question dans la première partie, mais de celle des moyens d'agir pour le bien.

172. Aristote, *Éthique à Nicomaque*, Livre V, 8, 1133a 19 *sq.*, trad. cit., p. 241-243 ; la désignation de la monnaie est celle d'Alguadez (ms. JTS 2315, f. 54v).

173. Tel est le texte régulier, massorétique, du verset (*…lo' yiśba' kesef*). Mais nous lisons dans l'édition de Salomon le-beit ha-Lévi : *lo' yiśba' kosef*, « …n'est jamais rassasié de désir ».

174. La lâcheté, l'autre étant la témérité ; voir *Éthique* II, 8, 1108b, 19-20 et 1109a 1-3, trad. cit., p. 113 et 114 ; *g$^e$ḇūrāh* est le terme employé par Alguadez (ms., f. 30v) mais aussi le mot le plus attendu.

175. On peut en effet lire dans cet hémistiche une sorte de préfiguration de la théorie de la sublimation en tenant compte du second hémistiche, implicite, « les sots ont horreur de s'abstenir du mal ». Jonas de Gérone (fin du XIIe siècle-1263), cousin de Nahmanide et auteur célèbre de traités d'éthique, fameux pour ses attaques contre Maïmonide suivies d'un repentir éclatant, et dont le commentaire sur les Proverbes, très répandu, a pu être connu de Salomon Lévi, élabore à partir de l'explication de Rachi (le désir est agréable à l'âme, c'est pourquoi les sots ont horreur de s'abstenir du mal dont le désir leur est agréable) ainsi : l'âme est heureuse tant que le désir est un désir (non réalisé) ; (mais seuls) les sots passent à l'acte, sans prévoir les conséquences infinies d'une satisfaction d'un instant. Différemment, en opposant les deux hémistiches au lieu d'y trouver une continuité restrictive, Salomon propose que pour l'âme (des bons) s'abstenir (du mal) soit un plaisir, et pour les sots, le contraire.

176. Spécification du « cœur » par rapport à l'« âme » entendue au sens aristotélicien comme le complexe des facultés psychiques de l'homme, alors que Jonas de Gérone, *ad loc.*, fait du « cœur » le principe psychique interne qui détermine l'« âme » entendue comme principe vital de l'action physique, externe.

177. *Éthique à Nicomaque* X, 3, 1174a 15-1174b 13 (trad. cit., p. 491-494).

178. *Yūqaš*, forme verbale non enregistrée en ce sens dans les dictionnaires, mais ici évidemment à comprendre comme dérivée du nom *heqqēš* dans son sens médiéval de « syllogisme ».

179. Il s'agit de défendre l'idée qu'il existe bel et bien des conduites vertueuses.

180. Selon Rachi, les disciples des sages passent sans cesse d'une maison d'étude à une autre.

181. Ce verset est cité, dans les deux passages talmudiques déjà indiqués, à l'appui de l'affirmation regardant l'activité des disciples des sages ; Rachi, au Ps 84 et aux deux références talmudiques, explique que le verset fait référence aux maisons d'étude.

182. *Yešībāh*, dans le monde du Talmud et dans le nôtre, est une école talmudique ; dans celui de Salomon ha-Lévi, le pendant juif des universités chrétiennes, où s'enseignent le Talmud mais aussi la philosophie : v. C. Sirat, avec la collaboration de Sh. Zucker, « Les *yešibhot ḥokhmot ḥiṣoniyot* et leurs élèves », *Revue des études juives* 177/3-4, 2018, p. 353-390 ; Y. Marciano, *Sages of Spain*, *op. cit.*, p. 229-240.

183. Comprendre, peut-être : « qui a le pouvoir de faire séjourner… », d'où, « afin qu'il fasse séjourner ».

184. *Ha-elohiīm* ; littéralement, « divines », « qui se rapportent à Dieu », donc, souvent, « théologiques ». Ici, cependant, puisqu'il s'agit de disciples d'Aristote, il est plus approprié de traduire par « métaphysiques », c'est-à-dire, sans autre précision, relevant de l'au-delà du monde physique ; voir d'ailleurs, à propos des « choses saintes », *infra*, p. 243, n. 211.

185. *Middōt* (utilisé dans la traduction du titre de l'*Éthique à Nicomaque*) peut s'entendre comme les mœurs ou comme les traits de caractère (bons ou mauvais, déterminés par un adjectif).

186. *Éthique à Nicomaque* X, 7, 1177a 11-23, sur ce que l'activité théorétique est au-dessus des autres formes de vie et des vertus qui leur correspondent, que ses objets sont les plus élevés et qu'elle est la plus continue.

187. Et non du fait du travail de l'intelligence à proprement parler.

188. « Saint » (*qādōš*) comporte constamment la connotation de « séparation ».

189. Les disciples de l'Investigateur, Aristote ; donc, les philosophes.

190. *Éthique à Nicomaque* X, 7, 1177a 27-1177b 23 : l'homme juste qui agit parmi ses semblables, l'homme courageux à la guerre, l'homme d'État, au meilleur de leur action, visent une fin qui n'est pas elle-même et passent leur temps dans l'inquiétude.

191. Apparemment, ici, parce qu'il est le fait d'un grand nombre de citoyens. De fait, le cas-type du courage considéré par Aristote (*Éthique à Nicomaque* III, 9-12 : 1115a 16-1116b 20

[*passim*], 1117a 17-20) est celui des citoyens combattant à la guerre, qui est le fait d'une pluralité d'hommes et d'autant plus utile à la cité qu'il est mieux partagé.

192. Il y a là un parallèle sous-jacent avec le monde juif dans lequel la pratique des commandements, à la façon du courage, est un cadre vertueux à la portée du plus grand nombre, cependant que l'accès aux intelligibles élevés (dont dépend la survie de l'âme après la mort, selon la doctrine rationaliste) est réservé à une élite restreinte, parmi les juifs comme parmi les Grecs. Ce parallèle prendra fin plus loin quand Salomon Lévi fera sien l'enseignement fidéiste selon lequel la voie de la piété assure au plus grand nombre un accès plus sûr à la vie éternelle qu'aux philosophes, tous leurs efforts.

193. Littéralement, « en vue de celles qui » (*ba'aḇūr ōtān še-*) ; comprendre que les vertus forment système et que celles qui sont utiles à la société ne peuvent être cultivées à l'exclusion des autres ; ou que, selon les circonstances, tantôt les unes, tantôt les autres, lui sont utiles.

194. C'est la remarque de Jacob aux bergers rassemblés trop tôt autour du puits. Comprendre, ici : le terme des tribulations d'Israël n'est pas en vue.

195. L'expérience du peuple juif, attaché avec succès aux travaux de l'esprit en dépit de son histoire tourmentée, est en contradiction avec les conditions normales de leur exercice telles qu'elles viennent d'être exposées selon la doctrine rationnelle d'Aristote.

196. Le Talmud distingue (TB *Yeḇāmōt* 49b) deux qualités de vision des objets métaphysiques, celle des prophètes ordinaires (à travers un « verre opaque ») et celle de Moïse (à travers un « verre transparent ») ; Maïmonide, *Huit Chapitres*, 7, emploie la métaphore de voiles interposés (un seul, lumineux, pour Moïse), avant de revenir à celle du verre ; Nahmanide, sur Gn 18,1, parle d'un verre poli ou non poli ; dans son traité *Ha-emūnāh we-ha-biṭṭāḥōn*, 3, il associe le verre transparent au jour (Dieu ne parlait à Moïse que de jour) et le verre opaque à la nuit (les autres

prophètes n'eurent leurs visions que de nuit et en songe). Mais ce n'est pas là la connaissance par les actes ou selon l'essence ; la mention d'« auteurs récents » ne s'accorde d'ailleurs pas avec ce type de références ; nous n'avons pas identifié de source kabbalistique. Une source chrétienne paraît plus probable. Je dois à mes collègues M. Dragos Calma et M. le chanoine Patrice Sicard la référence à Thomas d'Aquin, *Somme de théologie* I[a], q. 58 et aa. 6 et 7, à propos de la connaissance des anges : leur connaissance *matutina* porte sur l'*esse* primordial des choses (saisie dans le Verbe) et la *vespertina* a sa source dans l'*esse* propre des choses *in natura* ; distinction d'origine augustinienne (*Super Genesim ad litteram* 15 ; *De civitate Dei* XI, 19 surtout) ; nous avons vu (introduction, *supra*, p. 46) que la *Somme de théologie* est un ouvrage que Salomon ha-Lévi a cité ailleurs ; la distinction de Thomas, transposée ici assez rudement, peut aussi lui avoir été connue de manière indirecte.

197. Dans une étude déjà ancienne, G. Soleri, *L'immortalità dell'anima in Aristotele*, Turin, etc., Società editrice internazionale, s.d. [1952], a montré les difficultés dans lesquelles se trouve Aristote pour concilier des théories de provenances diverses, l'immortalité de l'intellect et la mortalité de l'âme.

198. *Éthique à Nicomaque* X, 7, 1177a 11-18 à nouveau (cf. *supra*, p. 239, n. 186) et 1177b 32-1178a 9.

199. Terme qui semble forgé par Salomon le-beit ha-Lévi, sans doute à partir du latin ou du vernaculaire (lat. *meritorius*, esp. *meritorio*).

200. *Elahūt* ne peut être ici la métaphysique en général, mais précisément « la divinité », « le divin », dont il a été dit plus haut qu'il pouvait être l'objet d'une connaissance nocturne.

201. Ici apparaît pour la première fois dans ce texte le terme *haṣlāḥāh.*

202. C'est ici une transposition de la façon dont les philosophes « conservateurs » résolvent la difficulté sociale dont le rationalisme issu d'Aristote et se réclamant de Maïmonide a été rendu responsable : à quoi bon être pieux (ici : vertueux) si seule l'étude

des sciences assure la survie après la mort ? La réponse est que la vie conforme à la Torah (ici : vertueuse) est une condition préalable nécessaire, encore que non suffisante.

203. Cette filiation est couramment admise.

204. En particulier, comme on sait, dans le *Phédon*.

205. Aristote, disciple de Platon, et celui-ci, disciple indirect de Jérémie : voir A. Melamed, « The myth of the Jewish origins of philosophy in the Renaissance : from Aristotle to Plato », *Jewish History* 26/1-2, 2012, p. 41-59 (en part. 44-45, 55). Le thème est d'origine hellénistique, transmis aux juifs et des juifs aux Pères de l'Église. Jr 42-46 relate que le prophète finit ses jours en Égypte où il s'était réfugié après la destruction du premier Temple de Jérusalem et certaines légendes hellénistiques prétendent que Platon visita l'Égypte et s'instruisit auprès de ses sages. Le thème apparaît pour la première fois en hébreu au XIVe siècle dans le *Māgēn Āḇōt* de Simon Duran, un autre commentaire du *Traité des principes*, et figure dans deux ouvrages d'Isaac Abrabanel (*Mifᵉʿalōt Elohīm* et commentaire sur les Derniers Prophètes). Il permet de donner l'avantage à Platon sur Aristote et de légitimer l'étude de sa doctrine aux yeux des adversaires traditionnels du Philosophe (Aristote) et de ses sectateurs.

206. Il semble que la dimension « mythique » de la pensée de Platon soit reconnue. Il est notable que l'inclination purement rationaliste d'Aristote soit exprimée par le mot *nimᵉšaḵ* qui comporte l'idée d'un consentement par manque de contrôle ; ce que la scolastique n'associe pas d'habitude à la voie du raisonnement. Expression de l'idée pieuse que le raisonnement n'est, comme les sens et l'expérience, qu'un moyen humain, par là, peu sûr et auquel il serait imprudent de se fier entièrement ?

207. La doctrine aristotélicienne de la survie de l'âme est extrêmement difficile à interpréter : notamment, d'une part, il semble indiquer qu'elle ne survit pas à la séparation du corps, d'autre part, que sa partie intellectuelle est immortelle (*De anima*), d'autre part encore il fait référence en termes ambigus au bonheur posthume des défunts (*Éthique à Nicomaque* I, 11, 1100a 18-21,

29-30 ; 1101b, 5-9) ; la survie de l'âme équivaudrait-elle à celle de la personne ? Y a-t-il une unité substantielle de l'âme humaine ? La survie de l'intellect serait-elle individuelle (du côté de l'intellect acquis) ou collective (du côté de l'intellect agent) ? Tous les commentateurs appartenant aux religions monothéistes (Al-Fârâbî, Avicenne, Averroès, Maïmonide, saint Thomas d'Aquin) se sont attelés à la tâche d'expliquer sa doctrine par rapport aux principes révélés, avec des résultats différents : en particulier, Thomas a conclu qu'Aristote admettait l'immortalité de l'âme individuelle, et Averroès, dans le sillage d'Alexandre d'Aphrodise, le contraire. Le plus probable, devant l'habituelle imprécision de sa référence, est que Salomon Lévi ait eu connaissance de ce débat à travers Thomas, qui en traite dans la *Somme de théologie*, *I^a pars*, qq. 75-76, dans les *Quaestiones disputatae de anima*, q. 1 et dans la *Sententia de anima*.

208. Où l'on reconnaît Aristote, *Politique* I, II, 8, 1253a, début, « que l'homme est par nature un animal politique » (Aristote, *Politique*, trad. fr P. Pellegrin, Paris, Flammarion, 1993², p. 90) ; mais « politique », quoique consacré par l'usage, est un hellénisme, renvoyant au nom πόλις, « la cité », de sorte que la traduction française appropriée est « civile » ou « civique » ; nous choisissons d'user des termes de « société » et « social » qui renvoient à une réalité plus universelle que celle des cités grecques.

209. Littéralement : « un par ville, deux par famille » (Jr 3,14).

210. L'hébreu, qui pour le premier type de conduite disait « régime de vie » (*hanhāgat ḥayyīm*) porte cette fois seulement « vie » (*ḥayyīm*) : non par erreur matérielle, puisqu'il accorde en conséquence l'adjectif qui suit, mais par raccourci d'expression ; il est plus clair, du point de vue de notre traduction, de conserver l'autre terme, celui de « régime ».

211. *Qᵉduššāh*, étymologiquement une « sainteté par retranchement », ne s'emploie d'habitude que dans un contexte religieux et son emploi ici surprend. Il est vrai que tout ce discours

opère (encore qu'a priori en « mode aristotélicien ») dans une zone commune à la métaphysique philosophique et à la théologie. Plus haut (v. p. 239, n. 184), les « choses saintes » étaient peut-être, déjà, les objets séparés (transcendantaux) de la métaphysique.

212. *Dōmīm* : « semblable, analogue », mais pas nécessairement « identique ».

213. Selon Salomon ha-Lévi, il y a trois formes de bonheur : celui qui résulte de la vie sociale vertueuse, accessible au grand nombre, dont fait état le l. I de l'*Éthique* ; celui qui résulte de la vie intellectuelle dès ce monde, à condition d'avoir satisfait au long et difficile apprentissage des sciences, ce qui n'est le fait que d'un petit nombre (l. X de l'*Éthique*) et procure une connaissance de Dieu qualifiée ici de « nocturne » (v. § 27 et p. 240, n. 196) ; celui qui appartient au monde futur, inconnu d'Aristote et « analogue », dans un rapport non autrement précisé (« nocturne » encore, ou « diurne » ?), au précédent.

214. C'est-à-dire, d'une part, les vingt-quatre livres de la Bible hébraïque (dont la partie prescriptive est principalement le Pentateuque) et, d'autre part, les exégèses juridiques, déductions et mesures supplémentaires instituées par les Sages et consignées dans la Michna, le Talmud et toute la littérature de clarification, de codification et de mise à jour qui leur font suite.

215. L'observance matérielle des commandements de la Loi juive est de nature à faire intégrer à l'homme les enseignements qu'ils incarnent. Ce lieu commun de la pensée rabbinique, qui s'appuie en particulier sur Ex 24,7, « Nous ferons et nous comprendrons », est partagé par Maïmonide (*Huit chapitres*, 4, trad. R. Brague, « pédagogie de la loi », p. 64-67 ; *Guide des égarés*, III, 26-49, en part. 26-27, trad. cit., t. III, p. 203-214) et s'accorde pleinement avec la notion aristotélicienne de l'*habitus*. Toutefois, Maïmonide limite cette pédagogie à de grandes lignes de pensée et aux bienfaits de la discipline, tenant pour insensée l'idée de trouver des enseignements dans le détail des préceptes ; c'est, en revanche, ce que font les kabbalistes (R. Goetschel, *Meir Ibn Gabbay*, *op. cit.*, p. 284-286) qui, en ce sens, poussent beaucoup plus loin leur lecture intellectualiste de la Torah ;

certains refusant la méthode allégorique des philosophes, ainsi Me'ir Ibn Gabbay, d'autres, non (*ibid.*, p. 108-113).

216. Le début du verset, qui n'est pas cité, est l'énoncé bien connu que « la crainte de Dieu est le commencement (ou : principe) de la sagesse/science (*ḥoḵmāh*) » ; c'est ici le mot de *śēḵel*, quoique désignant chez le psalmiste autre chose que l'intellect des philosophes (la bienveillance que manifestera Dieu, litt. la « pensée favorable ». Voir le commentaire de R. David Qimḥi *ad loc.*, qui avance cependant une seconde interprétation, *haṣlāḥāh*, « la félicité » [comprendre, résultant de l'exercice de la *ḥoḵmāh*, sans doute sous l'inspiration du rationalisme maïmonidien que cet exégète partage]), qui justifie que l'auteur introduise cette citation, d'une manière qui n'est pas forcée outre mesure puisque la crainte de Dieu est indissociable de l'obéissance à ses préceptes ; résout aussi la difficulté du verset lui-même, où le pronom complément dans « ceux qui *les* accomplissent » paraît d'abord ne référer à rien dans le contexte (mais, d'après Qimḥi, il s'agit de la crainte et de la sagesse/science du premier hémistiche).

217. Trois termes couramment employés dans la Bible pour désigner les préceptes de la Torah ; les auteurs les distinguent parfois selon divers systèmes dans lesquels Salomon ha-Lévi ne s'engage pas ici.

218. Langage imagé mais vague derrière lequel il ne s'impose pas a priori de reconnaître les enseignements ésotériques de la kabbale ; il pourrait aussi bien s'agir des parties ardues de la spéculation rationnelle ; toutefois, comme il n'est pas fait référence ici à l'apprentissage des sciences que suppose cette dernière, selon Maïmonide et ses disciples, il pourrait bien s'agir tout de même de la kabbale. La suite de la phrase pousse davantage encore dans cette direction, promettant une proximité de la divinité à laquelle ne conduisent pas les sciences.

219. *Elohī* conserve son ambiguïté mais penche ici vers le divin, seul objet habituel de l'« adhésion » (*deḇequt*) ; d'ailleurs, s'il ne s'agissait pas de cela mais seulement de l'intellection d'intelligibles métaphysiques, équivalent plus haut d'une « vision nocturne » de Dieu, il y aurait contradiction avec ce qui a été

rapporté à propos d'Aristote, que, selon lui, un petit nombre les atteint grâce à l'étude des sciences ; alors qu'ici, ce dont il s'agit n'est pas accessible par la seule science. C'est donc une quatrième forme de bonheur qui s'ajoute aux trois indiquées p. 244, n. 213. Faut-il la dire en termes de connaissance, intermédiaire entre le « nocturne » et le « diurne », ce dernier, peut-on penser, étant réservé au monde futur ? Ou faut-il prendre les métaphores au sérieux et distinguer ce qui est de l'ordre de la connaissance/ vision (nocturne ou diurne) et ce qui, ici, relèverait d'un autre type d'expérience du divin que serait une fruition/« adhésion » ?

220. La compréhension spontanée « c'est en adhérant à Dieu que vous êtes vivants » n'est pas conforme à l'exégèse traditionnelle (TB *Sanhedrīn* 90b ; Rachi en Nb 20,22 ; Sforno *ad loc.*).

221. Ce sont ces derniers mots, non écrits, qui justifient la brève introduction de la citation.

222. Suivant ce qui a été dit plus haut, que l'on n'est pas ici dans l'ordre de la contemplation intellectuelle des philosophes mais dans une union avec le divin auquel donne accès la kabbale, *'iyyūn* n'a pas ici son sens habituel de spéculation philosophique ; c'est pourquoi nous le traduisons par « contemplation ».

223. *Megūray* (v. David Qimḥi *ad loc.*) ; et non : « [la demeure] de mon séjour temporaire ».

224. Il est cette fois difficile de traduire *ḥoḵmāh* par « science » pour désigner ce savoir inspiré d'en haut et supérieur à la science des hommes ; sur l'ambivalence du terme, voir J.-P. Rothschild, « *Scientia bifrons* », art. cit.

225. Certes amenée par la paraphrase du verset, cette qualification appliquée aux Grecs peut néanmoins surprendre après la confrontation longue et mesurée avec la doctrine d'Aristote qui a précédé.

226. *Ḥoḵmāh* encore, mais cette fois en tant que « science » des hommes.

227. *Quš$^{e}$yōt* : peut-être à prendre ici dans son sens talmudique de « questions ».

228. Que la diversité des opinions soit le résultat et le signe d'un défaut de démonstration est exposé par Maïmonide, *Guide des égarés* I, 31, mais sans référence à une succession des doctrines dans le temps.

229. Il semblerait ici que le « bonheur » après la mort soit une continuation ou une conséquence du « plaisir » d'accomplir les préceptes de la Loi pendant la vie.

230. Incise qui indique que les *mišᵉpāṭīm* en question ne sont pas pris, comme on pourrait le croire, comme les « décrets » (favorables) du jugement des morts, mais comme les « lois » dont l'observance procure la vie éternelle (exégèse conforme à Qimḥi, *ad loc.* : « tes degrés m'aident, comme une échelle pour m'élever jusqu'à la connaissance de Dieu »).

231. Littéralement : « spirituel et dépouillé » ; c'est-à-dire, un bonheur propre à l'âme séparée du corps ; or, il manquerait de vraisemblance que la conduite vertueuse, qui implique la discipline du corps, fût récompensée par un bonheur purement spirituel.

232. Position habituelle du rationalisme juif qui fait dépendre la vie éternelle de l'acquisition ici-bas des intelligibles moyennant l'étude des sciences (Maïmonide, *Guide des égarés*, III, 27, trad. cit., t. III, p. 212).

233. Encore que la syntaxe ne soit pas à serrer de trop près et que l'hendiadys soit fréquent, il semble qu'il y ait là deux arguments : le second, rationnel, que l'observance des commandements peut bien procurer la vie éternelle au même titre que l'étude des sciences, puisqu'elle inculque elle aussi des vérités intelligibles, serait-ce sous forme implicite, et que, comme il a été dit plus haut, leur incarnation dans les gestes de la pratique les fixe en l'homme ; le premier, non explicité, que les préceptes sont salutaires en tant seulement qu'ils sont les préceptes de Dieu, un énoncé qui peut s'expliquer de différentes manières, mais non rationnelles : par exemple, que Dieu récompense ainsi la pure et simple obéissance ; ou encore, que se conformer à sa volonté est en quelque façon s'identifier à lui, qui seul est éternel. – Ce

mouvement permet donc d'assurer le salut du grand nombre des juifs observants (en conformité avec les espérances traditionnelles) par une autre voie que celle, escarpée, que ne peuvent parcourir que les savants.

234. Insister sur la notion d'égarement et de retour est introduire un thème tout à fait étranger au rationalisme classique, encore qu'omniprésent dans la Bible, la liturgie et la littérature homilétique de toutes époques. Que l'« égarement » dont il s'agit ne soit pas une erreur technique d'itinéraire, pour ainsi dire, mais implique une sorte d'aliénation radicale, une « perte absolue » (*aḇēdāh gemūrāh*), à la fois confirme la sortie du registre scientifique de la vérité et de l'erreur et marque un changement dans la conception de la miséricorde divine, qui n'est plus comme chez Maïmonide et ses disciples une plus ou moins grande sollicitude dans le détail du gouvernement du monde, mais une recherche active du retour du pécheur et un pouvoir d'annuler ses fautes.

235. Similitude et gradation, cf. *supra*, § 32, fin et p. 244, n. 212.

236. Voir *Livre des causes*, prop. 23(24), épanchement unique de la Cause première et réceptions diverses parmi les créatures (cf. *supra*, p. 233, n. 141).

237. La liberté terrestre recherchée au départ n'est donc plus que la première de trois étapes, voire quatre si l'on tient compte de l'au-delà de la mort.

238. *Le Traité des Principes*, dont ceci est l'introduction.

239. En somme, l'enquête sur le bonheur, passée par les faux motifs (ruinés par Cicéron-Sénèque [ou Juan de Lucena ?]), puis par de meilleurs (Aristote, dépendant de Platon), aboutit aux meilleurs de tous, car a) débouchant sur la vie éternelle, b) accessibles à tout juif pieux ; c) comportant au moins une dimension supérieure, celle du repentir. Pour ainsi dire, l'idéal de la Torah a été confronté à toute la tradition antique, et l'excède. Retenir cependant que, selon les § 30-32, Aristote ménageait pour un très petit nombre l'accès à un bonheur apparemment supérieur nommé *haṣlāḥāh* (« béatitude »), dont il n'est plus

question dans la section consacrée à la Torah (IV). – Tous les enseignements du *Traité des principes* seront interprétés pour aider à la perfection de l'homme dans les trois domaines ici définis, moral, intellectuel, social.

240. Il s'agit indiscutablement de cette introduction qui se termine, et non du commentaire lui-même, que l'auteur a explicitement intitulé (f. 2v, l. 1) *Lēḇ Āḇōt*, « Le cœur des Pères ».

241. Cette explication peut suffire. Toutefois, les titres étant souvent à double ou multiple entente, il n'est pas interdit, d'une part, de tenir compte du contexte immédiat (« la Vallée du malheur deviendra la Porte de l'espérance »), qui peut renvoyer soit aux afflictions de la vie terrestre (thème banal), soit, éventuellement, au désespoir moral auquel aurait pu conduire une voie sans issue ou sans consolation, celle de la recherche toute humaine de la liberté avec les apories observées dans les premières pages de cette introduction, mais qui débouche vers un espoir nouveau une fois réorientée cette recherche ; d'autre part, de comprendre que ce qui est ici la « porte », c'est-à-dire le point de départ, n'est autre que l'ancien point d'arrivée d'Aristote et des philosophes rationalistes, à savoir l'étape intellectualiste, qui n'est plus que la première de trois ou quatre (v. p. 248, n. 239). – Sur un autre plan, la référence au verset d'Osée pourrait être un écho de celle qui se trouvait en tête de la réponse du premier Salomon ha-Lévi, devenu Paul de Burgos, à son ancien disciple Josué de Lorca qui lui avait demandé de s'expliquer sur sa conversion (*cf.* introduction, p. 42-43).

# BIBLIOGRAPHIE

## ÉDITIONS

[ANON.] *La Bible [...] Texte hébraïque d'après la version massorétique [...] par les membres du Rabbinat français ...*, dir. Z. Kahn, nouvelle éd. révisée, Tel Aviv, Sinaï, 1994.

[ANON.] *Livre des causes*, P. Magnard *et alii*, *La demeure de l'être – Autour d'un anonyme*, Paris, Vrin, 1990.

[ANON.] MIDRACH, *Alfā bēytā de-Bēn Sīrā : Alphabetum Siracidis utrumque, cum expositione antiqua (narrationes et fabulas continente)*, éd. M. Steinschneider, Berlin, A. Friedlaender, 1858.

– *Yal$^{e}$qūṭ Šim$^{e}$'onī*, Jérusalem, s.n., 1979/80.

ABRABANEL (Isaac), *Naḥalat Āḇōt* [L'héritage des Pères], achevé en 1496, éd. Venise, [5]305 [1544/5], réimp. New York, [5]713 [1952/3].

ALPHONSE DE CARTHAGÈNE, *Alfonso de Cartagena's Memoriale virtutum (1422). Aristotle for Lay Princes in Medieval Spain*, éd. M. Morrás, J. Lawrance, Leiden-Boston, Brill, 2022 (« The Iberian Religious World », 8).

– Traductions de Cicéron : *Alfonso de Cartagena, La Rethórica de M. Tullio Cicerone*, éd. R. Mascagna, Napoli, Liguori, 1969.

*Alfonso de Cartagena, Libros de Tulio. De senetute, De los ofiçios*, éd. M. Morrás. Alcalá de Henares, Alcalá U. P., 1996.

– Traductions de Sénèque : *Alfonso de Cartagena, Los Cinco Libros de Séneca*, éd. L. Ranero Riestra, J. M. Valero Moreno, « Biblioteca Cartagena », Salamanca, Universidad de Salamanca, IEMYRhd-SEMYR, 2019.

*Alfonso de Cartagena, Los Cinco Libros de Séneca*, éd. J. L. Villacañas Berlanga, Murcia, Tres Fronteras, 2012.

« Las *Declamaciones* de Séneca traducidas por Alonso de Cartagena. Edición y estudio », éd. J. Fernández López, *Cuadernos de filología clásica. Estudios latino* 33/2, 2013, p. 329-380 [Sénèque le Rhéteur].

« *Libro que fizo Seneca a su amigo Galio contra las adversidades de la Fortuna*, versión inédita de Alonso de Cartagena según el ms. 607 de la Biblioteca Universitaria de Salamanca », éd. R. Fernández Pousa, *Escorial* 10, 1943, p. 73-82 [Ps.-Sénèque, *De remediis fortuitorum*].

*La « Formula vitae honestae » de Martín de Braga y el « Libro de las cuatro virtudes » de Alfonso de Cartagena. Edición y studio*, éd. L. Ranero Riestra, « Biblioteca degli studi mediolatini e volgari », n.s., 23, Pisa, Pacini Editore, 2021 [Ps.-Sénèque, *Formula honestae vitae* de Martin de de Braga].

*« Título de la amistança », traducción castellana de Alonso de Cartagena sobre la « Tabulatio et expositio Senecae » de Luca Mannelli*, éd. G. Olivetto, San Millán de la Cogolla, CiLengua, Instituto Biblioteca Hispánica, 2011.

ARISTOTE, *De l'âme*, trad. fr. J. Tricot, Paris, Vrin, 1982.

– *Éthique à Nicomaque*, trad. fr. J. Tricot, Paris, Vrin, 1979.

– *Métaphysique*, trad. fr. J. Tricot, Paris, Vrin, 1991.

– *Physique*, éd. et trad. fr. H. Carteron, Paris, Les Belles Lettres, 1961.

– *Politique*, trad. fr. P. Pellegrin, Paris, Flammarion, 1993 [2].

AVERROÈS, *Middle Commentary on Aristotle's Nicomachean Ethics in the Hebrew Version of Samuel ben Judah* (en hébreu), éd. L. V. [E. Z.] Berman, mise au point posthume C. Rigo, Jerusalem, The Israel Academy of Sciences and Humanities, 1999.

CICÉRON, *Caton l'Ancien (De la vieillesse)*, éd. et trad. P. Wuilleumier, Paris, Les Belles Lettres, 1961.

HIERONYMUS DE SANCTA FIDE, *Obras completas de Jerónimo de Santa Fe*, éd. et trad. esp. C. Del Valle Rodríguez, t. III, *Carta de Yehoshúa ha-Lorquí a Pablo de Burgos y su respuesta*, « España judía », sér. « Polémica judeo-cristiana », Madrid, Aben Ezra Ediciones, 2020.

JOSUÉ DE LORCA, *Das apologetische Schreiben des Josua Lorki an den Abtrünnigen Don Salomon ha-Lewi (Paulus de Santa Maria)*, éd. L. Landau, Antwerpen, Teitelbaum und Boxenbaum, 1906.

JUAN DE LUCENA, *Libro de vita beata*, dans *Testi spagnoli del secolo XV*, éd. G. M. Bertini, Torino, Editori Gheroni, 1950.

– dans *Opúsculos literarios de los siglos XIV a XV*, éd. A. Paz y Mélia, Madrid, Sociedad de bibliófilos españoles, 1892, p. 105-205.

MAÏMONIDE, *Le Guide des égarés*, trad. fr. S. Munk, n[lle] éd., Paris, G.-P. Maisonneuve et Larose, 1981.

– *Traité d'éthique (« Huit chapitres »)*, trad. fr. R. Brague, « Midrash – Références », Paris, Desclée de Brouwer, 2001.

MOÏSE ALMOSNINO, *Mose Ben Baruk Almosnino, Regimineto de la vida* et son *Tratado de los suenyos* éd. J. M. Zemke, Tempe (Ariz.), Arizona Center for Medieval and Renaissance Studies, 2004.

PLATON, *Œuvres complètes*, t. VI, *La République, Livres I-III*, éd. et trad. É. Chambry, Paris, Les Belles Lettres, 6e tirage, 1970 ; t. VII/1, *Livres IV-VII*, 7e tirage, 1967.

PLUTARQUE, *Plutarch's Moralia*, t. XIV, éd. et trad. B. Einarson, Ph. H. de Lacy, London, W. Heinemann-Cambridge (Mass.), Harvard University Press, 1948.

— *Vies parallèles*, t. IX, éd. et trad. fr. R. Flacelière, É. Chambry, Paris, Les Belles Lettres, 1975.

SALOMON LE-BEIT HA-LÉVI, *Lēḇ Āḇōt*, Salonique, Iyar [5]325 [printemps 1565].

SÉNÈQUE, *Dialogues*, t. II : *De la vie heureuse. De la brièveté de la vie*, éd. et trad. A. Bourgery, 7e tirage, « Collection des Universités de France », Paris, Les Belles Lettres, 1972.

— *Lettres à Lucilius (Livres I-IV)*, éd. et trad. H. Noblot, 7e tirage, Paris, Les Belles Lettres, 1976.

SIMON B. ṢEMAḤ DURAN, *Māgēn Āḇōt*, éd. A. Ṭubi'anah, Livourne, chez A. I. Qašṭilo et É. Sa'adun, [5]545 [1784/5], réimpr. Jérusalem, Makor, s.d.

YED'AYAH PENINI BEDERSI, *Beḥīnat 'ōlām*, éd. A. Dessau, Berlin, 1842.

## ÉTUDES

BENBASSA E., « Monde sefarade hispanique », dans G. Wigoder (éd.), S. A. Goldberg (adapt. franç.), *Dictionnaire encyclopédique du judaïsme*, Paris, Le Cerf-Robert Laffont, 1996, p. 1254-1268.

BEN-NAEH Y., *Jews in the Realm of the Sultans. Ottoman Jewish Society in the Seventeenth Century*, Tübingen, Mohr Siebeck, 2008.

BERMAN L. V., « Ibn Rushd's Middle Commentary on the *Nicomachean Ethics* in Medieval Hebrew Literature », dans J. Jolivet (éd.), *Multiple Averroès*, Paris, Les Belles Lettres, 1978, p. 287-321.

– E. Z. [L.], « The Latin-to-Hebrew Translation of the *Nichomachean Ethics* » (en hébreu), dans *Sēfer ha-yōbēl li-Šᵉlomoh Pines bi-melē'ūt lō šᵉmōnīm šānāh* [Mélanges en l'honneur de Salomon Pinès à l'occasion de ses quatre-vingts ans], « Meḥqerēy Yerūšālayīm be-maḥšebet Yiśrā'ēl », 7, t. I, Yerūšālayīm, Ha-Ūnībersīṭāh ha-'ibrīt bi-Yrūšālayīm, [5]748 [1987/8], p. 147-168.

BLÜHER K. A., *Seneca in Spanien. Untersuchungen zur Geschichte der Seneca-Rezeption in Spanien vom 13.-17. Jahrhundert*, Bern-München, Francke, 1969 ; trad. esp. J. Conde, *Séneca en España. Investigaciones sobre la recepción de Séneca en España desde el siglo XIII hasta el siglo XVII*, Madrid, Gredos, 1983.

BONFIL R., « Jewish Culture, Hebraists, and the Role of the Kabbalah », *in* R. Bonfil, *Jewish Life in Renaissance Italy*, 1994, Berkeley (Cal.), University of California Press ; trad. fr., *Les juifs d'Italie à l'époque de la Renaissance. Stratégies de la différence à l'aube de la modernité*, « Histoire et perspectives méditerranéennes », Paris, L'Harmattan, 1995.

CAÑIZARES FERRIZ P., « Edición y estudio de un florilegio del *Vademecum* de la biblioteca del conde de Haro », *Revue d'histoire des textes*, n.s., 5, 2010, p. 199-229.

– « El *Vademecum* del conde de Haro : contexto, génesis e historia del texto », *Revue d'histoire des textes*, n.s., 14, 2019, p. 279-312.

CASTAÑO J., « Profetismo político pseudo-isidoriano y polémica religiosa en autors judíos de Castilla y Fez », en M. García Arenal (ed.), *Entre el Islam y Occidente. Los judíos magrebíes en la Edad Moderna*, « Collection de la Casa de Velázquez », 83, « Judíos en tierra de islam », 2, Madrid, Casa de Velázquez, 2003, p. 1-25.

CHAPUIS M., « Diogène, "Socrate devenu fou" ? », *Philosophie antique* 20, 2020, p. 107-139.

CHIESA B., « Una fonte sconosciuta dell'Etica di Shem Tob ibn Falaquera : la *Summa Alexandrinorum* », *in* A. Vivian (Hrsg.), *Biblische und judaistische Studien. Festschrift für Paolo Sacchi*, Francfort, P. Lang, 1990, p. 583-612.

COHEN-SKALLI C., *Don Isaac Abravanel. An Intellectual Biography*, trad. de l'hébreu A. Kallenbach, Waltham (Mass.), Brandeis University Press, 2021.

COURNARIE P., « Ἐγκράτεια : politique, morale, subjectivation (IV$^{e}$ siècle av. J.-C.) », *Essais* 11, 2017, p. 147-167.

DI CAMILLO O., *El humanismo castellano del siglo XV*, Valencia, F. Torres, 1976.

DÍEZ YÁÑEZ M., *Aristóteles en el siglo XV : una ética para príncipes. Liberalidad, magnificencia y magnanimidad*, « Court Cultures of the Middle Ages and Renaissance », 7, Berne, P. Lang, 2020.

FELLOUS S., *Toledo 1422-1433. La Biblia de Alba. De cómo rabí Mosé Arragel interpreta la Biblia para el gran maestre de Calatrava*, Paris, Somogy, 2001.

FERNANDEZ GALLARDO L., *Alonso de Cartagena (1385-1456). Una biografía política en la Castilla del siglo XV*, Valladolid, Junta de Castillo y León, Consejería de Educación y Cultura, 2002.

– « Alonso de Cartagena y el humanismo », *La corónica* 37/1, 2008, p. 175-215.

– « En torno a los *studia humanitatis* en la Castilla del Cuatrocientos. Alonso de Cartagena y los autores antiguos », *En la España medieval* 22, 1999, p. 213-246.

GARCÍA SÁNCHEZ M., « ¿Príncipes o tiranos ? La *Ciropedia* de Jenofonte, la monarquía aqueménida y los *specula principum* de la modernidad (siglo XVI) », *Gerión* 37/2, 2019, p. 399-423.

GAUTHIER R. A., JOLIF J. Y., *L'Éthique à Nicomaque. Introduction, traduction et commentaire*, 2 e éd. avec une introduction nouvelle, t. I/1, « Aristote, traductions et études », Louvain, Publications Universitaires-Paris, Béatrice-Nauwelaerts, 1970.

GOETSCHEL R., *Meir Ibn Gabbay. Le discours de la kabbale espagnole*, Leuven, Peeters, 1981.

GRAETZ H., *Geschichte der Juden*, 2 e éd., Leipzig, O. Leiner, 1875.

– *Volkstümliche Geschichte der Juden*, t. III, Berlin-Vienne, B. Harz, 1922.

GROSS A., *Iberian Jewry from Twilight to Dawn : the World of Rabbi Abraham Saba*, Leiden, Brill, 1995.

GUTTMANN J., « Die Familie Shem Tob in ihren Beziehungen zur Philosophie », *Monatsschrift für Geschichte und Wissenschaft des Judent(h)ums* 57, 1913, p. 177-195, 326-340, 419-451.

GUTWIRTH E., « A Hebrew Echo of Catullus' *Passer* circa 1400 ? The Question of Humanism in Late Medieval Hispano-Jewish Communities », *Rassegna iberistica* 110, 2018, p. 219-237.

– « Humanism, Transculturalism and Sixteenth-Century Ottoman Jews », *Mediterranea. International Journal on the Transfer of Knowledge* 8, 2023, p. 279-309.

– « Jewish Attitudes to Latin in Medieval Spain », *Medioevo Romanzo* 46/1, 2022, p. 126-143.

– « *Vestigia* : Digging up the Past in Fifteenth Century Hispano-Jewish Communities », *Revue des études juives* 183/3-4, 2024, p. 425-450.

HACKER J. [R.], « Despair of the Redemption and the Messianic Hopes in the Writings of R. Shelomo le-Veyt hal-Lewi of Salonica » (en hébreu), *Tarbiz* 39/2, [5]730 [1969/70], p. 195-213.

– « Israel among the Nations as Described by R. Solomon Le-Beit Ha-Levi of Salonika » (en hébreu), *Zion* 34, 1969, p. 63-75.

– « Jews in the Ottoman Empire (1580-1839) », *in* J. Karp, A. Sutcliffe (eds.), *The Cambridge History of Judaism*, t. VII, *The Early Modern World, 1500-1815*, Cambridge, Cambridge University Press, 2017, p. 831-863.

– « Levi (Bet ha-Levi), Solomon (II) ben Isaac », *Encyclopaedia Judaica*[2], t. XII, p. 693-694.

– « On the Intellectual Character and Self-Perception of Spanish Jewry in Late Fifteenth Century » (en hébreu), *Sefunot* 17, 1983, p. 21-95.

– « Portuguese Jews in Salonica : the Correspondence between the Beit Ha-Levi and the Ibn-Yaḥia Families » (en hébreu), *Sefunot*, n.s. 9 (26), 2019, p. 241-339, résumé en anglais p. XIII.

– « Superbe et désespoir : l'existence sociale et spirituelle des juifs ibériques dans l'Empire ottoman », *Revue historique* 285/2 (578), 1991, p. 261-293.

– « The Intellectual Activity of the Jews of the Ottoman Empire During the Sixteenth and Seventeenth Centuries », *in* I. Twersky, B. Septimus (eds.), *Jewish Thought in the Seveteenth Century*, Cambridge (Mass.), 1987, p. 95-135.

– « The Rise of Ottoman Jewry », *in* J. Karp, A. Sutcliffe (eds.), *The Cambridge History of Judaism*, t. VII, *The Early Modern World, 1500-1815*, Cambridge, Cambridge U.P., 2017.

– « The Sephardi Sermon in the Sixteenth Century – Between Literature and Historical Source » (en hébreu), *Pe'amim* 26, 1986, p. 108-127.

HALBERTAL M., *Concealment and Revelation. The Secret and its Boundaries in Medieval Jewish Thought* (en hébreu), Jérusalem, Yeriot, 2001 ; trad. angl. J. Feldman, *Concealment and Revelation. Esotericism in Jewish Thought and its*

*Philosophical Implications*, Princeton, Princeton University Press, 2007.

HARVEY S., « The Greek Library of the Medieval Jewish Philosophers », *in* Chr. D'Ancona (ed.), *The Libraries of the Neoplatonists. Proceedings of the Meeting of the European Science Foundation Network « Late Antiquity and Arabic Thought. Patterns in the Constitution of European Culture » held in Strasbourg, March 12-14 2004*, Leiden, Brill, 2007, p. 493-506.

HELLER-WILENSKY S., *The Philosophy of Isaac Arama in the Framework of Philonic Philosophy* (en hébreu), Jerusalem-Tel Aviv, Mosad Bialiq, 1956 ; réimpr., 2020.

HIDARY R., *Rabbis and Classical Rhetoric. Sophistic Education and Oratory in the Talmud and Midrash*, Cambridge, Cambridge University Press, 2017.

HORN N., *L'image d'Alexandre le Grand chez Trogue Pompée / Justin. Analyse de la composition historique des* Histoires philippiques *(livres 11 et 12)*, Pessac, Ausonius Éditions, 2021 (« PrimaLun@ » 9).

HUSS B., « On the Status of Kabbalah in Spain After the Decrees of 1391 : the Book *Pokeah 'Ivrim* » (en hébreu), *Pe'amim* 56, 1993, p. 20-32.

IDEL M., « Cabale, Halakhah et autorité spirituelle chez Nahmanide », dans R. Gutman, *Nahmanide. De la perfection de la Loi*, Paris, Éditions de l'Éclat, 2012, p. 109-178.

– « Revelation and the "Crisis of Tradition" In Kabbalah : 1475-1575 », *in* A. Kilcher (ed.), *Constructing Tradition. Means and Myths of Transmission in Western Esotericism*, « Aries Book Series », 11, Leiden-Boston, Brill, 2011, p. 253-292.

– « The Attitude to Christianity in *Sefer ha-Meshiv* » (en hébreu), *Immanuel* 12, 1981, p. 77-95.

KASHER H., *High above all nations (Deut 26, 19). Milestones in Jewish philosophy on the issue of the chosen people* (en hébreu), Tel Aviv, Idra, 2018.

KLATZKIN J., *Thesaurus philosophicus linguae hebraicae et veteris et recentioris* (en hébreu), 4 vol., Berlin, Eschkol, puis S. Scholem, 1928-1933.

KOZODOY M., *The Secret Faith of Maestre Honoratus. Profayt Duran and Jewish Identity in Late Medieval Iberia*, Philadelphia, University of Pennsylvania Press, 2015.

KREISEL H., « *Imitatio Dei* in Maimonides'*Guide of the Perplexed* », *AJS Review* 19/2, 1994, p. 169-212.

KRYGIER R., *À la limite de Dieu*, Paris, Publisud, 1998.

LÉVI I., *Le ravissement du Messie à sa naissance et autres essais*, « Collection de la *Revue des études juives* », 13, Louvain-Paris, Peeters 1994.

LEWENTAL D. G., « Levi (Le-Vet Ha-Levi) Family, Salonica », *in* N. A. Stillman (ed.), *Encyclopedia of Jews in the Islamic World* (en ligne), Brill Online, 2013.

LILAO FRANCA Ó., OLIVETTO G., VALERO MORENO J. M., *Alfonso de Cartagena en contexto. Un patrimonio textual*, « Biblioteca Cartagena », Salamanca, Universidad de Salamanca, SEMYR, 2018.

LÓPEZ FONSECA A., TORRES SAN DOMINGO M., RUIZ E. (eds.), *Catálogo de manuscritos medievales de la Biblioteca Histórica « Marqués de Valdecilla » (Universidad Complutense Madrid)*, Madrid, Ediciones Complutense, 2019.

MARCIANO Y., *Sages of Spain in the Eye of the Storm – Jewish Scholars of Late Medieval Spain* (en hébreu), Jerusalem, The Bialik Institute, 2019.

– « The Rise of Non-elitist Religious Literature in Late Medieval Spain and its Reflection in *Menorat ha-Maor* of Rabbi Isaac Aboab », *Sefarad* 79/2, julio-diciembre 2019, p. 411-445.

– « The Socioreligious Teachings of Perfyt Duran in the Introduction to *Ma'ase Efod* », *Revue des études juives* 181/3-4, juil.-déc. 2022, p. 321-351.

– « The Status and Dissemination of the Kabbalah in Jewish Society in the Iberian peninsula in the Late Middle Ages » (en hébreu), *Sefunot*, n.s. 9 (26), 2019, p. 137-173, résumé en anglais p. IX-XI.

MARSH D., « Xenophon », *in* V. Brown, P. O. Kristeller, F. E. Cranz (eds.), *Catalogus Translationum et Commentariorum. Mediaeval and Renaissance Latin Translations and Commentaries*, t. VII, Washington (D.C.), The Catholic University of America Press, 1992, p. 75-196.

MARTÍNEZ ROMERO T., *Un clàssic entre clàssics. Sobre traduccions i recepcions de Sèneca a l'època medieval*, Valencia-Barcelona, Institut interuniversitari de filologia valenciana y Publicacions de l'Abadia de Montserrat, 1998.

MAZZOCCHI G., PEROTTI O., BALDISSERA A., BRESADOLA A., « Sulla traduzione del *De vita solitaria* del Licenciado Peña (Medina del Campo, 1553) », *in* L. Secchi Tarugi (cur.), *Francesco Petrarca. L'opera latina. Tradizione e fortuna*, Firenze, Franco Cesati, 2007, p. 419-460.

MEDINA BERMÚDEZ A., « El diálogo *De Vita Beata*, de Juan de Lucena : un rompecabezas histórico (1) », *Dicenda. Cuadernos de filología hispánica* 15, 1997, p. 251-269.

MELAMED A., « The myth of the Jewish origins of philosophy in the Renaissance : from Aristotle to Plato », *Jewish History* 26/1-2, 2012, p. 41-59.

MUÑOZ JIMÉNEZ M. J., « Identificación, datación y origen de dos códices (mss Madrid, BNE 9513 y 9522) de la biblioteca del Conde de Haro », *Scriptorium* 60/2, 2006, p. 246-253.

NADONE J.-L., *Pétrarque et le pétrarquisme*, Paris, P.U.F., 1998.

NAIWELD R., *Les antiphilosophes. Pratiques de soi et rapport à la loi morale dans la littérature rabbinique classique*, Paris, Armand Colin, 2011.

OLIVETTO G., « Alfonso de Cartagena en el epistolario de Pier Candido Decembrio. Nuevos apuntes sobre la traducción de la *República* de Platón », en L. Ranero Riestra, P. Rodríguez López (eds.), *Patrimonio textual y humanidades digitales*, t. I, *La tradición clásica*, Salamanca, IEMYRhd-SEMYR, 2020, p. 189-205.

– « Alonso de Cartagena y la amistad virtuosa », *Cahiers d'études hispaniques médiévales* 42, 2019, p. 71-84.

– « *Cinco libros de Séneca* : del manuscrito al impreso y del impreso al manuscrito », *in* A. Moreno, J. M. Valero

Moreno (eds.), *La edición de los clásicos latinos en el Renacimiento : textos, contextos e historia cultural*, Madrid, Universitad Complutense, 2023, p. 397-412.

PAGDEN A. R. D., « The Diffusion of Aristotle's Moral Philosophy in Spain, ca. 1400-ca. 1600 », *Traditio* 31, 1975, p. 287-313.

PAZ Y MÉLIA A., *Biblia. Antiguo Testamento. Traducida del hebreo al castellano por Rabbí Mosé Arragel de Guadalfajara (1422-1433)*, 2 vol., Madrid, Imprenta artística, 1920-1922.

RANERO RIESTRA L., « Los *Cinco libros de Séneca* : del manuscrito al impreso », *Revista de poética medieval* 32, 2018, p. 265-284.

REGEV Sh., *Oral and Written Sermons in the Middle Ages* (en hébreu), Jérusalem, Rubin Mass, 2010.

– « The Sermon in the 16 th Century as a Basis for a Philosophical Interpretation of the Aggadic Text » (en hébreu), *Daat* 50-52, 2003, p. 201-219.

RICHLER B., *Hebrew Manuscripts in the Vatican Library*, Città del Vaticano, Biblioteca Apostolica Vaticana, 2008.

ROTHSCHILD J.-P., « Au fondement de la notion de "pères" : pourquoi les rabbins ne sont pas les "pères" de la Synagogue », dans R. Berndt, M. Fédou (éd.), *Les réceptions des Pères de l'Église au Moyen Âge. Le devenir de la tradition ecclésiale. Congrès du Centre Sèvres-Facultés jésuites de Paris, 11-14 juin 2008*, « *Archa Verbi*. Subsidia », 10, Münster, Aschendorff, 2013, t. I, p. 493-511.

– « Élitisme ou généralité du savoir selon quelques commentateurs sefardis du traité *Abhoth* de la Michna, du XII e au XVI e siècle », *in* A. Speer, Th. Jeschke (Hrsg.), *Schüler und Meister* [actes de la Mediävistentagung de Cologne, septembre 2014], « Miscellanea Mediaevalia », 39, Berlin, de Gruyter, 2016, p. 441-465.

– « Job ou l'insuffisance du juste. Une critique rationnelle de la révolte de Job, dans le commentaire sur le livre de Job de R. Obadia Sforno », *in* G. Veltri, G. Coppola, F. Dunklau (eds.), *The Literary and Philosophical Canon of Obadiah Sforno*, Leiden-Boston, Brill, 2024, p. 215-266.

– « Langue et littérature hébraïques médiévales et modernes en Occident », *Annuaire de l'École pratique des hautes études (EPHE), Section des sciences historiques et philologiques*, 146, 2015, p. 21-24 ; 148, 2017, p. 26-30 ; 149, 2018, p. 34-39 ; 151, 2020, p. 37-43 ; 152, 2021, p. 50-54.

– « L'appropriation de l'*Éthique à Nicomaque* par le judaïsme espagnol : le travail des préfaces (Me'ir Alguadez, Joseph ben Shem Tob Ibn Shem Tob) », *Iberia judaica* 8, 2016, p. 61-122.

– « La philosophie dans la prédication du judaïsme espagnol du XIII e au XVI e siècle », *Revue des sciences philosophiques et théologiques* 98/3, juil.-sept. 2014, p. 497-541.

– « Le dessein philosophique de Joseph Ibn Shem Tob (Espagne, *flor.* 1442-1455) », *Revue des études juives* 162/ 1-2, janv.-juin 2003, p. 97-122.

– « Le *Livre des causes* du latin à l'hébreu : textes, problèmes, réception », *in* A. Fidora, H. Hames, Y. Schwartz (eds.), *Latin-into-Hebrew : Texts and Studies*, t. II, *Texts in Contexts*, « Studies in Jewish History and Culture », Leiden-Boston, Brill, 2013, p. 47-84.

– « Les philosophes juifs d'Espagne au XV e siècle, l'*Éthique à Nicomaque* et le projet philosophique de Joseph Ibn Shem Tob (étude préparatoire) », *in* J. Ma Soto Rábanos (ed.), *Pensamiento medieval hispano. Homenaje a Horacio Santiago Otero*, t. II, Madrid, C.S.I.C., 1998, p. 1289-1316.

– « Les traductions hébraïques du *Livre des causes* latin. Édition synoptique », *in* Fidora, Hames, Schwartz, *Latin-into-Hebrew*, t. II, *Texts in Contexts*, *op. cit.*, p. 289-367.

– « Questions de philosophie soumises par 'Eli Habilio à Shêm Tob b. Shêm Tob, vers 1472 », *Archives d'histoire doctrinale et littéraire du moyen âge* 61, 1994, p. 105-132.

– « *Scientia bifrons.* L'ambivalence de la *'hokhmah (sapientia/ scientia)* dans la pensée juive du Moyen Âge occidental après Maïmonide », *in* I. Craemer-Ruegenberg, A. Speer (Hrsg.), *Scientia und ars im Hoch- und Spätmittelalter*, « Miscellanea Mediaevalia », 22, t. II, Berlin, de Gruyter, 1994, p. 667-684.

– « Une pièce tardive à verser au dossier médiéval des Livres des Maccabées », *in* A. Vivian (Hrsg.), *Biblische und Judaistische Studien. Festschrift für Paolo Sacchi*, « Judentum und Umwelt », 29, Frankfurt, etc., Lang, 1990, p. 545-574.

– « Une traduction inconnue des *Disticha Catonis* en hébreu », dans M.-S. Ortola (éd.), *Aliento* 8, *Varia. Transmettre, traduire, formaliser*, Nancy, Presses Universitaires de Nancy-Éditions universitaires de Lorraine, 2016 [2017], p. 71-121.

– [compte rendu de Y. Marciano, *Sages of Spain…*], *Revue des études juives* 179/1-2, 2020, p. 225-230.

ROUND N., « Alonso de Cartagena's *Libros de Séneca* : Disentangling the Manuscript Tradition », *in* R. Collins, A. Goodman (eds.), *Medieval Spain : Culture, Conflict and Coexistence. Studies in Honour of Angus MacKay*, Basingstoke, Palgrave Macmillan, 2002, p. 123-147.

ROZEN M., *A History of the Jewish Community in Istanbul : the Formative Years, 1453-1566*, Leiden-Boston, Brill, 2002.

SCHIFF M., *La bibliothèque du marquis de Santillane*, Paris, Bouillon, 1905.

SCHWARTZ D., *Contradiction and Concealment in Medieval Jewish Thought* (en hébreu), Ramat-Gan, Bar-Ilan University Press, 2002.

SEPHIHA H.-V., *Le ladino (judéo-espagnol calque). Structure et évolution d'une langue liturgique*, 2 vol., Paris, Vidas Largas, 1982.

SEPTIMUS B., « Yitzhaq Arama and Aristotle's *Ethics* », *in* Y. T. Assis, Y. Kaplan (eds.), *Jews and Conversos at the Time of the Expulsion*, Jerusalem, The Zalman Shazar Center for Jewish History, 1999, p. 1*-24*.

SHAW S. J., *The Jews of the Ottoman Empire and the Turkish Republic*, New York, New York University Press, 1991.

SHMUELEVITZ A., *The Jews of the Ottoman Empire in the Late Fifteenth and the Sixteenth Centuries : Administrative, Economic, Legal, and Social Relations as Reflected in the Responsa*, Leiden, Brill, 1984.

SIRAT C., avec la collaboration de Zucker, Sh., « Les *yešibhot ḥokhmot ḥiṣoniyot* et leurs élèves », *Revue des études juives* 177/3-4, 2018, p. 353-390.

SOLERI G., *L'immortalità dell'anima in Aristotele*, Torino, Società editrice internazionale, s.d. [1952].

SOUSSEN C., *La pureté en question. Exaltation et dévoiement d'un idéal entre juifs et chrétiens*, Madrid, Casa de Velázquez, 2020.

STEINSCHNEIDER M., *Catalogus librorum hebraeorum in Bibliotheca Bodleiana*, Berlin, A. Friedlaender, 1852-1860, réimp. Hildesheim, G. Olms, 1964.

– « Josef b. Schemtob's Commentar zu Averroes'Größer Abhandlung über die Möglichkeit der Conjunction », *Monatsschrift für Geschichte und Wissenschaft des Juden-t(h)ums* 32, 1883, p. 459-479, 514-521.

– *Die Hebräischen Übersetzungen des Mittelalters und die Juden als Dolmetscher*, Berlin, Bibliographisches Bureau, 1893, réimpr. Graz, Akademische Druck- u. Verlagsanstalt, 1956.

SYROS V., « Magnificence as a Royal Virtue in Ottoman Jewish Political Thought », *Renaissance Quarterly* 74/4, Winter 2021, p. 1071-1110.

TAVELLI F., *El patrimonio librario de Diego de Anaya. Su valor en la formación del humanismo español*, « Obras de referencia », 45, Salamanca, Universidad de Salamanca, 2020.

TIROSH-ROTHSCHILD H., « Jewish Philosophy on the Eve of Modernity », in D. H. Frank, O. Leaman (eds.), *History of Jewish Philosophy*, London-New York, 1997.

TIROSH-SAMUELSON H., *Happinesss in Premodern Judaism. Virtue, Knowledge, and Well-Being*, Cincinnati, Hebrew Union College Press, 2003.

TROPPER A., *Wisdom, Politics, and Historiography. Tractate Avot in the Context of the Greco-Roman Near East*, Oxford, Oxford University Press, 2004.

TROTTMANN C., « *Vita activa, vita contemplativa* : enjeux pour le Moyen Âge », *in* C. Trottmann (éd.), *Vie active et vie contemplative au Moyen Âge et au seuil de la Renaissance*... (= *Mélanges de l'École française de Rome* 117/1, 2005), p. 7-25.

VALERO MORENO J. M., « Las *Artes liberales* de Alonso de Cartagena : los manuscritos salmantinos y el tipo α », en *Modelos intelectuales, nuevos textos y nuevos lectores en el siglo XV. Contextos literarios, cortesanos y administrativos. Primera entrega*, « Publicaciones del SEMYR. Documenta », 4, Salamanca, Seminario de Estudios Medievales y Renacentistas, Sociedad de Estudios Medievales y Renacentistas, 2014, p. 135-213.

VAN STEENBERGHEN F., « Le problème philosophique de l'existence de Dieu », *Revue philosophique de Louvain* 45, 1947, p. 5-20, 141-168, 301-313.

VEINSTEIN G., « Juifs. Du XV^e^ au XVIII^e^ siècle », dans Fr. Georgeon, N. Vatin, G. Veinstein (dir.), *Dictionnaire de l'Empire ottoman*, Paris, Fayard, 2015, p. 656-661, 2^e^ éd. 2022.

VIAN HERRERO A., « El *Libro de vita beata* de Juan de Lucena como diálogo literario », *Bulletin hispanique* 93/1, 1991, p. 61-105.

ZILBERBERG G., BREGER J., « Printing, Hebrew », *Encyclopaedia Judaica* [2], t. XVI, Detroit (Mich.), Macmillan Reference U. S. A., 2007, p. 529-540.

ZONTA M, *Hebrew Scholasticism in the Fifteenth Century*, Dordrecht, Springer, 2006.

– *La filosofia antica nel Medioevo ebraico*, « Philosophica. Testi e studi », 2, Brescia, Paideia, 1996.

– « Medieval Hebrew Translations of Philosophical and Scientific Texts. A Chronological Table », *in* G. Freudenthal (ed.), *Science in Medieval Jewish Cultures*, Cambridge, Cambridge U. P., 2011, p. 17-73.

# INDEX

## INDEX DES PERSONNAGES, AUTEURS ET TEXTES ANCIENS ET MÉDIÉVAUX

## Index des chercheurs contemporains



Compte non tenu des simples références bibliographiques. Les nombres en italiques signalent des remarques en notes aux pages en question.

INDEX DES NOTIONS

## Index des citations de la Bible hébraïque

## Littérature rabbinique ancienne

## Index des manuscrits



Les nombres en italiques renvoient aux notes des pages en question.

## TABLE DES MATIÈRES

TEXTE HÉBREU ET TRADUCTION

Achevé d'imprimer en janvier 2025 par *La Manufacture - Imprimeur* – 52200 Langres
Imprimé en France – N° d'imprimeur :240994– Dépôt légal : janvier 2025